지방정부의 역량과 정책혁신: 이론과 실제

이승종 강명구 강철구
금재덕 김익식 김혜정
노승용 소순창 소진광
손희준 오승은 윤두섭
이기우 이재성 임석준
임승빈 임정빈 장원호
정의창 최미옥 홍진이

博 英 社

지방정부의 역량과 정책혁신:
이론과 실제

이 연구는 2004년도 한국학술진흥재단의 지원에 의하여 이루어졌음
(KRF-2004-074-BM0047)

서 문

지방정부가 지방자치의 궁극적 목적인 주민의 복지증진에 기여하기 위해서는 지방정부가 맡은 바 역할을 담당할 수 있도록 적정한 수준의 권한과 자원이 주어지는 동시에 지방정책과정에서 지역주민의 적극적이고 평등한 참여가 이루어질 것이 요구된다. 지방자치를 논함에 있어서 분권과 참여를 논의의 중심에 두는 것은 바로 이 같은 이유 때문일 것이다. 그러나 중요하기는 하지만 분권과 참여가 지방정부가 제대로 기능하기 위한 필요충분조건은 아니다. 이에 더하여 지방정부가 맡은 바 역할을 충분히 감당할 수 있기 위한 역량을 보유해야만 한다. 역량을 보유한 지방정부는 권한과 자원의 제약 하에서도 혁신적 변화를 추구함으로써 지역발전을 기할 수 있을 것이지만, 역량이 부족한 지방정부는 권한과 자원이 충분해도 고답적이고 방만한 운영으로 지역을 침체시킬 우려가 있다. 이렇듯 지방정부의 역량은 지방정부의 운영성과와 발전가능성을 좌우하는 중요한 요인으로서 분권과 참여와 함께 지방자치의 발전을 위한 기본요건으로서 중시되어야 한다.

그간 우리 사회에서는 날로 치열해지는 국제사회에서 국가적 생존을 위하여 중앙과 지방을 막론하고 정부의 정책혁신노력이 필요하다는 요구가 점고하여 왔다. 그 중에서도 지방정부의 정책혁신은 과거 집권통치구조 하에서 고착된 수동적 행정의 타성이 잔존하고, 지방정부에게 주어진 권한과 자원이 미흡하며, 지역사회에서의 참여문화가 취약한 우리의 현실을 고려할 때 더욱 절실한 과제로 부각되고 있다. 그러나 지방정부의 정책혁신이 절실하다는 요구의 목소리는 높았지만 지방정부 정책혁신의 핵심요소인 지방정부의 역량강화를 위한 관심에는 소홀하였다. 그러나 분명한 것은 역량 없이는 혁신도 없다는 것이다. 어찌보면 혁신의 경험이 적은 지방정부에게 있어서 혁신은 그 자체로서 역량일 수 있다. 그러므로 지방정부가 수행하는 정책의 혁신적 변화를 원한다면 우선적으로 지방정부의 역량강화를 위한 논의에 착수해야 한다. 분권만 이루어지면, 참여만 이루어지면 지방정부의 역량이 자동적으로 강화되는 것은 아니기 때문이다.

본 서는 이러한 요청에 부응하기 위하여 한국학술진흥재단의 지원을 받아 2004년부터 2006년까지 2년 이상 많은 연구자가 협력하여 지방정부의 역량과 정책혁신에 대하여 연구한 결과를 집대성하여 출간한 것이다. 이 연구는 본격적으로 지방정부의 역량과 정책혁신의 실태, 그리고 양자 간 관계에 대하여 분석한 우리나라 최초의 대규모 연구이다. 구체적으로, 이 연구는 일차적으로 지방정부의 혁신역량과 정책혁신에 대한 이론적 논의를 한 다음, 이에 기반하여 우리나라 지방자치단체의 역량과 정책혁신실태를 실증적으로 비교·분석하였다. 나아가서 횡단면적 비교·분석의 피상성을 보완하기 위하여 경기, 전남, 부산 지역의 지방자치단체를 선별하여 사례연구도 수행하였다. 또한 미국, 영국, 프랑스, 일본, 독일 등 선진국의 지방정부를 대상으로 사례연구를 병행함으로써 한국 사례와 비교·검토가 될 수 있도록 기하였다. 이 같은 분석을 통하여 우리는 한국지방자치단체의 혁신역량과 정책혁신의 현 주소를 가늠하는 한편, 선진외국의 위상과 비교할 수 있는 자료를 갖게 되었다.

이 연구에는 단일 연구주제로는 드물게 여러 기관의 많은 학자와 후학들이 참여하였다. 이승종 교수(서울대)가 연구책임을 맡은 가운데, 강명구 교수(아주대), 김익식 교수(경기대), 소순창 교수(건국대), 소진광 교수(경원대), 손희준 교수(청주대), 이기우 교수(인하대), 임석준 교수(동아대), 임승빈 교수(명지대), 장원호 교수(서울시립대) 등 10명이 공동연구원으로 참여하였다. 박사급 연구원으로는 강철구 박사(현 한동대 교수), 금재덕 박사(현 서울시립대 교수), 김혜정 박사(현 선문대 교수), 노승용 박사(현 서울여대 교수), 오승은 박사(현 제주대 교수), 윤두섭 박사(현 경제·인문사회연구회 기획팀장), 이재성 박사(현 서울대 BK계약교수), 임정빈 박사, 정의창 박사, 최미옥 박사, 홍진이 박사(현 중앙공무원교육원 교수)가 참여하였다.

이들 외에도 서울대학교 행정대학원 박사과정에 재학중인 문광민, 윤지경, 이수연, 정경호, 정희정, 현승숙 석사, 미국 클리블랜드에서 수학중인 서울대학교 행정대학원의 황덕연 석사, 보건복지가족부에 근무하는 서울대 행정대학원 윤일기 석사, 일본 도쿄도립대학교에서 수학중인 명지대학교 행정학과의 이길모 석사, 서울대학교 행정대학원의 권순재, 도윤희, 박선영, 이연경, 이지희, 장재호, 허문길 석사, 서울시립대학교 도시사회학과의 김지영 석사, 동아대 이상무 석사, 건국대 소상균, 서울여자대학교 행정학과의 전유리, 연세대학교 행정학과 석사과정에 재학중인 황은진 등 여러 학교의 많은 후학들이 성실하게 연구를 도왔다. 연구과정에는 연구 외에 행정지원이라는 기능이 병존하기 마련이다. 연구의 원활한 수행을 위하여 서울대학교 행정연구소의 박석희 박사(현 가톨릭대 교수), 서재호 박사(현 부경대 교수), 정진 양이 행정지원업무를 담당하였다. 또한 연구의 질적 발전을 위하여 한원택 교수님, 김현구 교수님(성균관대)을 비롯하여, 박중훈 박사(한국행정연구원), 이종열 교수(인천대), 김병국 박사(한국지방행정연구원), 권오철 박사(한국지방행정연구원), 이석환 교수(국민대) 등이 자문과 지원을 아끼지 않았다. 이렇듯 많은 내외의 지원과 관심에도 불구하고 부족한 부분은 전적으로 연구진의 무능 탓이며, 연구진은 이들의 관심과 지원에 감사할 뿐이다.

끝으로 본 연구가 수행될 수 있도록 지원해 준 한국학술진흥재단, 연구공간을 마련해 준 서울대학교 행정대학원에 감사를 표하며 아무쪼록 미흡하나마 본 서가 향후 관련 연구의 진흥을 위한 밑거름이 될 수 있기를 기대한다. 또한 이 책의 출판을 흔쾌히 맡아주신 안종만 회장님, 조성호 차장님, 송창섭 선생님 그리고 빠듯한 일정 속에서도 편집에 도움을 주신 박규태 선생님에게 감사드린다.

2008년 8월

저자를 대표하여 이승종 씀

차　　례

제 3 장 지방정부의 정책혁신

제 4 장　한국 지방정부의 역량과 정책혁신

제 5 장 지방정부의 역량강화

제 1 장

서 론

제1장 서 론

1995년 민선자치단체장의 선출을 계기로 지방자치가 본격적으로 재개된 지 10여년이 지났다. 그간 지방자치의 정착을 위한 다양한 시책의 수행에도 불구하고 지방자치는 아직 안정적으로 정착되지 못하고 있다. 특히 노무현 정부가 분권화와 함께 지역균형발전을 동시에 표방하면서 분권의 적정수준을 둘러싼 중앙과 지방 간의 갈등, 수도권과 비수도권 간의 지역이익을 둘러싼 갈등이 증폭되고 지방자치의 기반이 불안정하게 되는 모순까지 나타나고 있다. 게다가 최근 출범한 이명박 정부는 지방자치에 대하여 소극적인 경향을 보이고 있는 만큼 지방자치의 기반은 더욱 불안해진 상황이다. 강조할 것은 지방자치는 정권의 정책기조에 따라 진퇴를 달리할 단순한 정책문제가 아니며 선후진국을 막론하고 나타나고 있는 21세기적 시대적 조류로서 중시되어야 한다는 점이다. 더욱이 권위주의 정권 하에서 중단되었다가 어렵게 재개된 우리 지방자치의 이력을 고려할 때 지방자치를 정착·발전시켜 나가는 일은 우리에게 주어진 시대적 과제가 아닐 수 없다.

지방자치의 안정적 발전을 위해서는 무엇보다 지방자치가 요구하는 기본적 요건의 확충이 요구된다. 이 같은 요건에는 물적·인적 자원의 지방분산, 지역 시민사회의 성숙화, 지방정부의 계층중립성, 지방정부의 역량 등 여러 가지 요인이 포함될 것이다. 그러나 돌이켜 보건대, 지금까지의 시책은 지방자치의 정착·발전이 요구하는 요건들을 충분히 고려하지 못하고 상황에 따라 산발적으로 제기되고 수행됨으로써 지방자치의 안정적 기반을 구축하는 데 실패하였다.

지금까지의 지방자치에 대한 시책은 한마디로 지방분권에 경도된 불균형적 정책이었다. 이러한 관점에서 권한이양, 재원배분 등과 같은 지방분권을 위한 제도적 요건에 대한 정책논의가 그간 주로 진행되어 왔다. 물론 이러한 정책방향은 지방자치의 실시를 위하여 집권화된 권한의 지방으로의 분산이 전제되어야 한다는 점에서 타당한 것임에는 틀림 없다.

그러나 지방분권은 지방자치의 필요조건일 뿐 충분조건은 아니며 지방자치가 제대로 작동하기 위해서는 분권을 전제하더라도 이 외에 또 다른 지방자치의 요소인 주민참여, 지방정부의 계층중립성, 지방정부의 역량 등이 아울러 확보되어야 한다. 이 중에서도 특히 강조할 것은 지방정부의 역량이다. 자율권에 기초하여 지방의 공공문제를 창의적으로 다루어 갈 행정역량이 확보되지 않은 상황에서의 분권은 자원낭비일 뿐 아니라, 오히려 주민의 복지를 저해하여 바람직하지 않기 때문이다. 또한 지방정부의 역량이 확보되지 않은 상황에서 주민참여에 대한 합리적인 대응이나 지배집단의 영향력에 대한 중립적인 대응이 어렵다는 점도 고려되어야 한다.

이러한 이유에서 지방분권에 경도된 관심과 논의는 지방자치의 다른 요건을 포함하도록 균형화될 것이 요구된다. 이러한 요청에도 불구하고 지금까지 지방자치 관련 연구는 대부분 지방분권 문제에만 집중되었으며 주민의 참여, 지방정부의 계층중립성, 지방정부의 역량 등의 문제에 대하여는 상대적으로 소홀하였다. 이 중에서도 특히 지방정부의 역량문제에 대하여는 전례를 찾기 힘들 정도로 관심이 소홀하였다.

최근 지방정부를 대상으로 한 몇 개의 비교연구가 진행되었으나(박종민 외, 2000, 2001; 박대식 외, 2003), 대부분 지방정부의 권력구조에 관한 연구이며, 지방정부의 역량을 본격적으로 다룬 연구는 거의 없다.

이에 본 연구는 지방정부의 역량에 관한 논의를 본격적으로 제기함으로써 그간의 지방자치에 대한 논의의 불균형성을 시정·보완하고자 한다. 지방정부의 역량을 다룸에 있어서 그 자체에 대한 논의에 그치지 않고 지방정부의 정책혁신과 연관지어 논의를 전개하고자 한다. 지방정부의 정책혁신은 과거 집권적 통치체제하에서 자율성, 창의성에 기반하여 혁신적 변화를 추구하기보다는 중앙의 지시와 통제에 따라 수동적·답습적 정책행태를 지속해 온 지방정부에게 있어서 중요한 과제이다. 또한 중앙에 비하여 상대적으로 후진적인 지방의 발전을 위해서는 지방의 혁신적 변화가 필요할 것이며, 이러한 점에서 지방정부의 정책혁신은 중요한 발전과제인 것이다. 이렇게 볼 때 본 연구가 다루는 지방정부의 역량은 정책혁신과 연관된 혁신역량을 포함하게 된다.

혁신역량이란 무엇인가? 혁신역량이 무엇인가에 대해서는 후술하겠지만 일단 정책혁신을 이루어 낼 수 있는 능력과 의지를 말한다. 또는 현재 상태의 정태적 관리역량을 넘어 미래지향적인 발전적 역량이라는 동태적 개념으로 규정할 수도 있다. 혁신역량의 대상이 되는 혁신은 무엇인가? 혁신에 관한 논의는 먼저 민간영역의 조직에서 다각적인 차원에서 이루어져 왔으며, 공공영역에서의 혁신에 대한 논의는 비교적 최근의 일이라고 볼 수 있다. 일반적으로 혁신이란 민간영역의 기업조직에서 새로운 제품, 생산과정, 조직적 체계의 발견, 개발, 모방 등을 기존의 조직체계나 관리업무에 적용하는 것을 의미할 뿐만 아니라, 유용한 지식의 창출·이용·확산과정에서 이루어지는 체계 내적인 요소 간의 복합적 상호작용의 산물로 간주되었다.

한편 공공영역에서 행정조직의 구조조정과 개혁이라는 의미에서의 혁신은 이전에 없던 새로운 방식으로 지방정부의 과제를 해결하는 것을 의미하기도 하며(Osborne & Gaebler, 1992), 공공문제 해결을 위해 민간부문에서 활용되는 도구들이나 서비스 공급방법을 활용하는 것을 의미하기도 한다(Clark, 1994).

행정혁신에 대한 대부분의 논의는 어떻게 행정조직을 효과적이고 효율적으로 업무를 수행할 수 있는 주체로 창출해 낼 것인가라는 명제에 대해 논리적이고 체계적인 해답을 구하고자 하는 것이었다. 하지만, 그 구체적인 방법이나 전략에 관해서는 그 시대가 요구하는 특성을 반영하여 다양한 연구가 진행되어 왔다.

고전적 행정혁신에 대한 논의의 대부분은 행정조직의 구조나 기능의 개편에 많은 부분이 할애되어 연구되어 왔으나 근래에는 행정혁신과 관련하여 민간부문에서 효과가 입증된 조직의 생산성 제고를 위한 다양한 전략과 기법들을 공공부문에 도입하는 구체적인 전략이나 방법들이 체계적으로 이루어지고 있다.

최근 행정혁신에 관한 또 다른 부류의 연구는 지방화 시대의 도래와 맥을 같이 하여 활발히 전개되고 있다. 특히 Osborne과 Gaebler(1992)의 연구가 발표된 이래, 중앙의 획일적인 통제에서 벗어난 지방정부의 역할과 기능혁신과 관련하여 다양한 논의가 진행되고 있다.[1] 이러한 정부혁신에 대한 논의는 지방자치가 점차 정착되면서 지방주민은 행정에 단순히 수동적으로 순응하기보다는 민주적인 행정을 통해 자신들의 삶의 질을 향상시키도록 정부에 적극적으로 요구할 것이며(김번웅, 1999; 박통희, 1996), 주민편의 위주의 지방행정은 시장 및 경쟁개념의 도입(박세정, 1998), 전문성을 지향하는 인사관리(오성호, 1999), 행정체계의 계층구조 개선(송하중, 1999) 등 지방정부의 행정효율화를 제고하기 위한 다양한 방법과 전략이 모색되고 있다.

이상에서 살펴 본 바와 같이, 공공영역에서의 혁신에 관하여 다양한 연구가 진행되어 왔다. 하지만 기존 연구의 문제점은 정책 또는 행정혁신의 내용은 다루면서도 혁신을 가져올 정부의 역량에 대한 분석은 거의 하지 않고 있다는 점이다. 아무리 좋은 혁신내용이나 그것을 이루기 위한 방법이 있다 하더라도 중앙과 지방을 막론하고 혁신을 창안하고 수행할 정부의 역량이 부족하다면 그 혁신방안들은 현실화될 수 없다는 점을 고려할 때 정책혁신을 논함에 있어서 혁신을 위한 정부의 역량을 제외하는 것은 바람직하지 않다. 이러한 인식에 입각하여 본 연구는 지방정부의 정책혁신과 지방정부의 역량을 관계지어 논의하고자 하는 것이다.

구체적으로 본 연구는 다음과 같은 접근을 한다.

---

1) Osborne과 Gaebler(1992)는 '작지만 일 잘하는 정부'의 실현을 위하여 각 지방정부들이 공통적으로 추구해야 할 기본방향으로 지역사회 주도의 정부, 경쟁적 정부, 업무지향적 정부, 성과지향적 정부, 고객지향적 정부, 기업가적 정부, 예방적·분권적 정부, 시장지향적 정부를 지적하고 있다. 이들은 정부역할을 민간부문의 지원자로서 재정립할 것, 기능과 조직 및 인력의 감량을 통한 작은 정부 구현에 노력할 것, 그리고 변화하는 기능과 역할에 맞게 기능소멸, 조직축소, 민영화 등의 작업을 추진해야 한다고 언급하고 있다.

첫째, 지방정부의 역량을 논함에 있어 고립된 역량이 아니라 지방정부의 정책혁신과 관련되는 혁신역량으로 확대하여 논의한다. 이는 지방정부의 역량은 현재 시점에서의 관리역량만이 아니라 미래 지향적인 변화역량을 포괄하는 것이어야 함을 강조하기 위한 것이다.

둘째, 본 연구는 지방정부의 역량이 정책혁신에 미치는 중요 요인임을 전제하고, 지방정부의 역량이 정책혁신에 미치는 효과를 실증적으로 검증한다. 실증적 자료의 획득을 위해서 지방정부 역량에 관련된 통계자료의 검토와 함께 지방의 중요 공직자(자치단체장, 지방의원, 고위행정관료)에 대한 설문조사를 시행한다. 이들 공직자는 중요 정책결정에 관련된 행위자로서 지방정부의 역량을 파악할 수 있는 위치에 있다.

셋째, 실증적 자료에 대한 분석을 바탕으로 지방정부의 역량강화를 위한 방안을 모색한다.

넷째, 국내 지방자치단체 간 횡단적 비교연구와 함께 지방자치단체를 선별하여 사례연구를 수행한다. 이와 같이 횡단연구와 사례연구를 병행함으로써 일반적 경향의 파악과 함께 실제 발생하고 있는 현상에 대한 심층적 이해를 강화하고자 한다.

다섯째, 국내사례 연구와 함께 미국, 영국, 독일, 프랑스, 일본 등 선진외국의 지방자치단체의 역량과 정책혁신에 대한 사례분석을 시도한다. 이는 국제적 맥락에서 한국 지방정부의 혁신역량의 위치를 파악함은 물론, 분석결과의 일반화 가능성을 제고하기 위함이다.

제 2 장

지방정부의 혁신역량

Ⅰ. 역량의 개념

1. 역　　량

2. 핵심역량

3. 지방정부의 혁신역량

Ⅱ. 선행연구의 검토

1. 역량 개념의 측정에 관한 선행연구

2. 역량의 관계: 영향요인 연구

3. 평　　가

Ⅲ. 평가지표

1. 인적 역량

2. 물적 역량

3. 외부 역량

제 2 장　지방정부의 혁신역량

Ⅰ. 역량의 개념

1. 역　　량

일반적으로 역량 개념은 1973년 McClelland에 의하여 처음 소개된 것으로 알려지고 있다(박우성, 2002).[1] 그는 역량을 개인의 업무성과와 관련된 광범위한 심리적 또는 행동적 특성으로 정의하였는데, 후속 연구들은 개인의 내적 특성에 초점을 맞춘 McCelland의 개념정의를 기본적으로 수용하면서도 개념의 정치화 내지는 개념 범위의 확장을 추구함으로써 역량개념의 진화가 이루어졌다.

우선, Spencer 외(1993)는 역량을 조직 또는 직무에서 효과적이고 탁월한 수행의 원인이 되는 개인의 잠재적 또는 내적인 특성으로 파악하는 점에서 McClelland의 기본개념을 따르면서도 기본 특징(underlying characteristics), 인과관계(casually related), 그리고 관련기준(criterion related) 등의 요소를 통해 역량개념을 보다 구체화시키는 진전을 보인다. 여기서 '기본 특징'이란 다양한 상황에서 개인의 행동을 예측할 수 있도록 해 주는 개인 성격의 심

1) 역량의 영어적 표현은 'competency'와 'capacity'를 포함한다. 사전적인 의미로는 competency는 일을 효과적으로 수행할 수 있는 능력을, capacity는 용량적 의미의 능력을 말하는 것으로 구분할 수 있으나 구분이 항상 명확하지는 않은데다 구분의 실익 또한 크지 않아 여기에서는 양자를 혼용하도록 한다.

층적이고 지속적인 측면을 의미하고, '인과관계'란 역량이 행동이나 성과의 원인으로서 개인의 행동과 성과를 예측하게 만든다는 것이다. 그리고 '관련 기준'은 역량이 어떤 사람의 우수성이나 능력을 구체적인 준거나 기준에 의해 예측할 수 있다는 것을 의미한다.

Mirabile(1997)의 개념정의는 보다 구체적이다. 그는 역량을 우수 성과자와 보통 성과자를 구별해 주는 지식, 기술, 능력 및 기타 특성이라고 규정한다. 그렇지만 그 역시 역량을 개인이 조직 내에서 성과를 내기 위한 개인의 내적 특징으로 파악한다는 점에서 McClellend나 Spencer와 크게 다르지 않다.

역량의 개념화가 개인의 내적 특성을 가리키는 것으로만 한정된 것이 아니라, 적용범위의 확장 또한 이루어졌다. 예컨대 Sparrow(1996)는 역량의 개념을 조직역량, 관리역량, 개인역량 등의 세 가지 유형으로 세분화함으로써 개인역량 이외의 요소를 역량개념에 포함시켰다. 여기에서 조직역량은 조직의 전반적 자원과 능력이고, 관리역량은 조직 밖에서 작용할 수 있도록 구체적으로 정의된 역량 — 예컨대 직업 또는 부문의 지식, 기술, 행동 등 — 이며, 개인역량은 직무수행과 관련된 조직 내 개인의 행동양태이다. 이와 유사하게 Parry(1996)는 역량이란 "한 개인의 직무(역할 또는 책임)수행에 큰 영향을 미치고 업무성과와 관련되며, 공인된 표준에 의해 측정될 수 있고, 훈련과 개발을 통해 향상될 수 있는 관련지식과 기술, 그리고 특성들의 통합된 형태"라고 정의하였다. 그리고 UNDP(1998)는 역량이란 기능을 효율적으로 그리고 지속적으로 수행할 수 있는 개인 및 조직의 능력이라고 정의하였다.

이와 같이 외국의 경우, 역량의 개념은 초기에 개인의 내적 특징에 한정하는 의미로 규정되다가 연구의 진전에 따라 조직의 역량을 포함하는 것으로 확장되었다.

국내의 경우, 공공부문의 역량에 관한 개념은 처음부터 확장적인 의미로 사용되었다. 예컨대 지방정부의 역량에 대한 초기연구라 할 수 있는 최봉기 외(1993)는 역량을 지방자치의 이념 및 제도를 스스로 실현하고 정착시킬 수 있는 지방정부의 능력이라고 정의한 바 있다. 즉, 역량의 개념화에 있어서 개인의 역량을 개념요소에서 배제한 것은 아니지만 조직차원의 능력을 개념요소로 도입하고 있는 것이다. 이와 유사하게 김병국·권오철(1999)도 역량을 단순히 개인의 업무수행능력으로 파악하기보다는 "지방정부가 정책이나 프로그램을 수행하는 데 요구되는 조직차원에서의 능력과 의지"로 정의하였다.

영국 부수상실(Office of Deputy Prime Minister: ODPM)의 견해를 빌어 역량을 'capacity'로 파악하고 있는 최영출(2003) 역시 역량을 조직차원의 능력으로 규정한다. ODPM에서는 지방정부의 역량강화 프로그램을 운영하고 있는데, 'Capacity Building'의 개념을 '지방정부들이 효과적이면서 효율적으로 기능할 수 있는 능력을 강화시켜 주기 위한 활동' 또는 '업무수행이 부실한 지방정부에게 다양한 지방정책을 통하여 개선할 수 있는 수단'으로 간주하고 있는바, 이러한 개념은 개인의 내적 특성으로 역량개념을 한정하지 않는 것이다.

이상과 같은 개념화의 논의는 대체로 두 가지로 요약된다. 하나는 대부분의 연구가 개인의 능력이나 잠재적 특성 등과 같은 인적 역량을 기본적인 역량요소로 수용하는 공통점을 보인다는 점이며, 다른 하나는 인적 역량을 역량의 기본요소로 수용하면서도 역량의 개념을 개인적·내적 특성으로 한정하기보다 조직의 전반적 자원과 능력을 의미하는 물적(物的) 역량으로까지 확대하고 있다는 점이다. 이러한 이론적 검토에 기초하여 본 연구는 역량의 개념을 "조직의 목적달성을 위한 조직 및 구성원의 특성으로서 인적역량과 물적역량을 포괄하는 것"으로 정의한다. 마찬가지 맥락에서 지방정부의 역량은 지방정부의 목적달성을 위해 필요한 지방정부의 물적 및 인적역량으로 정의한다.

2. 핵심역량

역량의 개념화와 함께 다양한 역량요소 중에서 조직의 성과와 관련하여 어느 요소가 핵심적인 요소인가에 대한 논의도 병행되고 있다. 먼저 앞서 언급한 Sparrow(1996)는 조직역량, 관리역량, 개인역량 중에서 조직역량을 핵심적인 것으로 본다. 보다 직접적으로 핵심역량을 정의하고자 시도한 예는 Prahalad & Hamel(1990)을 들 수 있다. 이들은 급변하는 경영환경 속에서의 성공은 혁신적인 창의성, 전문적 지식, 그리고 그러한 지식자원의 활용을 통해서 달성될 수 있다고 주장하면서, 이러한 성공요인들의 조합을 '핵심역량'(core competence)이라는 용어로 표현하였다. 이들에 의하면 핵심역량이란 조직이 다양하고 급변하는 경영환경에 빠르게 대응할 수 있도록 기반을 제공하고, 다양한 지식과 기술들에 대한 학습이 조직 내에 축적된 형태이다. 나아가서 핵심역량은 조직 간 제휴나 네트워킹시 각 조직의 핵심적 기술이나 능력을 통합하여 이용할 수 있는 능력 및 조직 간의 경계를 넘어 개인들이 적극적으로 의사소통할 수 있는 능력을 포함한다. 이 같은 핵심역량은 적용·활용·공유할수록 강화된다. 이들이 사용하는 핵심역량 개념은 기본적으로 경영전문화와 인적 자원의 경제적 활용의 조합으로도 파악할 수 있는 바, 이런 점에서 이들의 핵심역량 개념은 경쟁기업이 결코 따라 올 수 없는 자기기업 특유의 차별화된 기술이나 노하우의 결정체를 의미하고 있는 것이라 이해된다(김판석, 2000: 84 재인용).

국내에서는 박우성(2002)이 핵심역량이라는 용어를 사용하였는데, 그는 "역량중심의 인적자원관리 혁신방안 연구"에서 전사적(全社的) 일반 역량과 개인적 직무 역량의 공통분모가 핵심역량에 해당한다고 주장하였다. 그리고 용어상의 차이는 있지만 김병국·권오철(1999)은 내부 조직역량이라는 표현으로 핵심역량을 강조한 바 있다. 그리고 이홍민 외(2003)는 핵심역량을 "핵심능력을 창조하고 조절하며 동시에 그 기초가 되는 개인이나 팀의 지식, 기술, 태도, 내적 특성 등 조직 구성원들이 공유하는 가장 중요한 역량"이라고 지적하고 있다.[2)]

---

2) 이들은 핵심역량을 조직역량과 개인역량으로 구분하고 있는데, 조직역량은 어떤 조직의 제품과 서비스를 다른 경쟁자의 그것과 구별해 주고, 고객의 입장에서 가치를 확립하는 기술, 시스템, 문화 등 경쟁우위 요소를 말하며, 자사가 지니고 있는 고유하고 독자적이며 궁극적인 능력을 일컫는다고 설명하고 있다(이홍민 외, 2003: 20).

논자에 따라 다소간의 차이는 있지만 핵심역량 개념이 1990년대부터 조직 목표와의 연결을 강조하면서 성과 또는 결과에 가장 큰 영향을 미치는 요인을 부각시키는 개념적 도구로 활용되어 왔다는 공통점을 보인다. 이런 점에서 역량 개념과 핵심역량 개념을 지나치게 구분하려는 시도는 큰 의미가 없는 것으로 볼 수 있다. 왜냐하면 성과와 관련하여 역량을 언급할 때, 그러한 역량은 바로 핵심역량과 동의어가 되기 때문이다. 즉, 역량과 핵심역량은 별개의 개념이 아니며 포함하고 있는 내용이나 강조점에서 차이가 있을 뿐이다.

3. 지방정부의 혁신역량

지방정부의 정책혁신과 혁신정책의 확산 및 수용에 관해서는 다양한 연구가 진행되어 왔으나 기존 연구들은 혁신정책의 주체인 정부 혁신의 내용은 다루고 있었지만, 정책혁신을 가져올 정부의 지방역량에 대하여는 본격적으로 다루지 않았다. 앞에서 언급한 최봉기 외(1993), 김병국·권오철(1999), 최영출(2003), 최길수(2005) 등의 연구가 거의 전부라 할 수 있다. 이들의 연구는 지방정부의 혁신을 위하여는 역량강화가 요구된다는 점을 인식하고 있다는 점에서 유용하다. 지적할 것은 이들 연구들이 지방정부의 혁신이나 역량에 대한 개별적 개념화는 시도하면서도 혁신역량의 개념화는 시도하지 않았다는 점이다. 즉, 일부는 혁신에 초점을 맞추어 혁신을 개념화하는 대신 혁신에 연관된 역량의 개념화를 제외하거나, 다른 일부는 역량에 초점을 두어 역량을 개념화하는 대신 혁신과 관련한 역량의 개념화를 시도하지 않은 것이다. 그러나 혁신과 연관하여 역량을 논의하면서 혁신역량을 개념화하지 않는 것은 중요한 흠결이라 하겠다. 그것은 모든 역량요소가 혁신과 관련되는 것은 아니며 혁신과 관련되는 역량 즉, 혁신역량이 구별될 수 있기 때문이다.

혁신역량이란 무엇인가? 앞선 논의들을 종합해보건대, 혁신 주체들이 조직내·외부의 인력, 구조, 지식, 정보, 재정, 의지, 노력 등과 같은 자원을 통합하고, 이를 통하여 새로운 자원을 창출해 낼 수 있는 능력, 그리고 조직 내·외부 혁신주체들의 혁신성향 등을 포함하는 것이라고 정의할 수 있다 (Parry, 1996; 김병국·권오철, 1999; 이재경, 2002; 최영출, 2003). 이러한 개념은 아무리 훌륭한 인력과 많은 자금, 지식, 노력 등이 있어도 그것을 효과적으로 조직할 수 있는 역량이 없다면 혁신 주체들의 경쟁우위 확보는 어려울 것이고, 역량이 있으면 초기에 자원확보의 어려움이 있더라도 새로운 자원을 창출할 수 있는 능력을 가지고 있기 때문에 장기적으로 경쟁우위를 확보할 수 있을 것이라는 점을 고려할 때 타당한 측면이 없지 않다.

그럼에도 불구하고 이러한 개념화가 구체적으로 어떤 역량요인이 정책혁신의 유발요인인가를 가르쳐 주기에는 여전히 미흡하다. 이것은 어떠한 역량요소가 실제 혁신을 유발하게 되는가는 해당 역량요인의 특성만이 아니라 요소간의 동태적인 연관, 그리고 조직을 둘러싸고 있는 구조적·환경적 요인이 복합적으로 관련되어 있기 때문이다. 즉, 혁신역량의 범주는 기본적으로 가변적이라는 것이다. 이를 고려하여 여기에서는 정책혁신이란 바람직한 방향으로 변화되는 혁신정책(policy) 또는 사업(programs) 등으로 구체화될 수 있으며, 혁신역량이란 그 같은 '정책혁신을 유발하기 위한 역량' 내지는 '정책혁신의 조건으로서의 역량 또는 간단히 혁신을 유발하는 역량'이라고 정의해 둔다. 물론 혁신역량이 일반적 역량과 전혀 별개로 존재하는 것은 아니다. 상황에 따라서는 동일한 역량이 혁신유발요인으로서 혁신역량이 될 수도 있고 그렇지 않을 수도 있을 것이다. 그러므로 역량과 혁신역량을 지나치게 구별하려는 의도는 한계가 있을 수 있다. 그럼에도 불구하고 최소한 개념상 양자는 구분이 가능하다는 데 대한 인식은 필요할 것이다.

이상과 같은 논의를 토대로 본 연구의 개념적 준거틀(conceptual framework)을 제시하면 [그림 2-1]과 같다.

[그림 2-1]에서 보는 바와 같이 지방정부의 역량은 지방정부와 지방정부를 구성하는 공직자의 역량을 가리키며, 지방정부의 외부역량은 시민과 시민단체를 포함하는 지역사회의 역량과 지역의 사회경제적 조건을 의미한

[그림 2-1] 지방정부 역량의 개념적 준거 틀

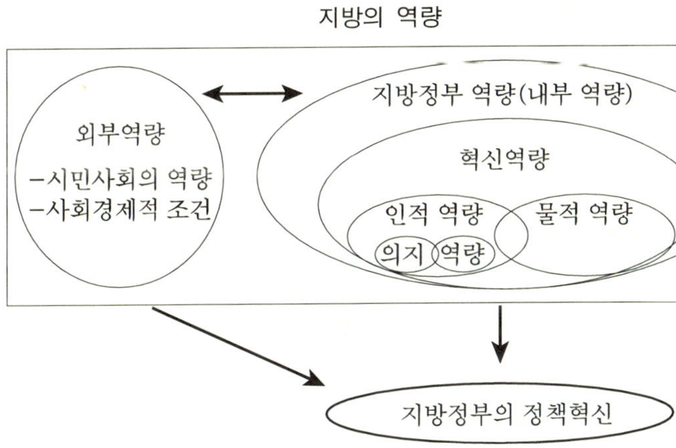

다. 지방의 역량은 지방정부의 역량과는 다른 개념이며 지방정부의 역량과 지방정부의 외부역량(지역시민사회 역량 및 지역의 사회경제적 조건)을 포괄하는 것이다. 문제는 역량의 범위를 어디까지로 확대하여 수용할 것이냐 하는 것이다. 이는 역량을 논의함에 있어 공간적 범위를 지방(local)으로 할 것이냐 아니면 지방정부(local government)로 할 것이냐 라는 문제이다. [그림 2-1]에서 제시한 개념 틀을 전체적으로 수용한다면 지방정부의 역량에 대한 논의는 지방정부의 역량만이 아니라 지역의 역량까지 확대하여 포함하는 것이 바람직하다. 그러나 본 연구는 지방의 역량이 아니라 지방정부의 역량이며 따라서 지방정부의 외부역량은 주 논의의 대상에서 제외된다.

그럼에도 불구하고 본 연구는 지방정부의 역량만이 아니라 지방의 역량도 논의범위에 포함한다. 그것은 지방정부의 혁신은 그 자체로서 목표가 될 수 없으며, 오히려 지방의 혁신이 궁극적 목표가 될 것이기 때문이다. 이는 지방정부의 존재가 그 자체에 목적이 있지 않고 지방정부가 위치한 지역사회의 발전 내지는 지역주민의 복지증진임을 생각할 때 자명하다. 이러한 인식하에 본 연구는 지방정부의 내부 역량과 함께 지방정부의 외부역량에 대한 논의를 병행한다. 다만, 본 연구는 지방정부의 역량에 논의의 초점을 두고 있는 만큼 지방정부의 내부 역량인 인적 차원 및 물적 차원에 논의를 우선하면서 시민사회의 역량과 지역의 사회경제적 조건을 포괄하는 외부역량은 지방정부의 정책혁신에 영향을 미치는 제약요인으로 논의에 포함시킨다.

Ⅱ. 선행연구의 검토

1. 역량 개념의 측정에 관한 선행연구

지방자치제도의 정착과 함께 지역발전을 이루기 위하여는 주민참여, 지방정부의 민주성 및 효율성, 지방정부의 역량 강화 등이 필수적이며, 그 중에서도 지방정부의 역량은 더욱 강조되어야 할 요소이다. 지방의 자율권에 기초하여 지역사회의 공공문제를 창의적으로 다루어 나갈 행정역량이 확보되지 않은 상황에서의 분권은 자원낭비일 뿐만 아니라, 오히려 주민의 복지를 저해하여 바람직하지 않은 결과를 초래할 것이고, 따라서 주민참여에 대한 합리적인 대응이나 지배집단의 영향력에 대한 중립적인 대응도 어려울 것이기 때문이다.

이러한 시점에서 볼 때, 지방정부의 역량에 관한 연구는 지방자치의 실시경험이 일천한 우리나라의 현실에서 지방정부의 역량을 진단하는 동시에 처방을 제공할 뿐만 아니라 이를 바탕으로 국제비교 연구에도 공헌할 수 있는, 현실적으로 매우 필요한 연구라고 할 수 있다.

우선 외국의 선행연구를 살펴보면, 역량의 개념을 처음 도입한 McClelland의 연구범위를 확장시킨 Boyatzis(1982)의 연구를 들 수 있다. 그는 조직 내 우수한 행위자들이 갖고 있는 특성들을 파악하기 위하여 12개 조직의 2,000명의 관리직 종사자들을 대상으로 자료를 수집하고 분석하였다. 이를 위하여 6개 차원의 역량군과 21개 영역의 역량을 설정하였다. 구체적으로는 ① 목표 및 행동관리 역량군(효율성 지향, 생산성 지향, 개념들의 진단적 사용, 영향력 행사), ② 리더십 역량군(자신감, 언어표현 능력, 논리적 사고, 개념화), ③

인적자원 역량군(사회화된 권력의 사용, 긍정적 보상, 집단프로세스관리, 정확한 자기평가), ④ 부하관리 역량군(부하육성 및 개발, 업무지시 및 통제, 자발적 업무처리), ⑤ 타인에 대한 관심 역량군(자기통제, 객관적 지각, 체력과 적응력, 관계형성 및 유지), 그리고 ⑥ 전문적 지식(기억, 전문화된 지식) 등이다.

Sparrow(1996)는 역량을 세 가지 차원—조직역량, 관리역량, 그리고 개인역량—에서 측정될 수 있음을 제시해 주었다. 또 이러한 세 가지 차원은 서로 관련되어 있으면서 중첩되어 있다. 조직역량은 모든 조직원들에게 확산되어야 하고, 고객에 초점을 두고 조직의 목표달성에 기여해야 한다. 관리역량은 조직 밖에서 활용될 수 있도록 구체적으로 정의된 역량이며 조직 내에서 개발된 개인의 역량을 포함할 수 있다. 개인역량은 조직원의 경력단계에서 개인에게 적합하도록 구체적 역량을 필요로 하는 직무역할들을 설계하는 데 사용될 수 있다. 예컨대 조직원은 고객지향에 기초하여 역량을 개발할 수 있고(조직역량), 회계관리에 필요한 역량을 개발할 수도 있으며(관리역량), 그리고 자신의 직무와 구체적으로 관련된 역량 등을 개발할 수 있다(개인역량)는 것이다.

유엔인구기금(UNFPA, 2003)에서는 브라질, 코트디브아르, 이집트, 나이지리아, 베트남, 네팔 등 6개 국가를 대상으로 국가역량개발지원 프로젝트를 수행하였는데, 여기서 제시한 역량은 3개 차원, 15영역으로 설정되어 있다. 이를 좀 더 구체적으로 살펴보면, 첫째 차원은 시스템(system)인데, 경제성장, 정치안정, 법규의 구조, 시민사회의 성숙, 그리고 의사결정의 분권화 정도가 포함되어 있다. 둘째 차원은 조직(organization)이며, 비전과 미션, 인적자원개발, 체제발전, 반복적인 기획·점검·평가과정, 조직 간·조직 내 화합, 자원의 유통 등이 포함되어 있다. 셋째 차원은 개인(individual)인데, 인센티브와 동기, 조직의 기능을 수행할 수 있는 지식과 능력이 포함되어 있다.

이 보고서는 위와 같은 역량이 각 국가의 목표인구(target populations)에 궁극적인 영향을 끼쳐 결과적으로 역량개발을 위한 투입요소 즉, 인적자원 개발, 인프라구조 형성, 기금마련 등을 가져온다고 지적하고 있다.

지방정부의 혁신을 위한 역량에 관한 가장 포괄적인 연구로는 국제사회학회(International Sociological Association)의 지원으로 1982년부터 미국 University of Chicago의 Terry Nichols Clark 교수의 주도로 지속되고 있는 "지방행정혁신에 관한 국제 비교연구"(Fiscal Austerity and Urban Innovation Project; FAUI)이다.[3] 이 국제협력연구는 두 가지 방식으로 진행되었는데, 각국의 학자들로 하여금 국제표준조사표에 기초하여 각기 소속 국가의 지방행정실태를 조사·진단하게 하고, 그 다음으로 각 나라별로 구축된 조사자료에 기초하여 국가 간 비교연구를 수행하게 함으로써 국제적인 시각에서 세계의 지방행정 경향을 파악함은 물론 각 국가의 지방행정 개선을 위한 정책적 시사점의 도출을 기본목표로 하고 있다. FAUI 연구에서 현재까지 일반적으로 다루고 있는 지방정부의 혁신역량과 관련된 내용은 다음과 같이 세 가지로 요약할 수 있다.

첫째, 각 지방정부 정치엘리트의 역량이다. 지방정부의 정치엘리트로는 자치단체장, 지방의회 의원, 그리고 지방정부의 고위공무원을 들 수 있다. FAUI 연구에서는 주로 국제 조사를 통해 이들의 정치문화적 경향과 정책선호 등을 분석하고, 이것이 혁신정책에 미치는 영향을 분석하였다. 현재까지의 연구결과에서는 세계 공통적으로 신정치문화(New Political Culture: NPC) 지향의 정치엘리트들[4]이 지배하는 지방정부의 혁신역량이 높게 나타났다(Clark & Hoffmann-Martinot, 1997).

둘째, 각 지방정부 시민들의 역량이다. FAUI 연구에서는 각 지방정부의 시민단체의 활동과 영향력을 파악하여 '시민단체 활동지수'(Civic Activity Index: CAI)를 작성하고, 시민단체 활동지수와 각 지방정부의 혁신역량의

3) FAUI 프로젝트는 '지방정부에 의한 혁신'이라는 주제로 Clark 교수에 의해 1982년부터 시작하여 현재 38개국 700명 이상의 학자 및 지방관료 등이 참여하고 있는 지방정부 혁신역량에 관한 가장 광범위하고 포괄적인 연구이다. 한국에서는 서울대 이승종 교수 등이 1995년부터 이 프로젝트에 한국파트너로 참석해 오고 있으며 1995년과 1998년에 독자적으로 한국 FAUI 조사를 시행한 바 있다.

4) 신정치문화란 매우 추상적인 개념이지만 신정치문화 지향의 엘리트들은 ① 기존의 좌우 구별을 넘어서는 새로운 기준으로 정치를 본다는 것, ② 재정적 이슈와 사회적 이슈를 구별한다는 것, ③ 시장주의와 개인주의를 강조한다는 것, ④ 복지국가의 개념을 새롭게 정의한다는 것, 그리고 ⑤ 정책에 대한 선호가 소속 정당의 의견보다는 각각의 이슈별로 정책적 선호를 보인다는 것 등으로 설명된다.

관계를 분석해 오고 있다. 일반적으로 시민단체의 활동지수가 높을수록 지방정부의 혁신역량이 높은 것으로 분석되고 있다. 시민들의 혁신역량의 또 다른 지표로는 각 지방정부 내의 인구학적 성향이 이용되었는데, 젊은 층이 많을수록, 교육수준이 높을수록, 그리고 부유한 계층이 많을수록 지방정부의 혁신역량은 높은 것으로 나타났다.

셋째, 각 지방의 구조적 요인이다. FAUI 연구에서는 정당 영향력 지수, 중앙정부 영향력 지수, 정당 균열지수 등 다양한 척도를 사용하여 각 지방의 정치구조를 분석하고 이러한 정치구조와 혁신역량의 관계를 분석하고 있다. 그리고 정치구조 이외에도 각 지방정부의 재정자립도, 경제 불평등 정도(Atkinson index로 파악), 산업구조 등과 같은 경제 및 재정 구조를 파악하여 이것들과 혁신역량의 관계를 분석하고 있다.

한편, 국내에서도 지방정부 역량의 개념화 및 측정이 이루어져 왔다. 박기영(1985)은 지방자치단체의 자치능력을 분석·평가하여 자치여건과 자치능력을 개선할 수 있는 합리적인 개선대안을 마련하였으며, 각 지표는 다음과 같다. 자치여건 측정지표로서 자치경험과 전통, 관계법령 및 제도, 정치지도자의 가치관과 정치적 조망, 국내외 상황, 지방자치에 대한 기대와 열망 및 자세, 지역문제에의 관심 및 참여, 역할수행 등을 들고 있다. 자치능력 측정지표로는 자치능력, 자치구조, 자치재정, 자치적 관계, 자치수행능력과 태도 등을 사용하고 있다.

최봉기 외(1993)는 지방정부의 자치역량을 분석하기 위하여 체제이론의 구성요소인 구조와 기능, 환경의 개념을 이론적 배경으로 삼아 구조적 역량, 기능적 역량, 그리고 환경적 역량으로 구분하였다. 구조적 역량은 다시 조직적 역량, 재정적 역량, 그리고 권력적 역량—자치권의 범위—등으로 구분되는데, 조직적 역량에는 적정기구의 설치와 적정인원의 충원 여부, 적정구역의 확보여부, 기구의 적정기능 수행과 기능의 중복 여부 등을, 재정적 역량에는 재정자립도, 세입구조의 분석에 의한 지방재정력 측정, 세출구조분석에 의한 지방재정력 지표, 재정의 건실성과 탄력성에 의한 재정력 지표 등을, 권력적 역량에는 자치입법권, 자치조직권, 자치행정권, 자치재정권 등을 주요변수로 설정하였다.

기능적 역량은 다시 구성원들의 가치관 및 공직의식, 구성원들의 행태 및 민주의식, 그리고 구성원들의 행정 및 정책능력(자치수행능력) 등으로 구분되는데, 자치수행능력에는 정책개발 및 기획역량, 수요파악 및 대응역량 등을 주요 변수로 설정하였다. 환경적 역량은 환경유형과 요구, 대응방식으로 설정되었는데 환경유형과 요구투입의 형성, 활용과 대응방식 등을 주요 변수로 설정하였다.

지표개발에 대한 연구로 지표개발의 체계 및 단계별 개발방법에 관해서는 양기용 등(1996)의 연구가 있는데, 이 연구에서는 공공부문의 경쟁력과 생산성에 대한 객관적이고 적실한 평가를 위하여 추진시책별로 평가지표를 개발하고, 개발된 지표의 적용방안을 제시하였다.[5] 한국능률협회(1998)는 도시경쟁력을 통한 도시경영 및 기반분야의 평가지표를 제시하였다.[6] 고종환(1999)의 경우는 지역경쟁력의 개념을 지역 내 부가가치 창출을 통해 지역주민의 삶의 질을 지속적으로 향상시킬 수 있는 능력으로 정의하면서, 8가지의 항목을 통해 각각의 지표를 만들었다.[7]

김병국·권오철(1999)은 조직관리이론, 핵심역량이론, 조직능력이론, 그리고 자치역량이론 등을 이론적 배경으로 삼아 자치역량을 조직구성원 영역, 조직구조적 영역, 그리고 조직문화적 영역 등의 세 가지 측면으로 분류

5) 양기용(1996)은 계획수립, 인력관리, 예산확보, 제도정비, 집행의 대응성, 민주성, 제공한 서비스 규모, 목표달성도, 주민만족도, 각 지역의 특수한 상황 등을 지표로 삼았다.

6) 도시경영 및 기반분야의 평가지표로서 14개의 지표를 제시하고 있는데, 그 지표로서 경제활동인구비율, 인구 천명당 금융기관 수, 인구 만명당 문화재보유 수, 자연녹지면적비율, 인구 만명당 연구 및 개발업체 수, 인구 천명당 정보처리 및 기타 컴퓨터운영관련종사자 수, 도로율, 항만시설면적비율, 공항시설면적비율, 인구 백명당 전화보급 대수, 상수도보급률, 공업용지면적비율, 저소득보호주민비율, 인구 천명당 지서·파출소 수 등이다.

7) 각 지표는 다음과 같다. ― 지역의 경제력(경제활력, 산업구조, 소비구조), ― 지방의 세계화(정보화, 국제화, 사업지원서비스), ― 지역의 금융환경(금융기관, 지역금융비중, 보증 보험업), ― 지역의 인적자본(경제활동인구, 학교교육, 평생학습), ― 지역의 기술수준(고급기술 인력양성, 지적자산 형성, 산학협동을 위한 전문대학), ― 지방행정서비스(지방재정의 효율성, 지방행정서비스 제공, 지방정부의 서비스사업화), ― 지역의 사회기반시설(수송관련기반시설, 주민편의 기반시설, 자연자원 및 환경 관련 기반시설), ― 주민의 삶의 질(보건위생관련 서비스, 생활편의서비스, 교양오락문화체육시설, 가정환경 및 가족관계, 사회복지시설, 공공안전관리체계).

하였다. 이때 조직구성원 영역은 다시 구성원의 직무능력과 직무노력으로, 조직구조적 영역은 제도적·물리적 기반정도(구조기반)와 조직네트워크로, 그리고 조직문화적 영역은 이념기반[8)]과 행동표출[9)] 등으로 구분되었다. 또한 직무능력, 구조기반, 이념기반 등은 내적 수행기반과 외적 대응기반으로, 직무노력, 조직네트워크, 행동표출 등은 외적 자극노력과 자발수행노력 등으로 세분하여 각각의 평가지표를 제시하였다.

최영출(2003)은 역량의 요소를 이용 가능한 사람의 수(volume), 관련 업무 또는 국가정책, 법적 규정사항, 전문적 수준 및 최근의 모범사례 등에 대한 지식(knowledge), 의사소통, 교섭, 중재, 영향력 행사, 인력 및 자원관리, 정치적 문제인식 및 기획, 성과관리 등을 포함하는 기술(skill), 그리고 공무원들의 지식, 기술 등을 적용하는 방법에 관한 행태(behaviour) 등 네 가지로 제시하였다. 지방분권이라는 정책방향이 구체화될 때 지방정부가 이에 대응하기 위해서는 역량이 있어야 하며, 역량은 개별 지방정부가 필요로 하는 지식, 기술 및 행태를 가진 공무원을 어느 정도 확보하느냐에 따라 결정된다는 것이다.

FAUI 연구의 한국 파트너로 참여하였던 이승종·김흥식(1998)은 지방행정의 혁신에 선도적 역할을 담당하고 있는 지방자치단체장에 초점을 두고 이들의 정책결정과정에서의 상대적 영향력, 재정선호, 정책선호의 반영도, 주민의 정책선호 및 주요 쟁점사항들에 대한 인식과 태도를 설문조사에 기초하여 국제비교하였다. 이들은 이 연구를 통하여 한국 지방자치단체장의 비교론적 특성으로 ① 정책결정과정에서 영향력이 가장 크고, 따라서 ② 실제 지방정부 활동에 대한 그들의 선호 반영도가 비교적 높으며, ③ 지역개발정책과 더불어 복지정책을 선호하며, ④ 주민들의 정책선호 또한 자신과 유사하다고 생각하고, ⑤ 특정지역의 이익보다 지역 전체의 이익을 우선시

8) 김병국·권오철(1999)은 이념기반을 "행정을 수행해 나가는 데 있어 조직의 미션설정 및 구성원의 직무행태를 가속시키는 데 영향을 미치는 것으로, 조직구성원의 내면세계에 존재하는 가치체계의 영역"이라고 정의하고 있다.

9) 행동표출이란 내적 이념체계가 업무수행과정에서 실제로 나타나는 구성원들의 행동양식이라고 설명하고 있다(권오철·김병국, 1999).

하며, ⑥ 주민이익의 증진을 위해 법규를 다소 위반할 수 있다는 입장이며, ⑦ 성교육의 실시를 전폭 지지하고, ⑧ 상당한 복지지향성을 가진 ⑨ 대졸 이상 학력의 50대 후반 남성이라는 점을 제시하였다.

끝으로, 이종수(2004)는 지방정부의 혁신에 영향을 미칠 수 있는 요인으로 내부적 특성모형과 구조적 환경모형 등을 제시하였다. 내부적 특성모형 중 가장 중립적이고 유연성이 높은 개념의 하나로 '정책행위자'(policy actor)를 제시하면서 지방정부의 혁신은 결국 정책행위자들 — 지방자치단체장, 지방자치단체 공무원, 지방의회, 지역주민, 지역 내 기업, 지역 내 노동조합, 지역시민단체, 지역학자 및 전문가, 지역언론, 중앙정부, 지역출신 국회의원 등 — 에 의해 결정된다고 주장하였다. 구조적 환경모형은 내부적 특성모형과 별개로 구분하기 어려운 것으로 혁신이 확산되는 양태를 규명하기 위하여 인구규모, 재정자립도, 주민참여 수준, 지방의회 내 단체장에 대한 지지도, 도시와 농촌 간의 차이 등 다섯 가지 요인을 포함시켰다.

2. 역량의 관계: 영향요인 연구

일부 연구는 지방정부의 (혁신)역량을 개념화하거나 측정하는 데 그치지 않고 역량과 혁신과의 관계를 검증하는 데까지 나아갔다. 지방정부의 역량과 혁신과의 관계에 대한 연구는 크게 두 가지로 나눌 수 있다. 하나는 역량이 혁신에 미치는 영향에 대한 연구 즉, 역량을 독립변수로 파악하는 연구이며, 다른 하나는 혁신이 역량에 미치는 영향에 대한 연구 즉, 역량을 종속변수로 파악하는 연구이다.

전자의 예로는 FAUI 연구가 대표적인데, FAUI 연구에서는 지방정부의 역량강화가 혁신에 중요한 영향을 미친다는 점을 강조하고 있으므로 역량을 독립변수로 간주하고 있는 것으로 보인다. 그리고 이러한 역량에 정치구조, 산업기반, 재정구조 등의 구조적 요인이 제약요인으로 작용한다고 설명하고 있다.

Bolton(1993)은 행정조직의 특성과 환경적 요인들이 지방정부의 혁신에 미치는 영향력을 파악하였는데, 행정조직의 특성으로는 리더십, 구성원의 전문성, 잉여자원 등을, 환경적 요인으로는 지역사회의 규모와 다양성, 정부의 서비스에 대한 수요 등을 주요 변수로 설정하였다. 이동기(2000)는 지리정보시스템의 혁신확산 연구에서 모방(imitation), 지식(knowledge), 그리고 자치단체장의 의지, 보상, 분위기 등이 혁신에 큰 영향을 미친다고 언급하였다. 이성진(2001)은 지방정부 혁신의 영향요인을 인적 요인, 조직특성 요인, 그리고 환경적 요인 등으로 설정하여 경상남도의 혁신사례 및 혁신의 영향요인에 대하여 고찰하였다. 이성진의 연구에서 주목할 것은 판별분석 등을 통하여 혁신이 높은 지방정부와 낮은 지방정부를 구분하였다는 점이다. 류지성 외(2001)는 지방정부의 혁신을 위하여는 단체장이 주도적인 역할을 수행하며, 공무원 1인당 주민 수가 적을수록, 사회기반시설이 충분할수록, 그리고 재정능력이 커질수록 혁신이 활발히 이루어진다고 설명하였다. 즉, 이들은 혁신에 영향을 미치는 요인으로 단체장의 학력 및 연령, 1인당 지방세 부담액, 재정자립도, 인구 수, 공무원 1인당 주민 수 등의 지역특성 변수를 활용하여 혁신의 영향요인을 규명하였다.

아울러 이종수(2004)는 지방정부의 역량을 개념화하고 측정하는 동시에 지방정부의 혁신과 역량요인과의 관계를 실증분석함으로써 혁신요인이 무엇인지를 파악하였다. 그 결과 지방정부 혁신의 추진동력은 단체장과 공무원의 역량으로 파악되었다.

역량을 종속변수로 하는 연구의 예는 불행히도 찾기 어렵다. 예외적으로 지방정부의 역량과 관련한 연구는 아니지만 박우성(2002)의 연구는 참고가 된다. 그는 핵심역량과 성과 간의 관계를 규명하고자 하였는데, 조직 내 인적자원관리에 있어서 우수한 인재의 확보와 아울러 구성원의 역량을 강화시키기 위한 혁신이 필요하다고 주장하였다. 그리고 이러한 혁신을 위하여는 조직의 기준이나 가치, 혁신성 등의 영향요인들을 고려해야 한다고 주장하였다.

3. 평 가

이상과 같이 역량의 개념화 및 측정과 관련된, 그리고 역량의 제약요인에 관련된 국내외 연구 등을 살펴보았다. 여기에서는 역량 관련 기존 연구들에 대한 의의와 한계에 대한 평가를 통하여 향후 진행될 지방정부 혁신역량에 관한 연구의 방향설정에 기여하고자 한다.

먼저 역량의 개념화 및 측정과 관련된 연구는 Boyatzis의 연구를 제외하고는 대부분 규범적인 수준에 머무르고 있을 뿐만 아니라 역량에 관한 개념 또한 완전하게 정립되지 못하고 있는 실정이어서 일반화의 한계를 지니고 있다. 다만 최봉기 외(1993), 김병국 외(1999) 등의 국내연구는 개념화 및 지표개발에 한정되었다 할지라도 지방정부의 자치역량 강화에 대한 연구의 출발점이 되었다는 점에서 그 의의가 있다.

그리고 역량과의 관계를 연구한 연구들 또한 부족한 경향을 보이고는 있으나, 국제 비교연구인 FAUI(1982), 이승종·김홍식(1998), 그리고 이종수(2004)의 실증적 연구는 지방정부의 혁신과 함께 역량강화 연구 등에 관심을 촉발시키는 계기가 되었다. 그러나 FAUI 연구 등은 각 국가의 특성에 맞는 요인들의 분석과 일반적 요인들과의 관계에 대한 분석은 거의 이루어지지 않고 있다. 이것은 아마도 FAUI 연구 참가자들의 상당수가 미국과 유럽이라는 어느 정도 동질적인 사회의 학자들이기에 지역적 특성보다는 일반적인 요인들이 더 많이 발견된다는 점에 기인한 것이라 판단된다. 하지만 한국과 일본의 FAUI 연구(1996)에서 밝혀진 것은 서구와는 달리 후견주의(clientielism)적 정치시스템이 지방정부의 혁신역량을 약화시키고 있다는 것이었다. 이처럼 각 국가의 혁신역량 요인에는 해당 국가의 특수한(country-specific) 요인들의 중요성이 큰 것이다.

이런 점에서 한국적 상황에 맞는 지방정부의 역량 측정을 위한 지표화 작업이 필요하였다. 이승종·김홍식(1998)의 연구에는 우리나라 실정을 감안하여 작성된 조사표가 사용되었으나, 지방자치단체장에게만 논의의 초점을 맞추고 있기 때문에 일정한 한계를 갖는다. 그리고 이종수의 연구는 지방정부의 혁신패턴과 추진동력, 그리고 영향요인 등을 분석한 연구이기 때문에 투입요소인 역량보다는 혁신에 초점을 두고 진행된 것이라 할 수 있다.

위에서 검토한 역량과 관련된 연구를 종합해 보면 다음의 [표 2-1]과 같은데, 이는 크게 두 가지 측면으로 설명할 수 있다. 먼저, 역량은 개인의 내적 특성에서부터 출발된다는 점이다. 즉, McClelland(1973) 이후 민간 및 공공분야를 막론하고 대개의 역량 연구들이 공통적으로 조직 내 행위자의 행태에 초점을 두고 있는데, 이는 역량의 개념적 범위가 개인적 단위에서 시작되고 있음을 알 수 있게 해 준다. 다음으로 역량의 범위가 확대되고 있다는 점이다. 초기의 역량 연구는 주로 개인의 내적 특성이라고 하는 '행태'에만 초점이 맞추어졌으나, 점차 조직 단위의 특성까지 확대되었으며, 최근에는 역량에 영향을 미치는 영향요인들까지도 포괄하고 있는 것으로 나타났다. 이런 점에서 초기의 여러 연구에서 시도되었던 역량개념은 협의의 개념으로 개인의 내적인 특징을 나타내는 행위자의 행태에만 초점을 두었던 반면, 최근 논의되고 있는 역량개념은 '개인 역량+조직 역량+역량의 영향요인' 등으로 보다 넓게 표현되고 있다고 이해할 수 있다.

이와 관련하여 [표 2-1]은 역량을 대상으로 하여 연구된 연구자별 지표화 경향을 종합한 것이다. 즉, 개별 연구자들을 한 축으로 하고, 그리고 지표화 차원 및 영향요인 — 개인적 차원, 조직적 차원, 그리고 구조적 차원 등 — 을 한 축으로 하여 변수군을 파악하였다.

[표 2-1] 역량 연구의 연구자별 지표화 경향

지표화 차원 / 연구(기관)자	개인적 차원	조직적 차원	구조적 차원
Boyatzis (1982)	리더십, 지식, 노력, 정향성	학습조직, 제도, 부하관리, 네트워크	–
FAUI(1982)	정향성, 선호, 리더십	네트워크(시민)	지역경제, 정치구조
Bolton(1993)	리더십	전문성, 기술, 자원	인구규모, 도시규모, 서비스 수요

Sparrow (1996)	행동양태	지식, 기술, 자원, 고객지향	–
UNFPA (2003)	인센티브, 동기, 지식, 능력	비전과 미션, 체제발전, 인적자원개발, 자원의 유통	경제성장, 정치안정, 법규의 구조, 의사결정의 분권화, 시민사회의 성숙
박기영(1985)	자치수행능력/태도, 자치경험, 가치관, 기대	자치구조, 자치적 관계, 자치재정	국내외 상황
최봉기 외 (1993)	지식, 기술, 능력, 가치/이념	기구설치, 적정인원, 적정기능, 재정력, 자치권	요구 투입과 대응
양기용(1996)	주민만족도	제도정비	각 지역의 특수상황
이승종 외 (1998)	정향성, 선호, 리더십	–	네트워크
김병국 외 (1999)	직무능력, 직무노력	제도, 물리적 기반 정도	이념기반, 행동표출
고종환(1999)	주민의 삶의 질	–	경제력, 세계화, 사회기반시설
이동기(2000)	의지, 보상, 분위기	모방, 기술	–
류지성 외 (2001)	단체장 연령 및 학력	공무원 수, 재정력	인구규모
이성진(2001)	인적 특성요인	조직특성요인	환경적 요인
이재경(2002)	지식, 기술, 태도	–	–
박우성(2002)	정향성, 가치/이념	–	–
최영출(2003)	지식, 기술	수(volume)	–
이종수(2004)	정책행위자의 영향력	–	선호, 재정력, 네트워크, 인구규모, 도시규모

이를 좀 더 자세히 살펴보면 연구들이 공통적으로 개인적 차원과 조직적 차원에 집중되는 경향을 보이고 있다. 그 중에서도 개인적 차원에서는

지식, 기술 등의 능력을 나타내는 변수군과 적극적 태도, 의지, 정향, 선호 등 가치성을 나타내는 변수군에 집중되어 있다. 그리고 조직적 차원에서는 조직 내 인적 변수군보다는 물리적 기반, 재정능력 등을 나타내는 물적 변수군에 집중되어 있음을 알 수 있다. 이러한 추세에 비추어 볼 때 역량연구는 개인적 차원과 조직적 차원에 초점을 두고 진행되어 오고 있다고 이해할 수 있다.

그럼에도 불구하고 지적할 것은 적지 않은 연구들이 — FAUI, Bolton, 최봉기 외, 이승종 외, 김병국 외, 류지성 외, UNFPA, 이종수 — 역량을 '개인적 차원+조직적 차원'으로 설명하는 데 그치지 않고 구조적 요인들을 역량의 영향요인으로 간주하여 설명하고 있다는 점이다. 이는 역량을 논의할 때 '개인적 차원+조직적 차원'과 '구조적 차원'을 완전히 별개로 분리하기는 어렵기 때문인 것으로 보여진다(이종수, 2004: 247). 예컨대, 지역 내 주민은 개인적 또는 조직적 차원의 특성을 포함하기도 하고, 환경적 특성을 내포하기도 한다. 그리고 지방정부 내 재정능력은 지역의 환경적 차원인 경제적 여건이 지방정부의 내부적 상태로 반영된 것이라고 볼 수 있기 때문이다.

Ⅲ. 평가지표

지방정부의 혁신역량을 분석하는 방법이나 그 구성요인들은 매우 다양하며 이를 정확하게 파악하기 위하여 가능한 항목들에 대해 이론적 틀을 체계적으로 검토하고 현실적으로 적용 가능한 지표체계를 만드는 작업이 필요하다. 적절한 평가를 위한 지표체계를 구성하는 것은 어렵고도 힘든 작업이다. 이는 연구자들의 입장에 따라 특정지표에 대한 중요도가 달라질 뿐만 아니라 대부분의 평가지표는 다양한 측면의 성과를 초래하기 때문이다(Wholey & Hatry, 1992). 따라서 평가지표는 ① 측정가능성과 용이성, ② 공통성과 객관성, ③ 실효성 등을 조건으로 평가지표를 개발해야 할 필요성이 있다(윤기석, 2003).

일반적으로 지표체계는 기본적으로 영역(평가분야)－세부항목－지표－측정방법의 형태를 취하는데(김병국 외, 1999: 2), 본 연구는 이 중 지표개발에 필요한 영역을 다시 세부적으로 나누어 항목과 항목에 따른 구체적인 지표를 작성하는 방법을 취하였다.

지표구성체계의 논리적 연관관계의 확보를 위하여 앞에서 살펴본 바와 같은 이론적 근거와 선행 연구를 통하여 지표를 도출하였다. 즉, 전술한 바와 같이 한국적 특수상황에 맞는 새로운 항목을 개발하고 이를 적용해 봄으로써, 보다 우리 실정에 맞으면서 세계화의 추세에도 걸맞는 지방행정 체제를 구축하기 위한 정책적 시사를 얻고자 하는 것이다.

이러한 맥락에서 본 연구는 선행연구의 일반적인 모델을 수용하면서, 한편으로는 한국적 상황에 맞는 지방정부의 혁신역량 모델을 구축하는 데 중점을 두고 있다.

1. 인적 역량

인적 역량은 내부역량의 구성요소로서 인적역량에 대한 지표개발을 통하여 자치단체장, 부단체장, 지방의회의장 및 의원에 대한 평가가 가능하다. 지병문(2000)은 한국의 지방정부에서 혁신동력으로서의 정책행위자를 시장이나 군수 등 단체장이 가장 중요하다고 지적하고 있다. 또 Adler(2003)도 시장이나 군수의 리더십이 지방정부의 혁신을 결정하는 핵심적 요소가 된다고 하였다. 물론 이들 이외에 지방의회도 내부행위자로 존재하고 있다. 이동기(2000)는 정부혁신의 확산에 영향을 미치는 연구결과 중에서 자치단체장의 의지, 보상, 모방, 지식, 분위기 등을 언급하였고, 김병국·권오철(1999)은 역량평가에 있어서 기존의 역량(능력, 기반)과 역량을 제고하기 위한 의지(노력, 행동측면) 양자가 평가의 대상이 되어야 한다고 하였다. 윤기석(2003)도 기관역량을 능력과 추진의지(개선의지)로 구분하여 정의하였다. 즉, 기관역량이란 행정기관의 정책추진을 위한 체제(시스템)와 관리상태, 그리고 개선의지를 포함하는 것이다.

이상의 선행연구를 종합하여 본 연구에서는 인적 역량을 능력과 의지 등으로 나누어 설명하기로 한다. 인적 역량의 평가에 있어서는 업무수행능력뿐만 아니라 그것을 수행하고자 하는 의지도 평가의 대상으로 포함되므로, 개별 자치단체들은 지표에 의한 평가를 통해 [그림 2-2]의 영역에 표시될 것이다.

[그림 2-2] 인적 역량의 평가

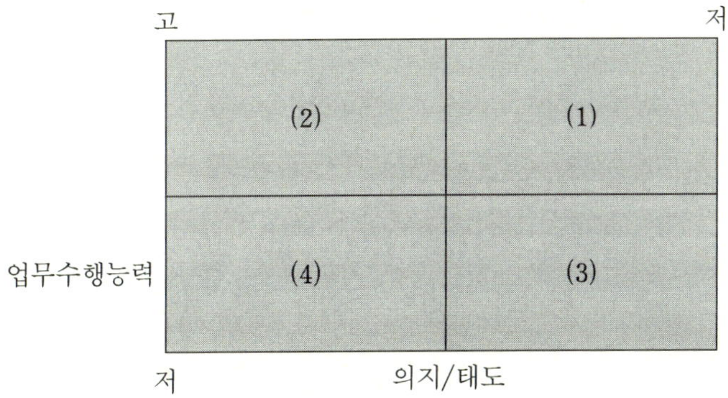

① **고능력/고의지 유형:** 이 유형은 지방정부가 가장 효율적이고 이상적인 인력구성을 이루고 있는 경우이다.

② **고능력/저의지 유형:** 이 유형에 속하는 지방정부는 조직구성원에게 동기부여를 하거나 조직문화 개선이 요구된다.

③ **저능력/고의지 유형:** 이 유형은 전문성을 지닌 조직원을 조직내로 새로 충원하거나 기존의 조직원에 대한 교육이 요구된다.

④ **저능력/저의지 유형:** 이 유형에 속하는 지방정부는 가장 비효율적인 인력구성을 나타내는 것으로 근본적인 수준에서의 조직개편이 요구된다.

1) 업무수행능력

업무수행능력은 업무를 수행하는 데 요구되는 개인적 차원의 기술, 정보능력을 말하며 각 혁신 주체의 업무수행능력이나 지식, 기술 등의 잠재성, 그리고 기관의 체제가 어떻게 역량에 영향을 미치고 있는가에 대해 파악하기 위한 것으로 세부평가지표는 뒤의 [표 2-3]과 같이 구성되어 있다.

우리나라 지방정부의 혁신은 자치단체장이 주도적 역할을 하고 있으며(류지성 외, 2001), 특히 자치단체장의 학력이 높을수록, 그리고 과거경력이 비공무원, 비정치인일수록 혁신을 활발히 추진한 것으로 나타났다. 또한 공무원집단의 규모가 클수록 사회기반시설이 충분할수록 혁신이 활발한 결과를 보였다. 각각의 구분에 따른 항목을 보면, 지방자치단체장의 경험, 학력, 연령, 소속정당 등과 같은 특성에 따라 지방정부 개혁의 내용에 차이가 날 것이며, 이러한 혁신적인 정책, 즉 정태적 역량이 성공적으로 수행되기 위해서는 리더십의 역할이 필수적이라고 볼 수 있다(Osborne & Gaebler, 1992; Dubnick, 1994).

미국의 사례연구에서는 정치가 출신의 단체장보다는 전문 관료 출신의 단체장이 지방정부를 운영함에 있어서 효율성과 효과성을 추구하는 경향이 있음이 밝혀졌고, 이러한 배경이 혁신에 보다 순응적이라는 결과를 제시하였다(Northrop, Dutton & Kraemer, 1982; Danziger & Kraemer, 1986). 이연택(1997)은 행정개혁이 실효성을 갖고 성공을 거두기 위해서는 민주성과 효율성이 결여된 통치구조의 제도적 개선이 필요함을 강조하였다.

한편, Ruhil et. al.(1999)은 지방행정의 혁신을 효율성과 효과성의 제고, 주민참여확대, 책임행정구현, 반응적인 행정업무수행 등으로 개념화하고, 지방행정혁신의 주체로 자치단체장의 리더십, 지방행정관료, 주민으로 분류하여 지방행정혁신주체들이 행정서비스의 질·양적 향상, 지방행정 관료들의 업무수행에 대한 동기부여정도, 행정서비스 전달체계에 경쟁개념의 도입이 어떤 영향을 미치는지를 조사한 결과, 지방자치단체장의 리더십이 지방행정혁신에 큰 영향을 미치는 것으로 나타났다. 그러나 행정혁신을 위한 자치단체장의 리더십 발휘에 영향을 미치는 요인으로 재정적 요인, 정치적 요인, 지역주민들의 혁신에 대한 인식 등을 지적하였다.

지방정부 혁신은 지방을 혁신대상으로 하는 것이므로 기본적으로는 단체장이 주도적 역할을 할 수 있도록 장려하는 한편, 그에 준하는 전문적 판단이 보완적으로 가능하도록 하는 것이 혁신성과 역량에 유리할 것이다. 지방정부 혁신이 성공하기 위해서는 혁신을 선도하는 집권층의 전문성과 행정관리 능력뿐만이 아니라 도덕성까지 국민에게 인정받아야 하며, 이러한 조건이 전제되지 않는 상황에서는 아무리 좋은 혁신전략도 성공하기 어려울 것이다.

2) 의지/태도

의지/태도 지표는 능력과는 별도로 조직 내 개별 행위자의 성향이나 행태, 정책에 대한 태도 등 잠재적 역량을 측정하기 위한 지표들로 구성된다.

① **도덕성** 직무수행과 관련한 각 행위자의 태도를 측정하기 위한 지표. 도덕성, 준법성으로 이루어져 있다.

② **혁신성향** 혁신성향은 혁신 의지와 제도 지지도로 나누어 측정하였다.

③ **시민지향성** 시민참여 확대에 관한 의견을 물어 개별 행위자의 시민지향성을 측정하였다.

인적 역량 가운데 의지/태도는, 의미는 각각 혁신 주체의 의지 내지는 태도, 그리고 지속적 추진력으로서의 역량적 의미를 내포하고 있다. 즉, 의지와 태도의 적극성, 기관장 및 기관 구성원들이 지방정부를 개선하고자 하는 역량적 의지를 내포하고 있다.

Bringham(1976), Bolton(1993) 등과 같은 선행연구들은 지방정부의 혁신에 영향을 미치는 변수로서 행정조직의 특성, 즉, 리더십, 구성원의 전문성, 여유자원, 행정성과 등을 설정하였으며, 환경적 요인들로는 지역사회의 규모와 다양성, 정부 서비스에 대한 수요 등을 주요 변수로 취급하였다. 이성진(2001)은 지방정부의 정책혁신에 영향을 미치는 요인으로 리더 계층의 탁월성, 대외적 관심도, 민주적·참여적 리더십을 제시하였다.

이승종·김흥식(1998)은 자치단체장에 초점을 맞추어 이들의 정책과정에서의 상대적 영향력, 정책선호, 정책선호의 반영도, 주민의 정책선호 및 주요 쟁점사항들에 대한 인식과 태도를 국제비교하였는데, 특별히 자치단체장에게 논의의 초점을 맞춘 이유는 자치단체장은 공식적 권위와 인적, 물적 자원에 기초하여 지방행정과정에서 핵심적 지도자의 위치를 점하며, 따라서 지방행정의 혁신을 위해 선도적 역할을 담당하거나 할 수 있기 때문이었다. 지방정부혁신은 지방을 혁신대상으로 하는 것이므로 기본적으로는 단체장이 주도적 역할을 할 수 있도록 장려하는 한편, 그에 준하는 전문적 판단이 보완적으로 가능하도록 하는 것이 혁신성과 역량에 유리할 것이다.

지방정부 혁신에 관한 다수의 실증연구를 볼 때 지방정부의 리더십은 지방정부의 혁신역량을 강화하는 데 있어 중요한 영향을 미치는 지표이다. 단체장의 강한 의지와 리더십은 관료들의 이해관계 및 주민들에게도 큰 영향을 미치며, 단체장 중심의 정치·행정문화가 강한 우리나라의 경우에는 더욱 중요한 지표라고 할 수 있다.

리더십 이외에도 지방정부 혁신에 영향을 미치는 변수들은 다양하다. 단체장이 추구하는 사명과 목표를 설정하여 이를 구체화하고, 비전과 목표 달성을 측정하기 위한 평가지표가 필요하다. 이는 단체장 개인의 선거 공약을 통해서 구성할 수도 있겠지만, 무엇보다 중요한 것은 시민의 입장에서 공감대를 바탕으로 이루어졌는가를 평가해야 한다. 이는 시민지향성이라는 항목을 통해 단체장의 동태적 역량을 측정한다.

2. 물적 역량

물적 역량에 관한 연구를 살펴보면 크게 재정력을 설명변수로 하는 연구와 구조적 역량으로 설명하는 연구들이 있다. 우선 재정력의 경우, Brudney & Selden(1995), Ruhil et. al.(1999)의 연구에서는 지역사회의 정치적 성향, 공무원 노조의 성향, 이익단체의 특성, 공무원 1인당 고객 수, 지역사회 주민의 특성과 소득, 인구밀도, 주민 1인당 지방세부담률, 지방정부의 재정자립도 또는 여유자본(slack resources)의 보유 여부, 지역의 입지적 특성 등을 주요 설명변수로 사용하여 경제적으로 부유하고 재정자립도가 높은 지방정부일수록 혁신에 관한 정책을 채택할 가능성이 높고, 공무원노조의 세력이 강할수록 공공부문의 혁신이 활발히 이루어지며, 지역사회로부터의 개혁에 대한 요구가 강할수록 지방정부 혁신이 역동적으로 이루어짐을 나타내고 있다.

이창원(1999)의 연구는 재정자립도가 높고 득표율이 높은 단체장일수록 혁신적 리더십 행태를 보인다는 점을 지적하였으며, 류지성 등(2001)은 재정능력이 커질수록 혁신은 활발해지지만 1인당 지방세 부담액은 증가할수록 오히려 혁신을 저해한다고 밝혔다. 이성진(2001)도 여유자원을 중요한 요인으로 보고 재정자립도와 혁신 간에는 양(+)의 관계가 있음을 증명하였다. 한편, 이종수(2004)는 재정자립도가 높은 지방정부일수록 민주성 제고를 위한 혁신시책에 관심을 갖고 있다는 것을 밝혔다.

조직 구조적 역량에 관한 연구를 살펴보면, 김판석·권경득(1999)은 지방자치단체의 개혁에 관한 평가지표로서 Task-Force팀, 책임운영기관제 등과 같은 전문성을 갖춘 조직체계 구성의 필요성에 착안하여 이를 평가지표로 제안하였다. 이종수(2004)의 연구는 조직구조역량 중 조례제정청구권, 정보공개제도, 주민감사청구제도, 서비스헌장제, 주민투표제도, 주민소환제도, 주민발안제도 등을 통하여 민주성을 측정하고 있다.

본 연구에서는 물적 역량을 재정 역량, 절차적 역량, 그리고 정보화 역량의 세 차원으로 나누어 측정한다. 지방정부의 물적 역량 평가에 있어서 중요한 평가영역의 선정과 각 영역의 물적 역량을 측정할 수 있는 적절한 평가측정지표를 개발하는 것이 무엇보다 중요하다. 평가대상영역은 학자마다 다양하게 구분하여 연구하고 있는데, 본 연구에서는 평가대상영역을 차원과 항목으로 구분하여 3개의 차원으로 구분하였다. 재정역량은 건전성과 경제적 효율성을 항목으로 하였고, 절차적 능력은 의사결정의 신속성과 절차의 민주성을 항목으로 하였다. 세 번째 차원은 정보화 능력으로 전자공공관리, 전자대민서비스, 전자민주주의로 구성되어 있다.

지방정부의 물적 역량 중 재정역량 항목에 해당하는 예산은 지방정부가 자체적으로 행정을 운영하는 데 있어 가장 중요한 역량요소가 된다. 따라서 지방정부의 역량 및 혁신을 추진하는 의지를 평가하는 데 있어, 예산의 합리적인 운영관리 및 예산제도의 개선노력은 그 필요성을 강조하지 않을 수 없다. 이를 반영하기 위한 세부항목으로 건전성과 경제적 효율성을 설정하였고, 세부지표로는 [표 2-2]에서 보는 바와 같다.

재정부문의 경우, 세입이 얼마나 안정적으로 이루어지고 있는가 하는 안정성의 기준과 지출에 필요한 예산을 충분히 확보하고 있는가는 중요한 항목이다. 적정한 재정규모를 확보·활용함으로써 지방정부가 필요한 사업들을 적정시기에 수행할 수 있도록 하는 안정성이 필요하며, 지방정부 스스로 재원확보를 위한 제도를 마련해야 하는 자주성을 평가하도록 한다.

경제적 효율성에 관한 항목 역시, 예산관리역량의 측면이란 점에 있어서는 지방정부의 직무능력 및 추진의지 등이 평가항목으로 설정가능하다. 이에 따라 역량평가를 위한 중요한 지표로서 재정지출의 선호, 예산관리제도에 대한 개선의지 등을 제시하였다. 지방정부의 예산 역시 국민이 납부한 세금으로 운영되고 있기 때문에, 불필요한 경상경비를 절감하는 노력이 필요하며, 이는 예산운영의 효율성이란 측면에서 필요한 항목이라고 본다. 특별히 투입된 자원에 비하여 산출된 결과를 극대화해야 하는 예산운영의 효율성 및 역량을 평가하기 위해 계량화된 비용--편익분석 시스템의 개발이 우선적으로 필요하며, 복식부기제도의 도입 등도 필요하다고 판단된다.

지표는 평가자의 주관적인 판단이 개입되지 않도록 객관적으로 측정가능한 정량평가 지표들로 구성하였는데, 예를 들어 구조적 요인을 측정하기 위한 자료로서 지방재정연감, 통계청의 인구주택 총 조사, 각 지방정부의 홈페이지 등을 활용하여 진행하도록 한다. 이는 지방정부의 혁신역량을 올바르게 측정하고 평가의 신뢰성을 높이기 위하여 계량화된 평가지표로서 적절하다고 판단하였기 때문이다.

내부구조에 있어서 안정성이란, 적정한 재정규모를 확보·활용함으로써 지방정부가 필요한 사업들을 적정시기에 수행할 수 있도록 하는 일(외적 상황의 변화에 관계없이 일정 수준 이상의 재정을 보장 받는 것)을 의미한다고 할 수 있으며, 재정자립도 등을 주요 평가지표로 보고 있다. 또한 지방정부 세출(재원배분)의 원리로 효율성을 항목으로 두었는데, 이는 투입된 자원에 비하여 산출된 결과를 극대화해야 한다는 원리로서, 일정한 재정효과를 거두기 위하여 최소의 비용을 투입하는 방식과 주어진 투자로 최대의 효과를 추구하는 방식으로 이해할 수 있으며, 이에 대한 평가지표로서 재정지출의 우선순위, 낭비요인의 제거를 위한 예산절감노력이 필요하며, 예산제도개선에 대한 지표를 마련하였다.

1) 재정 역량

지방정부의 재정 역량은 지역주민들에게 양질의 공공서비스를 제공할 수 있는 재정조건의 충족 정도로서 지방 재정력, 재정의 자율성을 내포하는 개념으로 정의할 수 있다. 재정 역량의 개념에는 재정의 공급은 물론 수요까지 포함한 다양한 측면을 고려할 수 있는 종합적인 측정이 필요하다(김대원, 1996; 윤영진, 1995). 특히 지방정부의 역량 강화를 위해서는 예산의 합리적인 운영관리 및 예산제도의 개선이 요구된다. 이를 평가하기 위한 세부항목은 건전성과 효율성으로 설정하였다.

2) 지방정부의 재정 건전성 및 효율성

(1) 재정 건전성

지방자치의 발전을 위하여 자치단체별 재정운영의 자주성이 제고되는 동시에 재정운영에 대한 책임성도 요구되고 있다. 이러한 지방재정 운영의 자주성은 지방재정 건전화의 한 측면에서 이루어지며, 낭비적 요소를 지양하고 국가와 해당 자치단체가 수용할 수 있는 범위 내에서 안정적인 재정운영을 기하여 주민복지의 극대화를 유지할 수 있도록 하는 것이다.[10)]

임성일(2001)은 지방재정의 건전성을 자치단체의 재정 상태를 압축적으로 표현해 주는 개념으로 보고 있으며, 구체적으로 보면 자치단체의 세출측면을 고려한 세입능력이나 채무수준의 감당 여부는 건전성을 측정하는 판단기준이 되며, 지출구조와 지출방식 그리고 세입·세출 관련 재정인프라 등으로 보고 있다. 윤영진(2001)도 세입기반의 확충, 효율적인 재정지출과 재정

10) 지방재정에서 건전성이란 재정건강도, 재정압박정도, 재정의무이행 가능성과 유사하다(서정섭, 2004).

운영이 재정건전성을 확보하는 수단으로 보고 있다.

우리나라 지방자치법에서의 재정건전성은 재정의 수지균형에 중점을 두고 있으며, 지방재정법에서는 지방채무관리에 중점을 두고 있다. 즉 지방재정법에 의하면 건전성은 수입수준, 지출수준, 채무수준 등을 고려하고 있다는 것이다.

이상의 논의들을 종합해 볼 때 지방자치단체의 재정건전성은 수입과 지출 그리고 채무부담능력 등을 그 대상으로 한다고 할 수 있다.

지방재정의 건전성을 유지하는 것은 먼저 해당 자치단체에 책임이 있다. 또한 재정책임의 최종 책임자인 중앙정부가 궁극적으로 재정건전화와 관련된 정책적 수단을 마련해야 할 필요성이 있다. 중앙정부가 활용할 수 있는 지방재정건전화의 수단으로는 대략적으로 다음과 같이 정리해 볼 수 있다. 첫째, 일상적인 재정관리 감독이 될 수 있다. 둘째, 매년 자치단체로부터 재정운영 관련 자료를 수집한 결과를 토대로 재정분석 작업을 수행하여 건전 재정운영단체와 불건전 재정운영단체를 분류하여 관리하고 있다. 특히, 불건전 재정운영단체를 선정하여 재정진단작업을 수행하는 것은 미래에 발생할지도 모를 재정위기를 사전에 차단하자는 의도를 지니고 있다. 셋째, 자치단체가 수행하는 구체적 사업에 대한 투자심사 등을 통하여 재정건전성을 유지해야 한다(이창균 외, 2002).

이러한 지방정부의 재정건전성을 측정하기 위한 지표들에 대한 논의는 다양하게 이루어지고 있으며 논란이 남아 있다. 첫 번째 지방재정자립도는 워낙 일반적이어서 재론의 필요가 없지만, 의미와 지표에 대해서는 논란이 있었다(손희준, 2006). 즉 재정자립도가 지방재정의 세출측면을 전혀 고려하지 않는다는 점과 함께, 그 당시는 지방채수입이 세외수입에 포함되어 있어 채무부담이 클수록 재정자립도가 커지는 모순이 있었고, 자치단체의 입장에서 보면 재정자립도가 낮다고 하여 자체사업을 중단해야 하는 문제는 전혀 없었으며, 세출의 용도를 제약하지 않는 일반재원[11]인 지방교부세를 통해

11) 자금의 사용용도에 대한 제약을 기준으로, 이를 비도(費途)라고 하는데, 이에 대한 제약이 있으면 특정재원, 이에 대한 제약이 없어 자치단체의 세출에 대한 자율권과 재량권이

필요한 재정수요는 어느 정도 충족되고 있다는 점이다. 두 번째 세입구조와 관련된 하위지표는, 주민 1인당 지방세부담지수 또는 자주재원지수, 자주재원비율 또는 일반재원비율, 세입의 계속성 또는 안정성 지수, 지방채수입비율, 납세의무자비율, 세수증가율, 지방세징수율, 세수확보노력지수, 잠재적 재정력지수 등이었다. 세 번째 세출구조와 관련된 지표는 주민 1인당 경비지수 및 투자지수, 경상적 경비비율, 의무적 경비비율 및 공채비 비율, 투자적 경비비율 등을 제시하고 있다. 네 번째 재정의 견실성과 탄력성의 하위지표는 실질수지비율, 경상수지비율, 기능배분비율에 대한 재원배분비율 등을 들고 있다(최봉기 외, 1993: 15).

우리나라는 자치단체장의 민선 이후 지방재정의 건전한 운영을 위해 1994년 12월 지방재정법을 개정하여 지방재정분석제도를 도입하였는데, 1996년에는 기본적인 8개 항목을 내부적으로 분석하였고, 1997년에는 재정능력, 재정운용, 재정노력 등을 추가한 3개 분야 총 18개 지표로 확대하였다. 이어 1998년에는 지방재정분석·진단심의실시규정(행정자치부훈령)을 제정하여, 10개 단위지표를 마련하여 분석하고 그 결과를 매년 공표하였다.

1999년에는 한국지방행정연구원에서 개발한 4개 영역 10개 단위지표를 이용하여 종합분석을 실시하고, 인센티브와 페널티 제도를 적용하였다(이재원, 2004). 2005년에는 지방재정의 예·결산, 회계, 통계를 비롯하여 지방재정의 산출물(output) 뿐만 아니라 성과(outcome)와 관련된 정보를 이용하여 단년도 분석과 다년도 추세분석 등을 함께 적용하여 분석할 수 있도록 확대·개편하였다(행정자치부, 2005).

재정의 건전성은 재원의 안정성과 자주성을 그 내용으로 한다. 재정의 안전성은 세입이 얼마나 안정적으로 이루어지고 있는지 여부와 지출에 필요한 예산을 충분히 확보하고 있는지의 여부이다. 적정한 재원의 확보와 함께 필요한 사업의 적정시기의 수행이 가능하게 하는 자주성이 재정역량의 건전

인정되면 일반재원이라고 구분한다. 이와 관련하여 세입의 경우 자치단체가 주민들에게서 자체적으로 조달하는 재원은 자주재원(自主財源)이라고 하며, 중앙정부나 상급 자치단체로부터 지원받는 재원은 이전재원(移轉財源) 또는 의존재원(依存財源)이라고 한다.

성 평가의 주요 항목이다. 세부 측정지표는 재정자립도, 재정력 지수, 경상수지비율, 세입세출 충당비율, 지방채 상환 비율 등으로 이루어져 있다.

① **재정자립도** 재정수입의 자체 충당능력을 나타내는 세입분석지표로, 일반회계의 세입 중 지방세와 세외수입의 비율로 정하며, 비율이 높을수록 세입징수기반이 좋은 것을 의미.

$$산출방식=\frac{지방세+세외수입}{일반회계\ 세입결산액}\times 100$$

② **재정력지수** 기본행정수행을 위한 재정수요의 실질적 확보능력을 나타내는 세입분석지표로, 기준재정 수요액 대비 기준재정수입액의 비율로 측정하며, 비율이 높을수록 세입자주기반이 좋은 것을 의미.

$$산출방식=\frac{지준재정수입액}{기준재정수요액}\times 100$$

③ **경상수지비율** 경상경비의 일반재원 수입 충당능력을 나타내는 세입·세출을 동시에 고려한 분석지표로, 일반회계의 일반재원 세입결산액대비 경상경비비율로 측정하며, 비율이 낮을수록 재무구조의 탄력성이 좋은 것을 의미.

$$산출방식=\frac{경상경비}{일반재원결산액}\times 100$$

④ **세입세출충당비율** 세출소요액을 당해 년도 세입으로 충당할 수 있는 능력을 나타내는 세입·세출을 동시에 고려한 분석지표로, 일반 및 기타특별회계의 세입결산액대비 당해 년도에 지출하여야 할 세출소요액의 비율로 측정하며, 100%에 근접할수록 균형을 이루고 100%가 넘은 경우 실질상 적자상태를 의미.

$$산출방식=\frac{세출소요액}{세입결산액-조상충용액}\times 100$$

⑤ **지방채상환비율** 지방채상환액의 일반재원충당능력을 나타내는 지표로, 최근 4년간의 평균 일반재원 결산액 대비 최근 4년간 평균지방채상환액의 실적을 비율로 측정하며, 비율이 낮을수록 채무구조가 좋은 상태를 의미.

$$산출방식=\frac{최근\ 4년간\ 평균지방채상환액}{최근\ 4년간\ 평균일반재원결산액}\times 100$$

(2) 재정 효율성

지방자치 실시에 따라 지역주민들의 관심이 증대되면서 그에 따른 재정적 요구도 한층 커지고 있다. 하지만 이에 대한 지방정부들의 재정역량은 미흡하다고 할 수 있다(곽채기, 2000). 한정된 지방정부의 재정으로 지역주민들의 충분한 욕구를 충족시키는 데는 한계가 있다. 따라서 지역주민들의 욕구를 최대한 높이고 한정된 재정적 자원을 활용하기 위해서는 재정 관리의 효율성이 극대화되어야 한다. 즉 지방정부 재정운영의 성과를 높이고 효율성을 높이는 것이 필요하다. 지방정부들 간의 경쟁 속에서 지방정부운영의 경영화 전략의 도입은 시사하는 바가 매우 크다.

효율성의 원리는 투입된 자원에 비하여 산출된 결과를 극대화해야 한다는 원리로서 일정한 재정효과를 거두기 위하여 최소의 비용을 투입하는 방식과 주어진 투자로 최대의 효과를 추구하는 방식으로 이해된다. 이러한 시각에서 지방정부의 성공적 운영을 위한 재원의 효율적 관리를 측정하기 위한 지표로 재정계획운영비율, 세입예산반영비율, 투자비 비율, 자체수입증감율, 경상경비증률 등으로 구성하였다.

① **재정계획운영비율** 지방재정계획상 투자사업계획의 실제예산반영 정도를 나타내는 지표로, 지방재정계획의 사업비대비 당해회계연도 사업예산액의 비율로 측정하며, 비율이 100%에 근접할수록 계획적인 재정을 운영하는 것을 의미.

$$\text{산출방식} = \frac{\text{최종사업예산액}}{\text{지방재정계획의 사업비}} \times 100$$

② **세입예산비율** 지방세입의 예산반영 정도를 나타내는 지표로, 당해연도 실제세입결산액 대비 세입예산액의 비율로 측정하며, 비율이 100%에 근접할수록 세입예산의 계획적 운용을 의미.

$$\text{산출방식} = \frac{\text{세입예산액}}{\text{세입결산액} - \text{전년도이월액}} \times 100$$

③ **투자비 비율** 투자사업비의 전체결산액 중 점유비를 나타내는 세출분석지표로, 세출결산액 대비 사업비결산액의 비율로 측정하며 비율이 높을수록 재원배분에 있어 투자사업에 비중을 두어 합리적으로 운영하는 것을 의미.

$$산출방식=\frac{사업비결산액}{세출결산액}\times 100$$

④ **자체수입증감률** 자체수입의 연도 간 증감상황을 나타내는 세입분석지표로, 전년도 자체수입결산액 대비 당해 연도 자체수입결산액의 비율로 측정하며, 비율이 높을수록 세입징수노력이 좋은 것을 의미.

$$산출방식=\frac{당해년도\ 자체수입결산액}{전년도\ 자체수입결산액}\times 100$$

⑤ **경상경비증감률** 경상경비의 연도 간 증감상황을 나타내는 세출분석지표로, 전년도 경상경비결산액 대비 당해연도 경상경비결산액의 비율로 측정하며, 비율이 낮을수록 경상경비의 절감효과가 높은 것을 의미.

$$산출방식=\frac{당해년도\ 경상경비결산액}{전년도\ 경상경비결산액}\times 100$$

지방정부의 재정 건전성과 효율성 지표를 종합하면 다음의 [표 2-2]와 같다.

[표 2-2] 지방정부 재정역량 분석지표

분석부문	건 전 성		효 율 성	
분석영역	자 주 성	안 정 성	생 산 성	노 력 성
분석단위 (단위지표)	① 재정자립도 ② 재정력지수	③ 경상수지비율 ④ 세입세출충당비율 ⑤ 지방채상환비율	① 재정계획운영비율 ② 세입예산비율 ③ 투자비 비율	④ 자체수입증감률 ⑤ 경상경비증감률
성 격	· 재정상태 분석 · 자치단체 재정력 측정	· 재정구조분석 · 재무구조, 수지의 탄력성 측정	· 재정관리분석 · 재정운영의 계획성, 재원배분의 합리성 측정	· 재정노력분석 · 세입징수, 예산절감 노력 측정

자료: 행정자치부(2004: 3).

건전성을 측정하기 위해 지방재정연감, 통계연감 등의 자료를 활용하였으며, 경제적 효율성의 측정을 위해 개선된 예산제도의 활용, 정책분야 재정지출에 대한 선호 등을 측정문항으로 설정하였다.

3) 절차적 역량

절차적 역량의 평가란 지방정부가 정책이나 프로그램을 수행하는 데 요구되는 조직 차원의 능력기반과 노력의 제반 요소를 찾는 작업이다. 조직의 절차적 역량의 강화를 위해서는 조직구조의 역량평가와 제도의 개선 및 전략의 활용 등이 요구된다.

행정개혁이 실효성을 갖고 성공을 거두기 위해서는 민주성과 효율성이 결여된 통치구조의 제도적 개선 없이는 이루어질 수 없으며(이연택, 1997), 지방행정 관리혁신을 위한 노력을 시장기능의 강화를 위한 서비스의 질 향상(민간화), 정부 내의 관리혁신을 통한 개선(신관리주의), 서비스의 공공성을 강조한 주민참여 촉진(민주성 강화)으로 구분하여 설명(박경원, 1999)하는 연구 등이 있다. 이러한 정부 혁신에 대한 논의는 지방자치가 점차 정착되면서 지방주민은 행정에 단순히 수동적으로 순응하기보다는 민주적인 행정을 통해 자신들의 삶의 질을 향상시키도록 정부에 적극적으로 요구할 것이며(김번웅, 1999; 박통희, 1996), 행정체계의 계층구조 개선(송하중, 1999) 등 지방정부의 행정효율화를 제고하기 위한 다양한 방법과 전략이 모색되고 있다.

이러한 선행연구의 검토를 통하여 볼때 절차적 능력 평가에서는 유연성과 대응성이 매우 중요한 요소이다. 급변하는 외부환경에 탄력적·적응적으로 대처하기 위해 관료제 조직의 단점을 극복하기 위한 유연성 확보가 중요하다. 또한, 대응성의 의미는 다양하게 정의되고 있는데, 행정의 과정적 맥락과 결과적인 맥락에서 볼 때 행정조직 또는 행정가가 변화를 바라는 국민의 요구에 신속히 추종하는 것을 의미(Starling, 1986: 115)하며, 국민의 요구와 행정가의 반응의 일치성 정도를 의미한다.

김판석·권경득(1999)은 지방정부의 개혁의 방향으로 의사결정의 신속성과 의견수렴 정도, 갈등 해결기제 여부 등 유연성을 개혁의 방향으로 제시하였는데 현안문제 해결을 위해 조직적이고 능동적으로 대응정도를 파악할 수 있는 T/F 팀 및 위원회의 구성 여부와 활동정도를 평가하였다. 이러한 제도들이 효율적으로 추진되고 이루어져야만 지방정부가 세운 당초의 목표를 달성할 수 있다고 한다.

4) 정보화 역량

일반적으로 전자 거버넌스(Digital Governance)에서 중요한 세 가지 영역은 전자 공공관리(Digital Public Management), 전자 공공서비스(Digital Public Service), 전자 민주주의(Digital Democracy)로 구분할 수 있다. 정보화시대에 지방정부의 정보화 능력도 이러한 세 가지 영역의 전자 거버넌스를 통해 측정해 볼 수 있다. 전자 공공관리라 함은 정보통신기술을 활용하여 조직 내의 효율성을 제고하고자 하는 것을 의미하며, 지방정부의 전자 공공관리 능력은 전자정부의 구축 및 활성화 의지, 전자결재, 사이버회의, 정보시스템 등으로 측정할 수 있다. 전자 공공서비스는 정보통신기술을 활용하여 시민에게 정부의 각종 서비스를 제공하는 것을 의미한다. 이를 통해 지방정부의 경우 지역주민의 공공서비스에 대한 만족도를 제고할 수 있고 서비스 전달의 효과성과 효율성 및 투명성을 향상시킬 수 있어 궁극적으로 지역주민의 신뢰를 제고할 수 있다. 이러한 지방정부의 전자 공공서비스 능력은 전자대민서비스 시스템 구축 수준으로 측정할 수 있다.

마지막으로 전자 민주주의는 정보통신기술을 이용하여 정부의 정책과정에 시민이 참여하는 것을 의미한다. 지방정부의 전자 민주주의 능력은 전자정부를 통한 시민참여 확대 의지와 온라인 정책토론방·시장에게 바란다 등 전자민주주의 시스템 구축 수준으로 측정할 수 있다.

위에서 살펴본 지방정부의 역량 측정 변수와 지표는 [표 2-3]과 같이 정리할 수 있다.

[표 2-3] 지방정부 역량 측정 변수 및 지표

<table>
<tr><th>대 분류</th><th>소 분류</th><th>변 수</th><th>지표(설문문항)</th></tr>
<tr><td rowspan="11">인적 역량</td><td rowspan="8">업무 능력</td><td>전문성</td><td>학력, 전문지식(1), 정보통신기술 활용(2), 외국어(3)</td></tr>
<tr><td>문제해결능력</td><td>문제이해(4), 신속한 대응(5), 문제해결(6)</td></tr>
<tr><td>의사소통능력</td><td>청취기술(7), 의사전달기술(8)</td></tr>
<tr><td>조정·통합능력</td><td>갈등예방(9), 설득 및 협력 유도(10), 조정·합의(11), 해결책 제시(12)</td></tr>
<tr><td>자원확보능력</td><td>협조관계 구축(13, 14, 15, 16), 재원확보(17)</td></tr>
<tr><td>업무추진력</td><td>효율적 추진(18), 단호한 추진(19)</td></tr>
<tr><td>홍보능력</td><td>정책홍보(20), 여론수렴(21)</td></tr>
<tr><td>리더십</td><td>환경과 비전 연계(22), 명확한 비전 제시(23), 비전 달성 목표·과제 제시(24)</td></tr>
<tr><td rowspan="3">의지/ 태도</td><td>도덕성</td><td>투명한 업무처리(25), 부패방지제도 수립(26), 부패시정(27), 엄정 처리(28), 준법의식(29)</td></tr>
<tr><td>혁신성향</td><td>혁신의지(30), 혁신아이디어 제시(31)</td></tr>
<tr><td>시민지향성</td><td>시민요구 파악(32), 신속 대응(33), 파트너십 형성(34), 대안제시(35), 피드백(36)</td></tr>
<tr><td rowspan="4">물적 역량</td><td rowspan="2">재정 능력</td><td>건전성</td><td>재정자립도(지방세, 세외수입비율, 세입·세출충당비율), 경상수지비율, 재정정책의 영향력, 중앙정부와의 의존도(교부금, 보조금), 지방채상환비 비율</td></tr>
<tr><td>경제적 효율성</td><td>재정지출의 선호, 예산절감노력, 예산제도 개선노력 여부(성과주의 예산, 복식부기, 계량화된 비용-편익분석 시스템의 개발, 민간위탁 등)</td></tr>
<tr><td rowspan="2">절차적 능력</td><td>의사결정의 신속성</td><td>결재의 신속성(40)</td></tr>
<tr><td>절차의 민주성</td><td>의견수렴(41)</td></tr>
</table>

	정보화	전자공공관리	전자정부 구축 및 활성화 의지(37), 전자결재, 사이버회의, 정보시스템
		전자공공서비스	전자대민서비스 시스템 구축 수준
		전자민주주의	전자정부를 통한 시민참여 확대 의지(38), 전자민주주의 시스템 구축 수준

물적 역량은 인적 역량과 함께 지방정부의 외부 환경적 요인과 구분하여 내부역량이라고 할 수 있으며, 이는 지방정부의 핵심역량이라고 볼 수 있다. 개별 지방정부는 내부역량 평가를 통해 [그림 2-3]의 영역에 표시될 것이다.

① **유형** 1 인적 역량과 물적 역량이 모두 높은 유형으로 가장 이상적인 지방정부의 형태를 이루고 있는 경우이다.

② **유형** 2 이 유형은 지방정부의 인적 역량은 높지만 물적 역량이 낮은 경우로 지방정부의 낮은 물적 구성요소를 개선하기 위한 지방정부의 고위공직자의 역량이 더욱 강조된다.

③ **유형** 3 지방정부의 물적 역량은 높지만 이를 집행할 인적 구성원의 역량이 낮은 경우이다.

④ **유형** 4 이 유형은 인적역량뿐만 아니라 물적 역량 또한 낮은 경우로 지방정부의 효율적 운영을 위해 근본적인 혁신이 요구되는 경우이다.

[그림 2-3] 내부 역량의 평가

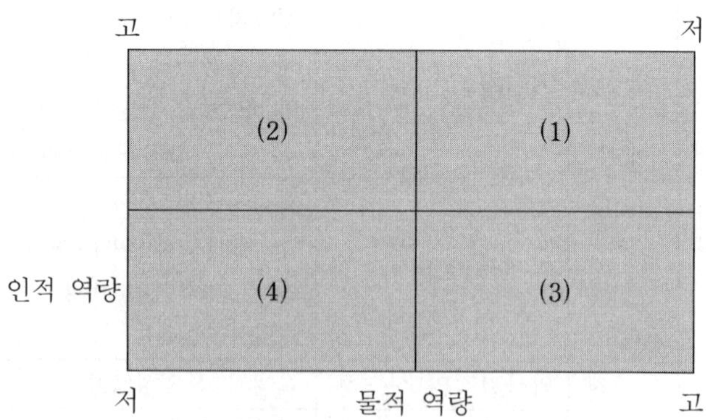

3. 외부 역량

지방정부의 혁신역량을 측정하기 위해서는 내부 역량요인 뿐만 아니라 외부 역량요인도 함께 고려되어야 할 것이다. 다시 말하면 시민과 정부의 전체 역량이 포괄적으로 다루어져야 한다는 것이다. 시민단체가 지방정부에게 요구하는 각종 참여 및 압박행위 등은 지방정부의 역량에 변화를 가져오는 중요한 변수로 작용할 수 있다. 왜냐하면 이들 시민단체는 다수의 시민을 대표하고 있으며, 다방면에 걸친 전문성과 그 영향력은 지방정부 역량의 질을 향상시킬 수 있기 때문이다. 따라서 본 연구에서는 외부 역량의 영역을 행위자인 시민집단, 구조적 요인 등으로 나누어 외부 역량의 전체 영역을 포괄하도록 지표를 설정하였다.

모든 조직에 적용될 수 있는 평가지표체계를 만드는 것은 매우 어려운 작업일 것이나, 본 연구에서는 조직의 특성이나 규모에 따른 차별성보다는 공통적 특성을 반영하는 데 중점을 두고 있다. 또한 개별 조직의 특성이나 여건을 반영하기 위해서는 추가로 hard data를 활용하도록 하며, 지방정부의 역량에 영향을 미치는 개별 행위자가 스스로와 타 행위자를 어떻게 인지하고 있는가에 중점을 두어 측정하였다.

지표개발의 목적은 한국 지방정부의 혁신역량을 평가하기 위하여 한국적인 현실에 적합한 지표를 도출하고 평가모형을 만드는 것이다. 바람직한 지방자치의 혁신역량을 제시하기 위해서는 무엇보다도 우리나라의 지방행정이 처해 있는 제반 실태를 진단하는 일이 필요하다. 현실에 대한 정확한 진단과 문제점이 파악되고 나서야 바람직한 발전방향의 추출이 가능하기 때문이다.

그러나 지방정부의 혁신역량을 강화하기 위한 지표체계를 연구함에 있어서 다른 나라의 지방정부를 대상으로 한 기존의 실증연구 결과는 우리에게 여러 가지 정책적 시사점을 제공해 주고 있지만, 정치제도와 문화가 상이하고 지방자치 경험이 부족한 우리나라의 지방정부 혁신의 역동성을 설명하기에는 부족하다고 판단된다. 게다가 모든 지방정부가 동일한 내용의 혁신을 추구하지는 않을 것이며, 유사한 혁신정책도 개별지방정부가 처해 있는 지역적 여건, 지역구성원의 의식수준, 도시화와 정보화의 정도, 자치단체장의 리더십 등 다양한 요인들에 의해 정책결과가 다르게 나타날 수 있다. 더구나 지방정부의 국제비교에 있어서는 혁신내용에 따라 정책결과가 다르게 나타날 수 있다는 것을 주의하지 않으면 안 된다. 아무리 좋은 혁신내용이나 그것을 이루기 위한 방법이 있다 하더라도, 이를 수행할 지방정부의 역량이 부족하다면 그 혁신방안들은 현실화될 수 없기 때문에 보다 구체적인 지방정부 혁신의 내용과 역동성의 정도, 그리고 이에 영향을 미치는 요인을 정확히 파악하기 위하여는 우리나라의 지방자치단체를 대상으로 한 보다 심도 있는 연구가 필요하다.

본 연구에서는 시민집단과 구조적 요인으로 지방정부 외부 역량을 측정하고자 한다.

1) 시민집단

FAUI에서 다루고 있는 혁신역량 요소 중의 하나가 각 지방정부 시민들의 역량이다. 지역주민이 바로 지방정부 외부에 존재하는 혁신주체이기 때문이다(이종수, 2004). 시민의 혁신역량은 기본적으로 시민단체의 혁신역량으로 측정한다. 물론 시민단체만이 시민의 역량을 대표하는 것은 아니지만, 시민 개개인보다는 집단화된 시민단체가 지방정부의 혁신역량에 더 중요한 영향력을 끼친다고 전제하기 때문이다. 따라서 시민단체에 대한 평가를 지방정부의 역량을 평가하는 영역 및 항목으로 설정한다. 이종수(2004)의 연구에서도 역시 시민 개개인은 지방정부의 혁신에 큰 영향력을 발휘하지 못하는 것으로 밝혀졌으며, 시민단체는 공익적 입장에서 시민의 이익을 정부에 매개하는 집단이기 때문에, 시민단체의 활동은 정부에 대하여 명목상으로는 주권자이면서도 실제로는 약자의 위치에 있는 시민의 편에서 시민의 권력을 보완하는 매개권력(intervening power)으로서의 의의를 갖는다.[12]

---

12) 이종수(2004)의 연구에서는 독립변수로 사용한 외부행위자로서 지역 시민단체 이외에 지역주민, 지역 내 기업, 지역 내 노동조합, 지역 시민단체, 지역학자 및 전문가, 지역언론,

FAUI에서는 시민단체의 활동과 영향력을 파악하여 '시민단체 활동지수'(Civic Activity Index: CAI)를 작성하고 CAI와 각 지방정부의 혁신역량의 관계를 분석하였는데, 일반적으로 CAI가 높을수록 지방자치단체의 혁신역량이 높은 것으로 분석되고 있다.

우리나라의 경우 1990년 이후 NGO의 증가와 함께 활동영역이 인권, 복지, 여성문제, 그리고 소비자, 노동 및 빈곤문제에 이르기까지 다양한 영역에 걸쳐 활동을 하고 있지만, 그 활동의 중요성에 비추어 시민단체의 기반역량은 약하다. 특히 회비납부율이 저조하기 때문에 재정적 기반이 취약하며, 이는 활동의 장애로 작용하기 때문에 시민단체의 참여가 형식적인 참여에 그치지 않도록 하는 것이 중요하다. 따라서 재정기반을 항목으로 두어 재정상황을 판단할 수 있다. 또한 참여제도가 확립되어 있지 않으면 참여에 소요되는 내용을 시민이 부담해야 되고 따라서 참여의 활성화가 어렵게 된다. 특히 참여비용과 지식, 기술, 재원 등의 부담능력이 약한 취약계층의 참여를 상대적으로 어렵게 만들어 사회적 불평등을 고착시키는 결과를 낳게 된다. 그러므로 사회계층과 상관 없이 다수의 시민이 적은 비용으로 참여할 수 있도록 참여의 제도화가 추진되어야 한다. 이를 위하여 우선 다양한 참여제도를 확충해야 하는데, 예를 들면 여기에는 직접민주제-주민투표, 주민소환, 주민발의의 시행, 참여의 원초단위로서의 반상회의 재활, 주민자치위원회의 참여기구화, 지역주민 전체가 참여하는 토론의 장으로서의 주민총회의 설치 등을 포함한 지역수권(地域授權, community empowerment)의 강화, 공익소송제의 도입, 정기적 여론조사, 여론투입을 위한 통합전화번호 설치 등이 포함될 수 있을 것이다. 이러한 시민참여에 기초하여 지방정부 역량강화의 원동력으로 삼고 행정업무의 효율화 및 능률화를 추구해야 한다.

상세한 지방정부의 혁신역량을 강화하기 위한 시민집단에 관한 항목 및 지표는 [표 2-4]에서 제시하는 바와 같다.

중앙정부, 지역출신 국회의원 등을 들었다.

[표 2-4] 시민단체 지표

차 원	항 목	평 가 지 표
시민집단	활 동 성	정책분야별 선호 정책과정에서의 영향력 등
	역 량	시민단체의 수(회원 수)
	다 양 성	유형별(환경/복지/개발/문화/여성 등) 시민단체 수
	정책관여	일반 주민 또는 시민단체 대표 위원 수/전체위원회 위원 수 제안건수 청원건수
	재정기반	재정지원기관 수(N/TN) 지원금액(M/N or M/TN)

2) 구조적 요인

지표개발의 모델이 되는 FAUI의 혁신역량의 요소 중 또 하나는 지방정부의 구조적 요인이다. 구조적 요인은 크게 정치·문화·경제·사회 요인으로 분류하였고, 각각의 분야를 평가하기 위한 주요 항목으로는 정치분야에 ① 정치관심도, ② 중앙정당의 영향력 등 다양한 척도를 사용하여 각 지방정부의 정치구조를 분석하고 이러한 정치구조와 혁신역량의 관계를 분석하고 있다. 문화분야에는 ① 문화시설, ② 지역언론 등이, 경제분야에는 ① 도시정부경영기반분야 등이 있으며, 그리고 사회분야에는 ① 교육수준, ② 인구구성비율, ③ 빈곤정도, ④ 교육기관 등을 평가항목 차원으로 제시하였다.

ODPM(Office of the deputy Prime Minister)을 통해서도 알 수 있듯이, 지방정부는 외부영향력(External Influences)에서 고립된 존재가 아닌, 경제적·사회적·기술적 환경의 영향을 받게 된다고 하였다. 특히 필요한 지식과 기술을 가진 사람의 공급은 국가경제상태 및 인구학적 구조에 의해 영향을 받게 된다.

한편, 공직자 및 시민이 혁신역량에 영향을 미치는 지방정부의 구조적

[표 2-5] 구조적 요인 지표

차 원	항 목	평 가 지 표
정 치	정치관심도	총선투표율, 지방선거 투표율, 자치단체장의 득표율 정도
	중앙정당 영향력	FAUI의 지표로 측정
문 화	문화시설	박물관, 근린공원 수, 공원면적
	지역언론	지역언론매체 수
경 제	도시정부경영 기반분야	전문직 종사자 수, 금융기관 수
사 회	교육수준	학력분포
	인구구성비율	30, 40대 인구비율과 50, 60대 인구비율, 자치단체별 인구 수
	빈곤정도	생활보호대상자 수
	교육기관	전문대학 이상 수

요인을 구별하여 이들의 중요성을 분석할 필요가 있다. 평가방법으로는 설문조사 이외에 각각의 지표에 필요한 해당년도의 통계연감 등을 이용하여 객관적인 평가가 가능하도록 한다.

지방정부의 혁신역량을 강화하기 위한 항목 및 지표는 [표 2-6]을 통해 확인할 수 있다.

본 연구에서 조직행태의 측정 수준은 조직구성원으로서의 개별 행위자를 기준으로 하며, 각 개별 행위자가 자신 및 타 행위자, 그리고 소속 집단에 대해 어떻게 인지하고 있는가를 측정한다. 또한 개별 지방정부의 특성을 반영하기 위한 지표는 2차 자료를 활용하도록 한다.

[표 2-6] 지방정부 혁신역량의 측정

<table>
<tr><th colspan="2">대 상</th><th>차 원</th><th>항 목</th></tr>
<tr><td rowspan="5">내부
역량</td><td rowspan="2">인적
역량</td><td>업무수행능력</td><td>전문성, 문제해결능력, 의사소통능력, 조정·통합능력, 자원확보능력, 업무추진력, 홍보능력, 리더십</td></tr>
<tr><td>의지/태도</td><td>도덕성, 혁신성향, 시민지향성</td></tr>
<tr><td rowspan="3">물적
역량</td><td>재정역량</td><td>건전성, 효율성</td></tr>
<tr><td>절차적 능력</td><td>의사결정의 신속성, 절차의 민주성</td></tr>
<tr><td>정보화</td><td>전자 공공관리, 전자 대민서비스, 전자 민주주의</td></tr>
<tr><td rowspan="5">외부
역량</td><td>시민집단</td><td>시민 단체</td><td>활동성, 역량, 다양성, 정책관여, 재정기반</td></tr>
<tr><td rowspan="4">구조적
요인</td><td>정 치</td><td>정치 관심도, 중앙정당의 영향력</td></tr>
<tr><td>문 화</td><td>문화시설, 지역언론</td></tr>
<tr><td>경 제</td><td>도시정부 경영기반분야</td></tr>
<tr><td>사 회</td><td>교육수준, 인구구성비율, 빈곤정도, 교육기관</td></tr>
</table>

제 3 장

지방정부의 정책혁신

제 3 장 지방정부의 정책혁신

Ⅰ. 정책혁신의 이론

행정개혁은 행정을 둘러싼 환경의 변화와 매우 깊은 관련이 있다. 행정환경의 변화를 행정 내·외부로 구분해 살펴보면, 첫째 공급측면의 변화로서 행정을 구성하는 주요한 내부 요소들이 변화하는 경우이다. 둘째 수요측면으로서 행정을 둘러싸고 있는 행정환경의 변화가 급속히 이루어졌을 경우이다. 대부분의 경우는 위의 두 가지 상황이 동시에 발생하는 것이 일반적이다.

최근 국제적 동향을 보면 각국 정부의 입지 및 권한이 상대적으로 약화되고, 예산의 제약 및 공공부문의 비효율성으로 인해 정부부문에 더 많은 경쟁이 도입되었다. 수많은 공공재 생산에 민간이 참여하고 있고, 민영화·규제완화의 추세가 점점 확대되어 정부는 더 이상 행정서비스의 독점적 공급자로서의 지위를 유지할 수 없게 되었다.

그동안 공공 서비스의 제공에 있어 정부는 독점적 지위를 누려 왔기 때문에 수요의 변화에 민감하게 대응할 필요를 느끼지 못하였고, 그러다보니 공급측면에서의 질 저하를 초래할 수밖에 없는 결과를 보여 왔다. 그러나 공공 서비스에 대한 독점력이 점차 줄어들게 되면서 행정개혁의 필요성이 대두되었다. 급변하는 행정환경 속에서 시민의 다양한 요구에 정확하고 신속하게 대응함으로써 납세자인 일반 국민의 신뢰를 구축하기 위해서는 행정개혁을 필요로 한다. 행정개혁이란 행정서비스의 제공과 직접적으로 관련된 몇 가지 방식을 개선하는 것뿐만 아니라 사회의 변화에 맞춰 정부역할 자체를 변화시키는 것이다. 정부에 대한 국민의 신뢰를 획득하여야만 하는데 이를 위해서는 투명한 행정절차와 책임성 강화 등의 조치가 필요하다.

혁신의 개념은 학자에 따라 다양하게 정의되고 있다. Van de Ven (1986)은 혁신을 "시간의 흐름에 따라 제도적 환경에서 다른 사람과 의사소통이 이루어지는 사람들에 의한 새로운 아이디어의 발굴 및 실행"이라고 정의하였고, Rogers(1995)는 "아이디어의 발굴과 실행은 이미 다른 곳에 존재하고 있더라도 혁신에 관련된 활동이나 사항이 사람들에 새로운 것으로 인지되면 혁신으로 간주된다"고 주장 한 바 있다.

한편 정부혁신이란 "정부 정책 및 행정 관련 문제를 인지하고 정보 또는 지식을 발굴·생산하여 새로운 행정 프로그램이나 정책을 채택하는 것"이라고 볼 수 있다(Berry, 1990). 이를 구체화시키기 위해서는 새로운 절차, 방법, 기법 등을 수행하는 개인, 집단 또는 조직 등의 구성단위가 반드시 전제되어야 하기 때문에 정부혁신이란 공공 조직의 효과성, 능률성, 적응성, 개혁성을 극적으로 증대시키기 위해 공공 체제나 정부 조직을 근본적으로 변형시키는 것을 의미한다고 볼 수 있다(Osborne & Plastrik, 1998: 38).

정부혁신에 기초하여 행정서비스에 경쟁의 원리가 도입되면 행정비용의 낭비, 비능률, 서비스 질 저하, 고객들의 불만 등 행정서비스 문제들의 해결 가능성이 증가한다. 또한 정부는 공공 서비스의 이용자들을 서비스 대상자들이 아니라 고객으로 인식하고 이들의 요구에 적극적으로 대응함으로써 행정서비스에 관한 선택과 평가의 기회를 부여하는 노력을 증가시키고 있다. Osborne과 Gaebler(1992)에 의하면 고객지향적인 행정의 성과를 다음과 같이 제시하고 있다. 첫째 서비스 제공자들의 고객에 대한 책임 부여, 둘째 서비스 제공자들의 합리적인 선정, 셋째 혁신의 촉진, 넷째 주민들에게 서비스 선택권 부여, 다섯째 공급과 수요의 조화를 통한 낭비의 제거, 여섯째 사회형평의 실현, 그리고 일곱째 참여적 고객으로의 변화 등이다.

여기에서는 먼저 행정학에서 논의하는 행정개혁의 의미를 살펴본 후, 정부혁신이 추구하는 가치에 따라 세 가지 이론을 설명한다. 그리고 정부혁신의 접근 방법을 제도·구조, 과정, 그리고 행태·문화의 세 관점에서 논의한다. 정부혁신이 추구하는 가치와 접근 방법을 양 축으로 하는 매트릭스가 본 연구의 주된 틀이 된다.

1. 정책혁신

행정개혁의 개념은 광범위하며 다양하다. 행정을 현재보다 더 나은 상태로 개선하기 위해 새로운 방법을 고안하여 적용하려는 의식적·인위적인 노력(박동서, 1997: 678; 오석홍, 1995: 4; 이종수·윤영진 외, 2005: 669)을 행정개혁으로 정의하기도 하며, 국가 발전의 목표를 효과적으로 실현하기 위해서 정치 과정을 통하여 계획적으로 행정의 전반적인 변혁을 추구하는 계속적인 활동(박연호, 2001: 780; 이수영 외, 2004: 132-133)으로 규정하기도 한다([표 3-1] 참조).

[표 3-1] 행정개혁의 개념

학 자	개 념
J. D. Montgomery[1)]	관료제와 사회의 다른 구성요소들 사이의 관계 그리고 관료제 내의 여러 가지 관계를 조정하기 위한 정치적 과정
UN[2)]	체제 전반에 걸친 개혁 또는 적어도 행정구조, 인사, 절차와 같은 핵심적 요소들 가운데 하나 또는 그 이상에 대한 개선조치를 통해 행정체제에 근본적인 변동을 이야기 하려고 특별히 설계한 노력
G. E. Caiden[3)]	저항을 무릅쓰고 행정적 변동을 인위적으로 유도하는 것(행정개혁은 자연적·우연적 또는 자동적인 것이 아니라, 인조적(人造的: man-made)이며 의도적·계획적이기 때문에 인위적)
H. Siedentopf[4)]	정부가 끊임 없이 변동하는 사회적 요청에 적응하게 하고 행정이 사회를 변모시킬 수 있게 하기 위해 필요한 것

R. Chapman[5]	사회적·정치적 환경의 기대, 가치 또는 소망에 어긋나게 된 행정구조 또는 절차를 바꾸는 정부 내의 과정(행정개혁의 특성으로 변동을 야기하는 의도적 과정이라는 것, 바람직한 변동으로 간주된다는 것, 그리고 압력에 대한 반응으로 추진된다는 것)
J. Lane[6]	능률, 평등, 그리고 절약을 추구하는 정치적 활동(공공부문개혁에서는 다양한 행동자들의 이기심과 전술적 행태가 상호작용하기 때문에 공공부문개혁은 정치적 활동)

1) John. D. Montgomery, *Sources of Administrative Reform : Problems of power, Purpose and Politics*(CAG, 1967).
2) UN, Department of Economic and Social Affairs, International Seminar on Major Administrative Reforms in Developing Countries(New York, 1973).
3) Gerald E. Caiden, Administrative Reform(Aldine Pub. Co., 1969); Gerald E. Caiden, "Administrative Reform : A Prospectus," International Review of Administrative Sciences(No. 1~2, 1978).
4) Heinrich Siedentopf, "Introduction," in G.E. Caiden and Siedentopf, eds., Strategies for Administrative Reform(D.C.heath. 1982).
5) Richard Chapman, "Strategies for Reducing Government Activities," in G.E. Caiden and Siedentopf, eds., Strategies for Administrative Reform(D.C.heath. 1982).
6) Jan-Erik Lane, *The Public Sector : Concepts, Models and Approaches.*, 3rd ed.(Sage, 2000).

행정개혁은 사회 상황의 변화에 적응하면서 국가 발전의 목표를 효과적으로 실현하기 위한 것이다. 따라서 단순히 조직개편이나 관리기술의 개선뿐만 아니라 시장과의 관계하에 정부의 역할, 조직운영 방식과 공무원들의 가치관 및 신념, 태도를 의도적으로 변화시키는 것도 포함한다. 즉, 행정개혁은 새로운 행정수요에 대응, 효율성 증진을 위한 개혁, 행정문화의 개혁을 포함한다.

이러한 행정개혁의 특징은 몇 가지로 정리해 볼 수 있다.

첫째, 행정개혁은 행정을 인위적·의식적·계획적으로 변화시키려는 것으로 단순히 수동적이고 소극적인 환경 적응과는 다르다. 이러한 의도적인 변화 유도는 개혁 주도자들에 의해 계획적이고 전략적으로 추진되어야 한다. 이러한 의도적 변화는 불가피하게 기존 관행과 관련자들의 이해관계를 변화시키게 마련이고 관련자들의 저항을 수반하게 된다.

둘째, 행정개혁은 계속적인 과정이다. 행정개혁은 일시적·즉흥적인 것이 아니다. 사회 환경은 끊임 없이 변화하고 행정 체제도 변화하는 환경 속에서 생성·발전·소멸하는 생태적인 속성을 가지고 있는바, 행정개혁이 개혁집단에 의해 주도되어 제도로서 정착되기 위해서는 지속적인 노력이 필요하다.

셋째, 행정개혁은 동태적·의식적 과정이다. 행정개혁은 성공 여부에 대한 불확실성과 위험 속에서 새로운 방법을 고안하여 적용하고 실천하는 것이다. 따라서 반드시 의도한 결과만을 초래하는 것이 아니라 의도하지 않은 결과를 초래할 수도 있으며, 부작용과 저항, 나아가 개혁의 실패까지도 나타날 수 있다.

넷째, 행정개혁은 정치적·사회심리적 과정이다. 행정개혁은 조직관리의 기술적인 속성과 함께 권력 투쟁, 타협, 설득이 병행되어야 한다. 행정개혁은 행정 내부에서만 이루어지는 것이 아니라 행정 외부의 정치세력들과 상호 연결되어 있다. 따라서 행정개혁은 정치 이념의 합리화, 정치적 참여, 정치제도, 전략, 설득과 양보 등과 같은 정치적 요소를 수반하는 정치과정이다.

이러한 행정개혁이 일어나는 원인은 무엇인가?

첫째, 새로운 이념의 등장이다. 최고지도자의 정치 이념이나 기본 정책의 변화는 행정 체제에 변화를 초래한다. 새로운 정치세력의 등장이나 각종 압력단체, 여론, 국회의 요구 등과 같은 외부의 요구에 의해 행정이 과거와는 다른 가치를 지향하게 될 때에도 행정을 변화시킬 필요성이 제기된다.

둘째, 새로운 기술의 등장이다. 과학기술의 발달로 인한 행정의 전문화, 현대화 및 합리화의 촉진으로 행정개혁을 초래한다.

셋째, 비능률의 제거이다. 불필요한 행정 기능의 중복, 과다 팽창된 조직 등을 정비하기 위해 행정개혁이 시행된다.

넷째, 정치적 변혁의 발생이다. 기존 행정 체계가 새로운 정치적 이념에 의해 부정되거나 중대한 변화를 요구받게 되면 이는 행정개혁으로 표출된다.

다섯째, 국제적 환경의 변화이다. 국제질서 및 국제적 가치(value)의 변화에 대응해 행정개혁이 시도된다.

그 외 인구구조의 변화(예를 들어 노인 인구나 청소년 인구 증가, 가족구조의 변화)나 정부 업무의 축소를 요구하는 압력집단의 활동 등도 행정개혁의 계기가 된다.

앞에서 서술한 바와 같이 행정개혁은 의도적 행위이고, 따라서 불가피하게 기존 관행과 관련자들의 이해관계를 변화시키게 마련이고 관련자들의 저항을 수반하게 된다. 이러한 저항을 관리하는 것이 행정개혁의 필수적인 요소이다.

개혁에 대한 저항의 원인으로는 몇 가지를 지적할 수 있다. 첫째, 기득권의 침해인데, 행정개혁으로 인해 불이익을 받는다고 느끼거나 지위가 상실된다고 느끼는 사람들은 개혁에 저항하게 된다. 둘째, 타성으로 인한 저항으로, 관료조직의 현상유지적·보수적인 경향은 행정 관료를 대상으로 한 행정개혁을 어렵게 한다. 셋째, 개혁 내용의 불확실성으로 개혁의 내용이 명확하지 않으면 조직구성원은 자신의 신분에 대한 불안감이 가중되고, 그에 따라 개혁에 저항을 하게 된다. 넷째, 고객집단의 저항도 있는데, 고객집단은 자신들의 이익을 위해 일해 온 부서나 행정기관이 소멸되거나 축소되는 것을 원하지 않으므로 개혁에 저항한다.

이와 같은 개혁에 대한 저항을 극복하는 방법으로 크게 세 가지 방법을 제시할 수 있다. 첫째, 규범적 방법은, 개혁에 대한 이해와 협조를 구하기 위해 이해관계자들의 참여를 확대하며, 개혁에 대한 정보를 제공하고 개혁의 당위성 및 예상되는 성과를 제시하며 설득하는 방법이다. 저항에 대한 근본적인 해결책이므로 조직의 인간화를 주장하는 오늘날의 논자들에게 가장 선호된다. 둘째, 공리적 방법은 되도록 기득권을 덜 침해하는 방법으로 개인적으로 입게 되는 손해에 대해서는 적절하게 보상해 주는 방법이다. 저항을 극복하는 것이 아니라 양보하고 타협하는 결과를 빚게 되며, 개혁의 의미가 퇴색할 가능성이 있다. 셋째, 강제적 방법은 저항자에 대해 물리적 제재나 불이익의 위협을 가하거나 계층제상의 권한을 사용하거나 의식적으로 긴장을 조성하여 개혁에 순응하지 않을 수 없는 분위기를 조성하는 방법이다.

오늘날 행정개혁이 과거의 행정개혁과 다른 특징은 무엇인가? 첫째, 행정과 경영의 동질성을 강조한다는 점이다. 과거의 행정개혁은 행정과 경영의 차별성을 인정하고 행정의 특수 환경을 전제로 한 바탕 위에서 입안되었다. 그러나 최근의 동향은 행정에도 경영 마인드를 도입하고 시장 원리를 도입하는 등 행정의 경영화를 추구한다. 둘째, 정보기술을 광범위하게 사용한다는 점이다. 셋째, 구조적 외형(hardware)보다 운영 기술(software)에 초점을 두고 있다. 과거의 행정개혁은 정부 부처 개편과 거의 동의어로 사용

[표 3-2] 미국·영국·뉴질랜드 행정개혁의 비교

구 분	미 국	영 국	뉴질랜드
개혁배경	· 경기침체 · 재정적자 · 정부에 대한 신뢰 저하	· 경제위기 · 재정적자 · 정부에 대한 신뢰 저하	· 경제위기 · 재정적자
개혁추진 방식	· 점진적 · 실용적 · 공무원 중심의 부처별 추진	· 점진적 개혁 · 수상실과 외부 주도	· 급진적 개혁 · 재무성 중심
개혁방향	· 재정적자 축소 초점 · 관료적 형식주의 개선 · 자율성과 성과 중심 · IT 강조	· 초기 조직 능률성 강조 · 감축관리, 민영화 · 정부 기능 · 운영방식 조정 · 고객 개념, 서비스 질 향상	· 근본적 정부 기능 재조정 · 민영화, 독립기관화 · 성과와 책임 중심으로의 조직문화 변화
핵심개혁 조치	· 성과 중심의 예산 운영 · 규제개혁 · 연방인력 감축 · 성과 중심 조직	· 능률성 진단 · 책임운영기관 · 시장성 검증, 외부 계약 · 시민헌장	· 공기업화, 민영화 · Crown Entities · 사무차관제도, 성과관리
개혁가치 지향	· 효율성 · 운영자율성	· 효율성 · 대응성 · 책임성	· 효율성 · 경쟁과 성과 · 책임성

될 정도로 정부기구나 구조의 재조정에 중점을 둔 반면, 최근의 정부혁신은 국가 기능 전반에 대한 재검토 및 기능 수행 체계의 재조정 과정에 초점을 두고 있다.

이러한 특징을 지닌 외국의 행정개혁을 간단히 살펴보면 [표 3-2]와 같다. 미국·영국·뉴질랜드의 행정개혁의 공통 목표는 공공부문의 효과와 효율성 증대, 공공기관의 대응성 향상, 공공지출의 절감, 책임성의 확보 등으로 요약할 수 있다. 이러한 목표는 행정학이 궁극적으로 추구하는 목표들이다. 미국·영국·뉴질랜드 행정개혁이 이러한 목표를 달성하기 위하여 추진하고 있는 공통 전략은 경쟁 원리의 도입과 결과 중심의 관리 체제 구축이다.

2. 정책혁신 이론의 전개

정부혁신은 최종적으로 시민의 삶의 질(quality of life)을 향상시키고자 추진되는 일련의 정부의 활동이다. 정부의 각종 제도와 구조, 일하는 과정과 방식, 그리고 공무원의 의식·행태를 개선하여 정부가 만들어 내는 각종 정책의 품질을 제고하여 시민의 만족도를 제고시킴으로써 정부의 신뢰를 향상시키고자 하는 것이 정부혁신이며 이러한 일련의 과정을 통해 궁극적으로 시민의 삶의 질을 향상시키고자 하는 것이다.

행정은 고대 그리스와 로마 시대에도 존재하여 온 오래된 사회행위이다. 그러한 행정이 1887년 Woodrow Wilson의 "The Study of Administration"에 의해 학문의 형태로 체계화하기 시작한 이후로 수많은 행정학자와 실무가들은 시민의 삶의 질을 향상시키기 위한 행정을 구현하기 위하여 노력하여 왔다.

최근 Good Governance라는 이름으로 행정이 나아가야 할 하나의 방향이 제시되고 있다. 2001년 유럽연합백서에 따르면 공개, 참여, 책임성, 효과성, 일관성 등 다섯 가지 원칙이 Good Governance의 구성 요소라 할 수 있다. 여기에서 제시된 다섯 가지 원칙은 다음 [표 3-3]과 같다.

[표 3-3] Good Governance의 구성 요소

원 칙	내 용
공 개	정책결정과정과 정부기관에 대한 일반의 접근성을 높이고 보다 이해하기 쉽게 할 것
참 여	정책과정의 전 사이클에 이해당사자들의 광범위한 참여를 보장함으로써 정부기관에 대한 신뢰를 높일 것
책 임 성	정책입안과 집행 과정에서 각 기관의 역할을 명확히 규정할 것
효 과 성	정책목표를 명확히 하고 평가체계를 도입하여 현장의 수요에 부응할 것
일 관 성	정책 내용과 집행 내용 사이에 정합성이 있을 것

자료: Bauer(2004).

20세기 중·후반 이후 전통적 행정모델이 지닌 한계를 지적하기 시작하면서 전통적 행정모델에 대한 대안들이 제시되기 시작하였다. 전통적 행정모델은 기본적으로 다음과 같은 특징을 지니고 있다.

① 정치적으로 중립적인 관료제

② 계층제와 규칙

③ 영속성과 지속성

④ 공무원 집단의 제도화

⑤ 조직 내적 규제

이러한 전통적 행정모델의 한계에 대한 대안으로서 형평성을 강조하는 신행정학, 효율성을 강조하는 신공공관리론, 그리고 민주성을 강조하는 정책네트워크 등이 대안 모델로서 제시되기 시작하였다.

신행정학은 성장보다는 분배위주의 행정 및 서비스와 정책효과의 형평성을 강조하면서, 전통적 행정모델에 의한 행정서비스가 특정 집단에 편중되어 왔기에 정치적·경제적·사회적으로 불리한 입장에 있는 계층을 위한 보다 나은 행정서비스의 제공을 주장한다. 행정인은 소속기관의 정책이 그릇되었다고 판단되는 경우 이에 도전하고 해결해야 하며 또한 반계층제적

[표 3-4] 정부혁신의 모형과 특징 비교

구 분	전통 행정학	신행정학	신공공관리	정책네트워크
국가의 역할	통치와 지배	분 배	개발과 성장의 지원	복지와 서비스
주요 가치	질서, 통합	형평성, 사회정의	능률과 효율성	책임성, 공동체주의
정부 관료제	계층적	탈계층제에 의한 문제해결	시장기제의 도입	수평적 교류
정책결정	권위적	권위적	거래적	호혜적
조정의 메카니즘	보이는 손	분권화된 보이는 손	보이지 않는 손	맞잡은 손
예시적 정책수단	국유화, 규제	분 권	감축, 민영화, 탈규제	파트너십, 분권

입장과 새로운 조직론의 모색으로 분권화와 참여의 확대를 주장하였다.

한편, 신공공관리론은 "부패 및 그와 동반되는 낭비와 무능을 어떻게 제약할 것인가?"라는 질문을 던지며 전통적 행정모델에 대한 문제의식을 제기하였다. 신공공관리론은 전통적 행정모델에 대한 대안으로 공공부문의 비능률을 줄이기 위해 공·사간의 조직상 차이를 제거하여야 하며, 일반적 규칙·과정보다 결과에 치중하여야 함을 대안으로 제시하였다. 이러한 신공공관리론의 지적 기반은 공공선택론(Public Choice Theory)과 관리주의(Managerialism)이다.

계층제와 규칙을 강조하는 전통적 행정모델에 대하여 정책네트워크는 다수의 참여자가 우열이 있는 것이 아니라 상호간의 신뢰를 바탕으로 수평적으로 함께 참여하고 함께 책임을 지며, 정부와 민간부분 및 비영리부문간의 협력적 네트워크를 적극적으로 활용한다. 정책네트워크에서는 어떤 문제를 해결하거나 정책을 결정할 때 정부가 일방적으로 결정하고 문제를 해결하는 것이 아니라 이해관계를 공유하는 모든 집단이 함께 참여하여 문제를 해결하는 것이다. 즉, 전통적 행정모델에서 주장하는 정부주도의 정책결정을 비판하고 있다([표 3-4] 참조).

이상과 같은 기존의 논의를 바탕으로 본 연구에서 제시하는 정부혁신을 통한 Good Governance를 이루는 모형은 [그림 3-1]과 같이 이해할 수 있다. 정부혁신이 추구하는 이념적 가치는 형평성, 효율성, 민주성이며 이러한 정부혁신을 통해 시민의 만족도를 제고하고 궁극적으로 정부신뢰를 제고하는 것이 정부혁신과 연계한 Good Governance의 모형이라 하겠다.

[그림 3-1] 정부혁신을 통한 Good Governance 모형

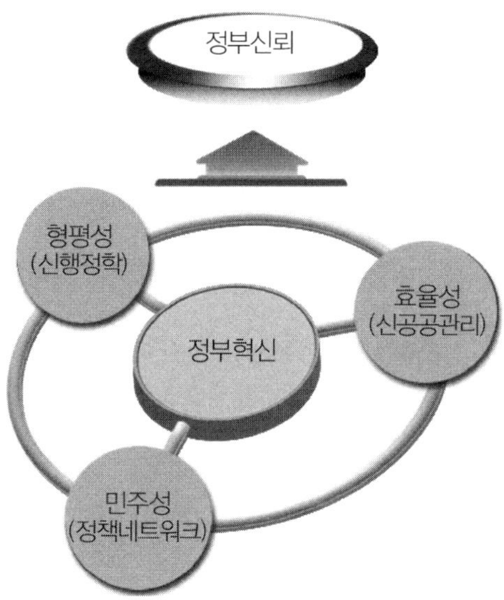

여기에서 제시하고 있는 정부혁신의 세 가지 이념인 형평성, 효율성, 민주성은 행정이 추구하는 주요 이념이며, 행정이론의 발전에서 주요하게 다루어져 왔다. 즉, 형평성 제고는 신행정학(new public administration)에서 강조되어 온 이념이며, 효율성 향상은 신공공관리(new public management)에서, 그리고 참여를 통한 민주성 담보는 정책 네트워크(policy network)에서 추구하는 이념이다. 효율성을 강조하는 관점에서는 업무에 경제적 편익과 비용절감효과를 볼 수 있으며, 행정관리의 개선을 꾀할 수 있는 등의 경제

적 성과와 관련된 제반 가치를 추구하는 것으로 인력감축 및 조직개편, 전자결재시스템, 목표에 의한 관리(MBO), 성과급제, 공개구매입찰제도, 민간위탁 및 민영화, 경영수익사업, 개방형 충원, 다면평가 등을 그 예로 들 수 있다. 한편, 민주성을 추구하는 정부혁신은 정책과정 전반에 주민의 참여를 확대하고 주민의 권리 실현을 위한 제도와, 정책, 서비스를 확대해 나가는 과정과 결과로서, 옴부즈만제도, 주민감사청구제도, 부패방지제도, 시민참여 확대정책, 시민만족도조사, 시민헌장제, 조례제정 및 개폐 청구권, 정보공개제도 등이 그 예라 하겠다.

정부혁신의 세 가지 추구 이념인 형평성, 효율성, 민주성과 관련된 각 이론을 살펴보면 다음과 같다.

1) 신행정학(new public administration)

(1) 신행정학의 태동

여기에서 신행정학이라는 것은 이미 오래전부터 Plato, Thomas Hobbes, Niccolo Machiavelli, Alexander Hamilton, Thomas Jefferson 뿐만 아니라 행정학계에 있는 여러 사람들을 통하여 부분적으로 제기되어 온 이론이지만 새롭다고 말 할 수 있는 것은 그것들이 짜여져 있는 기틀을 의미하며 그것을 이루고 있는 개개의 개념 자체가 새롭다는 것은 결코 아니다(Frederickson, 1980: 4-5). Thomas S. Kuhn도 기존에 성립되어 온 이론은 내재적·논리적으로 일관성 있게 정리되어 다른 사태, 상황에도 적용되어야 하고 연구시초에 국한되었던 범위도 시간이 흐름에 따라 깊고 넓게 내실화되어 연구가 창의적 결실을 얻어야 함을 강조하고 있다(Kuhn, 1977: 321-22).

이러한 맥락에서 신행정학도 기존의 행정학과 그 범주를 달리하는 것으로 보기는 어렵고, 단지 미국적 상황이라는 새로운 사태에 적응하기 위한, 그리고 그러한 상황에서 파생된 문제를 해결하기 위한 필요성에서 대두된 행정학의 한 연계적 실체로 이해하면 무리가 없을 것으로 사료된다. 그리고 한 걸음 더 나아가서 신행정학에 대한 이론적 성격과 그 저변에 흐르는 가치체계의 완벽한 준거이론(disciplinary matrix)이나 모체이론, 방정표(exemplar)

를 완전무결하게 창출, 설명하기는 힘들겠지만 상대적인 관점에서 시대가 지나고 상황이 변화되어도 음미할 수 있는 분석골격과 이론체계가 정립된다면 사회과학수준에서의 패러다임으로 정착이 가능하리라 사료되며(Kuhn: 136-144), 그러한 가능성의 전제하에 이러한 논의가 전개 될 수 있는 것이다.

그렇다면 다음으로 이러한 신행정학의 성격과 내용이 무엇인가라는 의문이 제기되며, 이에 답하기 위해선 먼저 그것을 잉태시킨 시대적 상황과 연관시켜 생각해 볼 필요가 있다.[1] 1960년대 중반부터 1970년대 사이 미국 사회와 정부, 그리고 행정학에서 잊혀지지 않는 세 가지의 특별한 사건이 있었는데 그것은 베트남전쟁, 도시폭동과 계속되는 인종분규(Marcus & Burner, 1981; Gitlin, 1987),[2] 그리고 워터게이트 사건이다. 이러한 사건과 위기는 정부의 새로운 시책을 낳게 했으며, 행정에 관한 사고방식과 업무수행방식을 변화시켰다. Frederick Mosher와 John C. Honey는 1960년대 중반의 공무원 특성과 구성분포를 연구하였는데(Honey, 1967: 294-321; Mosher, 1968), 여기에서 그들이 발견한 가장 중요한 사실은 대부분의 공무원들이 행정학 분야에 무관심하고 일체감을 갖고 있지 않다는 점이다. 행정학을 공부한 사람은 거의 없었으며 학위를 갖고 있는 사람은 더욱 없었다. 그 당시 행정학은 주로 예산, 인사, 조직관리 문제에 제1차적인 관심을 두고 있었기 때문에 좁은 의미로 그 목표를 정의하고 있었으며 행정은 누구나 다 할 수 있는 부업정도로 여겨지고 있었다.

따라서 1960년대 중반기의 행정학교육은 활기를 띠지 못했고 초기 행정개혁가의 정열 같은 것은 사라졌다. 이러한 미국행정의 실무와 학계에 만연된 여러 위기를 타개하기 위해 미국행정학회(The American Society for

1) 철학적 사유는 구체적인 역사적·사회적 상황에서 시작된다. 이러한 구체적 삶의 세계를 떠난 사유란 존재하지 않는다. 만약 이러한 사유가 있다면 그것은 공허한 환상이거나 관념에 불과한 것이다. 어떠한 사유든 그 사유가 역사적 현장을 기반으로 한다는 것을 부인할 수 없다. 왜냐하면 인간 자체가 구체적인 역사적 존재이기 때문이다. 이런 의미에서 '순수이성(reine vernunft)'이란 존재하지 않으며 '역사이성(historische vernunft)'만이 존재한다고 말하는 것이 타당하다. 여기에선 이러한 일반적인 명제에 기초하여 신행정학에 대한 사유를 시도하려 하는 것이다.

2) 1960년대의 미국 사회를 인종차별, 빈부의 차별과 같은 차별성으로 특징화시켜 설명하는 입장도 있다.

Public Administration: ASPA)는 노력을 했고 그 일환으로써 실시된 것이 바로 제 1 차 미노우브룩회의(Minnowbrook Conference)이다. 이 회의의 결산으로 3개의 중요한 문헌이 발표되었고(Marini, 1971; Frederickson, 1973; Waldo, 1971), 이들 문헌에서 여러 주제들이 언급되었는데 그 중 몇 몇 주제는 신행정학을 이해하는 데 핵심이 되는 내용도 들어 있다. Frank Marini는 미노우브룩회의의 중요한 주제가 현실 적합성, 후기실증주의, 소용돌이 환경에의 적응, 새로운 형태의 조직, 고객중심의 조직이라고 지적하였다.

이러한 신행정학의 학술적 활동의 저변에는 Marini가 지적했듯이 1970년대 들어서서 새로이 대두되는 가치와 윤리문제로 대변된다. 즉 거대하게 비대화되는 조직에 대한 재조명과 그에 대한 축소지향의 처방(Schmacher, 1973), 그리고 한계와 제로성장의 평가는 행정가치와 윤리의 문제를 개입시키지 않고는 해결될 수 없는 시대적 딜레마의 상황을 읽을 수 있게 한다(Meadows, Meadows, Randers, & Behrens, 1972). 특히 해결하기 어려운 빈곤문제와 부, 자원, 기회의 그릇된 배분문제, 거기에서 파생되는 사회적 형평(social equity)의 왜곡과 인권유린의 모든 문제는 바로 이러한 문제의 입증적 자료로 제시될 수 있는 것이다.

Dwight Waldo의 신행정학에 대한 새로운 평가가 옳았다면 분명 신행정학은 시대적 산물로서 나타난 잠정적 처방전으로서 행정학분야에 커다란 충격을 안겨 줄 것은 자명한 사실인 것이다(Waldo, 1972: 328). 바로 이러한 맥락에서 사회형평의 관점에 준거해 신행정학을 조망해 보는 것이다.

(2) 신행정학의 이론적 고찰

신행정학이론은 현대 미국사회가 당면하고 있는 가치적 문제들을 정부가 전통적인 행정학이론으로서 이것을 설명·해결하려고 하였으나 실패한 데서 기인된 새로운 대안으로서의 이론체계라는 점이다. 여기에서 전통적 행정학이라 불리워지는 것은 신행정학자들이 그들 이전에 발전된 일련의 학파들을 통칭하는 것으로 Frederick Taylor의 과학적 관리이론, Luther Gulick, Lyndall Urwick의 POSDCORB에서부터 W. Buckly, Bertalanggy의 일반체계이론까지 포괄하는 광의적 의미를 지니는 것이다.

이와 같은 시대상황적인 맥락 속에서 현실적 대안으로서 제시된 신행정학이론의 내용과 특성은 어떠한 것인가를 살펴 볼 필요가 있다.

신행정학이론에서 주장하는 개념들로는 참여, 행동지향, 비계서조직, 사업조직(project organization), 행렬조직(matrix organization), 임시조직, 연합조직, 감수성훈련(sensitivity training), 자기 파괴적 조직, 변증법적 조직 등이 있는데, 이를 보다 세부적으로 살펴보면 첫째, 목표설정과 집행과정에서 참여란 한번의 투표행위로 끝나는 것이 아니고 신행정이론에서의 참여의 의미는 훨씬 광의적인 개념으로 쓰이는 것이다. 행정기관의 의사결정과정에 행정고객의 직접 참여문제는 행정적 능률성을 희생하더라도 꼭 취해져야 할 가치 있는 것으로 받아들여지고 있다.

둘째, 전통적 행정이론이 커다란 의문 없이 받아들이는 행정과정의 정치적인 중립성에 대한 반론을 제기하고 있는데, 관료는 관료책임을 보다 정치적 책임과 밀접한 관계로 유지시켜야 한다는 것이다. 전통적으로 수용되고 있는 행정행위에 있어서 객관적이고 합리적인 행동에 추가하여 사회정의에 입각한 자세를 가져야 한다고 보고 있다. 따라서 사회주의의 도래 및 변화하는 시대에 대해서 충분한 감수성이 있는 인재를 양성해야 되며 스스로 추구하는 가치에 대한 과감한 발표와 표면화를 내세우고 있다.

셋째, 행정적 능률성으로부터 행정적 효율성, 평등성을 더욱 강조함으로 해서 분배적 측면에 중점을 두고 있다. 신행정이론에서는 계획예산(PPBS)이라든가 비용·편익분석, 체계분석 등이 가지는 계량적 접근의 한계점에 불만을 가지면서도 가능한 한 많은 변수를 감안하려고 했다는 점에서 능률성에 의한 전통적 평가에 비해 훨씬 높은 평가를 하고 있으며, 이런 의미에서 비용·편익분석에서 비용·효과분석으로의 선향 및 정책 산출분석의 가광은 바로 신행정이론이 추구하는 바를 그대로 시사해 주는 것이다.

전통적인 행정이론이 조직 내부의 권위, 인력, 지위, 예산 및 우선순위에 대한 설명이 가능할지 모르지만 이러한 대상들과 조직의 외부와의 상호관계를 소홀히 취급하였다는 점도 지적되고 있다. 결과적으로 조직과 그 외부와의 상호관계에서 귀결되는 경쟁과 타협이 조직 내에 한정될 때 조직 자체의 생존이란 문제점에 봉착하게 된다고 보는 것이다.

신행정이론은 점진적 타협을 행정 및 정치과정의 기본으로 삼는 것을 극히 싫어한다. Theodore J. Lowi는 이익집단 중심의 자유주의는 민주주의의 근본 질서까지도 약하게 만든다고 경고하면서 민주주의의 실천자는 이익집단적 점진주의의 추종자들인 행정부나 입법부보다는 사법부가 그것을 수행하였음을 결론으로 내세우면서 사법부를 통한 민주주의(juridical democracy)의 구현을 강조하였다(Lowi, 1979). 로위의 이러한 주장이 바로 신행정이론이 뜻하는 바와 다르다 하더라도 과거 행정 및 정치과정을 설명하는 데 사상적 기초를 제공한 바 있는 다원적 점진주의나 이익단체적 자유주의 철학을 근본적으로 배격하는 데서 출발한다는 점은 특기할만한 일이다.

넷째, 신행정이론은 권위 내지 조직속에 존재하는 계서제를 어떻게 보느냐에 전통적 행정학과 뚜렷한 차이점을 가진다. 신행정이론 역시 완전한 계서제가 없는 사회를 상정하는 것은 아니며 이론적인 면에서나 실제적 면에 있어서 전통적 계서제를 수정하려고 하는 것이다. David Cleland와 William King이 주장하는 사업조직 또는 행렬조직이 이에 속한다(Cleland & King, 1968).

사업이라는 것은 그 말 자체가 뜻하는 바와 같이 비영속적이다. 사업이 지속되는 한 사업관리자는 조직 내에서 자기가 원하는 부서로부터 사람을 차출하여 소기의 목적을 달성하고 있다. 거기에는 반드시 기존조직의 계서제를 고수하려는 힘과 사업수행을 위해 동원된 일단의 사람들 사이에 많은 혼란과 갈등이 있다. 사업조직이 가진 가장 뚜렷한 특징은 해체가능성이며 고루한 계서제를 지키려고 항상 조직 자체에 충성심을 강조하는 기관론자들의 오류를 제거할 수 있다는 점이다. 사업조직 및 행렬조직은 엄격한 계서제적 조직보다 훨씬 개개인의 감수성을 높일 수 있고 정보과학의 용어를 빌리면 조직 엔트로피(organizational enthrophy)를 높여 줌으로써 조직긴장을 증가시키며 혁신에 훨씬 민감한 사회변화에 적응성이 높은 조직을 만들게 할 수 있다고 한다.

Bertram M. Gross가 지적한 바와 같이 현재는 물론 다가오고 있는 미래에는 계서제적 조직보다 수평적인 협동적 작업을 중심으로 하는 조직이 성장할 것이며, 지배적 위치를 차지할 것으로 예측하고 있는 것도 이와 맥을 같이 하는 것이다(Gross, 1966: 32-42). Orion White가 이야기하는 변증법적 조직 또한 이와 유사하며 Frederick C. Thayer가 정립한 바 있는 연합조직 역시 사업조직에 유사하다(Thayer, 1981 · 1983 · 1984).3) 이것들은 문제해결을 중심으로 한 조직이론으로 Alvin Toffler의 애드호크라시(adhocracy)와 대단히 접근하고 있다고 볼 수 있다.

다섯째, 신행정이론은 James D. Thompson을 중심으로 발전시킨 개방체계적 이론에 많은 부분을 시사받았다(Thompson, 1967: 159-163). Thompson의 개방체계에 대한 연구는 신행정이론에서 다루어지고 있고, 그 접근법 역시 톰슨만이 주장하고 있는 것은 아니지만 실제 조직설계에서 개방체계의 독특한 불확실성 문제를 크게 다루었다. 불확실성의 연원은 첫째, 문화 전반에 걸친 인과관계에 대한 이해부족과 둘째, 한 조직은 부분적으로 환경의 다른 요인에 의해 지배되고 있다는 것 때문이며, 마지막으로 조직을 둘러싸고 있는 제 요인들의 상호의존성 때문에 생긴다고 하면서 조직적 규범이 경직하면 할수록 더욱 많은 노력의 확실성을 얻는 데 투자해야 한다는 것이다. 신행정이론은 톰슨이 지적한 조직과 환경 간에 개방성이 최대한으로 확보되어야 한다고 가정하고 조직의 참여자들에 대한 감수성 훈련과 같이 요즈음 널리 활용되는 조직발전(organization development: OD)과 같은, 행정개혁방안을 위한 근본적 대안들을 제시하고 있다.

2) 신공공관리(new public management)

(1) 신공공관리의 개념과 기원

20세기 후반의 영향력 있는 사회과학 이론인 신자유주의, 신제도주의 이론

3) 연합조직이란 다양한 이해관계자와 전문가들이 함께 참여하고 어느 한 조직만이 성취할 수 없다고 생각하는 어떠한 목적을 달성하기 위하여 주어진 시간 동안에 같이 일하고 스스로 해체되는 사회조직을 의미한다. Frederick C. Thayer가 쓴 'Definition of Conjoin'을 참고로 할 수 있다.

과 연계하여 형성된 시장적 공공관리라는 새로운 행정학의 새로운 패러다임을 테일러주의와 같은 고전적 관리주의와 구분하여 신관리주의(New Managerialism) 혹은 신공공관리(New Public Management)라고 부른다.

영국에서는 신관리주의, 미국에서는 신공공관리라는 개념을 주로 사용하였는데, 현재는 주로 신공공관리라는 용어가 쓰이고 있다. 신공공관리는 이외에도 기업가적 정부, 기업가적 행정, 시장원리에 의한 행정, 국가 경영, 경영 행정, 국정 관리, 국정 경영 등의 다양한 용어로 통용되어 사용되기도 하는데, 1990년대의 시장적 효율에 기초한 정부 개혁의 흐름을 지칭하는 포괄적 용어로 사용되고 있다.

이러한 신공공관리론의 기원은 영국에서 시작되었다고 볼 수 있을 것이다. 영국은 1970년대 후반에 시작된 정부의 재정위기를 극복하고 경쟁력 있는 국가를 건설하고자 신관리주의(New Managerialism)라는 이름하에 정부조직의 강력한 구조조정, 공공지출의 감축, 복지비의 축소, 민영화의 추진, 책임운영기관제의 도입 등이 "Next Steps"이라는 프로그램으로 추진되었다. 이는 보수당의 기본 정책으로서, 대처 정부와 메이저 정부에서 구체적으로 추진되었다.

이러한 흐름은 1980년대에는 뉴질랜드, 오스트레일리아, 스웨덴 등에서 채택되었고, 1990년대에 와서는 미국의 정부개혁 프로그램으로 구체화되었다. 미국의 경우 레이건 이후 이러한 개혁을 시도해오다가 특히 클린턴 정부에서 정부 혁신의 기본 방법론으로 정부관리의 능률성 확보라는 목표하에 기업가적 정부의 방법론을 채택하게 되었다.

Osborne과 Gaebler의 정부재창조론(Reinventing Government, 1992)은 정부 개혁의 지침서가 되었고, 당시 부통령인 Gore를 중심으로 형성된 국가성과평가(NPR, National Performance Review, 1993)라는 프로그램의 기본틀을 형성하였다. 이러한 고어의 프로그램은 정부성과 및 결과법(The Government Performance and Results Act)의 제정으로 이어졌다.

한국의 경우도 이러한 신공공관리론의 흐름은 1993년 김영삼 정부에서 작은 정부론 등의 개념으로 도입되기 시작하였다가, 1998년 IMF위기 상황 속에서 집권한 김대중 정부의 프로그램의 기본 축으로 형성되었다. 한국에서도 정부조직의 축소와 구조조정, 공기업의 민영화, 목표관리제 및 성과평가제, 책임운영기관제, 생산적 복지제도 등이 도입되었고, 이러한 기본 흐름은 노무현 정부에서도 지속적으로 이루어지고 있다.

(2) 신공공관리 이론

신공공관리론이 이론적 차원에서 체계적으로 논의된 시기는 1990년대에 들어와서부터라고 볼 수 있다. 신공공관리론은 최소국가론을 토대로 시장원리에 국가관리를 주장한 신자유주의이론과, 자기 만족을 추구하는 경제인의 가정을 토대로 한 합리적 선택의 공공선택론, 거래비용 개념을 기본으로 구성한 신제도주의 경제학, 주인·대리인이론, TQM이나 MBO 등 경영학에서 개발된 관리이론 등이 다양하게 접목되어 형성되었다.

신공공관리의 초기적 개념은 1990년대에 들어서면서 영국의 Hood(1991)에 의해서 체계화되었는데, 그는 신공공관리의 핵심 개념을 7가지로 정의하였다. (i) 공공부분에서의 전문적 관리(professional management) (ii) 성과의 기준과 측정(explicit standards and measures of performance) (iii) 산출 통제의 강조(output control) (iv) 단위의 분산(disaggregation of unit) (v) 경쟁의 강조(a shift to greater competition) (vi) 민간화(a stress on private sector styles of management practice) (vii) 자원 활용에서 절약의 강조(a stress on greater discipline and parsimony in resource use)가 그것이다. 이 개념은 공공조직에서 기업과 같은 시장원리에 의한 관리를 의미하는 것이다.

또한 Hays와 Kearney(1997)도 신공공관리의 핵심 개념을 (i) 정부 규모의 축소(downsizing) (ii) 정부를 기업처럼 관리하는 관리주의(managerialism) (iii) 서비스 수혜자에 다가가는 의사결정 구조인 분권화(decentralization) (iv) 형식과 과정보다는 결과를 강조하는 탈관료화(debureaucratization) (v) 민간화(privatization)의 다섯 가지 원리를 제시하고 있다.

미국의 신공공관리의 이론적 토대를 제시한 Osborne과 Gaebler(1992)는 신공공관리의 이론을 구체화하고 미국 정부의 정부 재창조 프로그램의 기본 틀을 만든 사람으로 실질적으로 신공공관리의 이론과 실천의 기반을 구축하였다고 볼 수 있을 것이다. 그들은 정부 재창조(Reinventing Government)라는 책에서 정부개혁의 10가지 원리를 제시하였는데 (i) 노젓기보다는 방향을 잡아주는 정부, (ii) 지역사회 중심정부, (iii) 경쟁적 정부, (iv) 사명 지향적 정부, (v) 성과 지향 정부, (vi) 고객 지향 정부, (vii) 기업가적 정부, (viii) 미래에 대비하는 정부, (ix) 분권적 정부, (x) 시장 지향적 정부가 그것이다. 이러한 Osborne과 Gaebler의 이론은 클린턴 정부의 행정개혁의 근간을 이루었으며 Gore를 중심으로 1993년에 구체화된 미국 정부 개혁의 핵심 프로그램인 국가성과평가(NPR, National Performance Review)의 기본 틀을 제공하였다.

Peters(1996)는 통치의 미래(The Future of Governing)라는 책에서 미래의 정부 모형을 (i) 시장적 정부, (ii) 참여적 정부, (iii) 신축적 정부, (iv) 탈규제적 정부의 네 가지 유형으로 제시하고 있다. 이는 공공부분의 관리부분에 전통적인 공권력 중심의 일방적 통치가 아닌 시장과 기업의 원리를 활용한 시장적 관리주의를 제시한 것으로 볼 수 있을 것이다.

Terry(1998)는 관리스타일을 계량분석적 관리, 정치적 관리, 관리자에 의한 관리, 시장중심적 관리의 네 가지 유형으로 나누고 이 중 관리자에 의한 관리와 시장중심적 관리를 신공공관리의 영역으로 설정하였다. 여기서 관리자에 의한 관리(liberation management)는 공공 관료제의 성과를 높이기 위해서는 관리자가 정부의 불필요한 간섭과 규제(red tape)로부터 자유로워지고, 관리자의 자율과 책임하에 관리가 이루어져야 한다는 입장이다. 시장중심적 관리는 경쟁을 통해 능률성을 증대시키고, 기업 등 민간 부분의 참여를 통해 관리한다는 것이다. Terry는 이러한 규제완화와 경쟁·성과중심, 민간화를 통한 관리를 신공공관리의 영역으로 보고 있는 것이다.

(3) 신공공관리 프로그램의 사례: 영국과 미국

가. 영국의 Next Steps

영국사회가 당면한 비효율을 극복하기 위한 공공관리 개혁의 프로그램은 다음 단계(Next Steps)라는 프로그램으로 구체화되었다. 이 프로그램은 복지비의 축소, 민영화, 성과급제, 상여금제 등 기업경영의 원리와 시장원리의 도입으로 경쟁을 유도하여 행정 서비스의 질을 제고하고 효율성과 효과성을 높이고자 하는 것이었다.

1988년부터 시작한 이 프로그램은 초기 책임운영기관(Executive Agency)의 설치를 통해 정책집행에 대한 상당한 권한 및 예산에 관한 재량권을 부여하여 능률적이고 책임 있는 행정체계를 구축하고자 하였다.

1991년 7월에는 시민헌장(Citizen Charter), 1991년 11월에는 품질경쟁(Competition for Quality)등의 조치로 시장적 관리개혁을 이끌어갔다.

나. 미국의 NPR

Osborne과 Gaebler의 정부 재창조 이론은 Clinton 정부의 행정개혁의 근간을 이루었으며 Gore를 중심으로 1993년에 구체화된 미국 정부 개혁의 핵심 프로그램인 국가성과평가(NPR, National Performance Review)의 기본 틀을 형성하였다([표 3-5] 참조). 즉, 고어의 국가성과평가를 위한 보고서(Gore's Report on the National Performance Review)에는 기업가적 정부의 네 가지 원리를 (i) 불필요한 형식과 규제(red tape)의 제거 (ii) 고객만족의 증진 (iii) 실무자에게 권한 위임(empowerment) (iv) 능률과 성과의 증진을 통한 비용 절감으로 제시하였던 것이다(Moon, 1999).

3) 정책네트워크(policy network)

(1) 정책네트워크 이론의 등장

정책과정에 영향을 미치는 다양한 행위자들(stakeholders) 사이의 상호작용의 결과를 정책이라고 한다. 정책과정에는 많은 정치적 행위자들이 참여하고 이들 간의 일련의 복잡한 상호작용을 거치면서 행위자들의 상이한 관점과 입장이 조정·절충되어 정책결정이 이루어진다. 당면한 문제의 성격이나 해결방안에 따라서 행위자들의 손익이 달라지기 때문에 정책결정과정은 참여하는 행위자들의 상이한 시각과 입장이 상호 조정되는 과정이라고 보는 것이다.

정책은 권력적 요소가 배제된 합리적·분석적 노력의 산물이므로 정책

[표 3-5] 미국 국가성과평가(NPR) 보고서의 행정혁신방안(1993.9)

원 리	내 용
불필요한 형식과 규제(red tape)의 제거	(i) 예산과정의 능률화 (ii) 인사권의 하부이양 (iii) 조달업무의 능률화 (iv) 감사기능의 방향전환(시스템 평가와 개선) (v) 불필요한 규정의 철폐 (vi) 지방정부의 재량권 강화
고객(국민)만족의 증진	(i) 고객에게 의사표현 및 선택기회 부여 (ii) 경쟁체제의 도입 (iii) 시장역동성의 창출 (iv) 시장기구를 통한 문제해결
실무자에게 권한 위임	(i) 의사결정권의 하부 이양 (ii) 성과에 대한 책임 부여 (iii) 업무수행에 필요한 수단의 제공 (iv) 근무환경 및 생활의 질 개선 (v) 노사협력체제의 형성 (vi) 리더십의 발휘
비용절감의 극대화	(i) 불필요한 조직기능의 제거 (ii) 정부수입의 증대 (iii) 생산성 증대를 위한 투자 (iv) 비용절감을 위한 프로그램의 재구축

자료: 삼성경제연구소(1996: 311).

목표를 가장 잘 달성한 정책수단을 합리적으로 선택해야 한다는 관점과, 다양한 이해관계와 선호를 가진 사람들에 의해 이뤄지는 정치적인 결정이 정책이므로 정책결정은 이해관계자들의 상호조정으로 이루어진다는 관점으로 구분되어 정책과정에 대한 연구가 이루어져 왔다(정정길, 1999: 208-209).[4]

4) 전자는 정책과정의 합리성(rationality)을 중심으로 한 의사결정론이라 하고, 후자는 정책결정이 정책과정에 참여하는 참여자들 간에 그들이 가진 정치적 자원을 바탕으로 한 상호작용에 의해 이루어진다고 보는 정책결정모형으로 통칭하여 권력모형이라고 하였다(정정길, 1999: 211).

정책연구 초기에 발전한 합리적·분석적 의사결정을 중심으로 한 이론들은 정책과정의 권력적·정치적 속성을 적절하게 설명하지는 못하여 행위자를 중심으로 하는 정책과정의 정치적 성격을 연구하는 모형이 필요하게 되었다. 그래서 엘리트론(Mills, 1956; Hunter, 1963), 다원주의이론(Dahl, 1961; Truman, 1971; Wilsno, 1982, Dye, 1984), 하위정부론(Ripley and Franklin, 1984), 조합주의론(Schmitter, 1974; Young, 1990), 정책네트워크론 등이 정책과정에서 공식적인 권력을 가진 정부와 그렇지 못한 민간부문 간의 관계를 설명해 주는 대표적인 이론으로 발전하였다.

특히 국가와 이익집단 간의 관계를 조명하여 다양한 이익집단들의 형성과 교환의 결과를 정책이라고 보는 다원주의론과 국가와 이익집단의 합의의 결과를 정책이라고 보는 조합주의론이 정치적 속성을 반영하여 정책과정을 설명하는 대표적인 이론으로 평가받아 왔으나 근본적으로 정부와 이익집단이라는 두 참여자 간의 이익매개 방식에 관해서만 논하였기 때문에 정책과정에 참여한 여러 행위자를 포괄적으로 설명하기에는 어느 정도의 한계가 있다. 여기에서는 두 이론의 특징과 한계를 비판적으로 검토하면서 정책네트워크 이론의 등장 배경과 유용성을 설명하기로 한다.

가. 다원주의

다원주의는 정치적 결정에 영향을 미치기 위해 국가의 정책결정과정에 접근하려는 이익집단들 사이의 경쟁(competition)을 핵심개념으로 한다. 정책과정에 참여하는 이익집단이 다수이고 자발적으로 만들어졌으며, 이익대표들은 이익집단 구성원의 이익을 충분히 대변하고 정책에 영향을 미치기 위해서 서로 경쟁한다. 어떤 이익집단도 특정이익을 독점적으로 대표할 수 없고 국가는 단지 희소자원 배분 등의 소극적인 역할 만을 한다. 비계서적이고 대표선출과 이익표출에 있어 국가의 통제를 받지 않으며, 국가로부터 어떠한 허가나 보조나 승인도 받지 않는다(Schmitter, 1974: 85-86). 다원주의 관점에서 정책은 정부의 정책판단의 결과라기보다 경쟁관계에 있는 다양한 집단의 이익과 가치가 균형을 이루어 만들어 낸 타협과 협상의 산물이다.

그러나 정책과정에서 국가가 특정한 이익집단에게 포획되기 쉽고, 특정 정책의 형성에서 관료제와 이익집단 간의 협상(bargaining)과 협력(cooperation) 뿐 아니라 강한 부문화(strong sectorization) 경향이 나타나 다른 이익집단들이 배제되기도 한다(Jordan & Schubert, 1992: 8). 또 사회 내의 권력배분은 생각하는 것만큼 평등하지 않고 이익집단들도 동일한 대표성을 확보하지는 못한다. 특히 사회적 약자들은 정책과정에서 어떠한 목소리도 낼 수 없고(Pross, 1992: 33) 권력은 지도층에게 더욱 집중되어 정책과정을 지배하는 자들에게 보다 많은 편익을 가져다 주는 방향으로 결정된다는 점을 간과하였다. 다원주의에서는 정치현실이 유동적이고 무정형적이며 끊임 없이 변화한다고 설명하지만 현실에서는 분명히 계층제가 존재하고 접근이 제한되며, 선택적이고 강제적인 집단구조가 나타난다(Kenis & Schneider, 1991: 28).

나. 조합주의

1970~1980년대 유럽에서 정책형성을 설명하는 데 유용했던 조합주의는 국가와 이익집단 간의 협력(cooperation)을 핵심개념으로 한다. 정책과정 참여자의 수가 제한되고 독점적·위계적 관계 속에서, 국가는 공동의 정치적인 이익(common political good)을 선호하므로 안정적 정치환경 속에서 지속적인 정책산출을 위해 협상(bargaining)이 이루어진다(Jordan & Schbert, 1992: 6).

정책과정에서는 제한된 수의 이익집단이 활동하고 이들 사이에 위계적인 관계가 형성된다. 이익집단은 위계적·기능적으로 분화된 소수의 집단으로 이들은 대표선출과 이익표출에서 국가의 통제를 받아들이는 대신에 국가로부터 특정 범주에서 독점적인 이익대표권을 보장받는다(Schumitter, 1974: 93-94). 즉, 독점적 지위를 갖는 몇몇 이익집단들은 일정 지위 내에서 정부의 통제를 수용하고 정부정책에 지지를 보낸 댓가로 이익대표권을 독점하여 정책수혜자로서의 지위를 보장받는 것이다(김병완, 1995: 28; 정정길, 1997: 234). 제한된 이익집단들은 국가와 매우 밀접하고, 국가는 적극적인 역할을 하여 정책결정에서 주도권을 행사한다. 조합주의의 관점에서 정책은 다수집단의 경쟁의 결과라기보다는 정부관료제의 독자적 정책판단의 결과이다. 그리고 조합주의는 거시수준의 국가이론이라서 특정영역의 정책이나 부문수준(sectoral level)의 정책분석에는 잘 맞지 않으며(Grant, 1992), 지나치게 권력관계만을 강조하여 갈등과 경쟁이 일어나는 현실을 설명하는 데에 역시 한계가 있다.

(2) 정책네트워크 이론의 발선

가. 미국의 정책네트워크 이론: 하위정부론과 이슈네트워크론

미국에서 정책네트워크 이론은 다원주의를 비판하면서 등장한 하위정부 이론의 등장과 함께 시작되었다(Smith, 1993: 57). 하위정부이론에서는 의회, 행정부 관료, 관련 이익집단들로 구성되는 하위정부(sub-government)가 정책결정과정에서 가장 효과적인 역할을 한다고 보았다(Ripley & Franklin, 1984). 이 이론에서는 정부와 밀접한 관계를 맺으면서 다른 이익 집단을 배제하여 정책결정에 참여하는 제한된 수의 특권집단의 역할이 강조되었다.

다원주의자들은 폐쇄적인 관계만을 보는 하위정부 모형으로는 정책과정에 영향을 미치는 다른 참여자들과의 네트워크를 놓치게 되기 때문에 하위정부 모형이 매우 불완전하다고 하고, 하위정부보다 규모가 훨씬 큰 이슈네트워크로 정책결정을 이해하는 것이 적절하다고 하였다(Heclo, 1978; 88). Helco는 하위정부를 구성하는 요소들로 정책과정에 적극 참여하는 현실을 설명하기 위해서는 개방된 모형이 필요하다고 하였다. 생생한 이슈네트워크가 형성되면 정책에 대한 비판을 수용하게 되고 새로운 정책을 만들어 내기 위한 아이디어를 생산해 낼 수 있다고 본 것이다(Helco, 1978).

나. 유럽의 정책네트워크 이론: 조합주의와 조직 간 이론

① 영국의 조직 간 이론

행위자들 간의 개인적인 관계를 다루는 미시수준의 분석을 주로 했던 미국의 연구(Helco & Wildavsky, 1974)는 Richardson & Jordan(1979), Wilks & Wright(1987) 등의 영국의 학자들에게 큰 영향을 미쳤다(Marsh, 1998a: 6). Richardson & Jordan(1979)은 Helco & Wildavsky(1974)의 영향을 받아 정책공동체야말로 자유민주주의 정책과정을 가장 잘 설명해 준다고 하였다. 정책결정이 분할되어 있고(segment), 정당이나 의회보다는 정부부처와 시민단체가 참여하는 영국의 정책과정을 설명하는 데 정책공동체 개념이 매우 효과적이라고 보았다(Ricardson & Jordan, 1979: 74). 정책과정이란 정부와 압력집단이 협상하는 하위 시스템(sub-system) 내에서 이루어지는 것으로, 정책결정은 특정한 이해관계와 다양한 정부가 매우 밀접한 관계를 가지는 정책네트워크 안에서 이루어진다고 하였다(Marsh, 1998a: 7).

Rhodes(1981)는 미국의 하위정부 모형보다 유럽의 조직간 관계를 중요시하는 차별화된 접근을 시도하였다. 영국은 정책과정에서 입법부의 역할이 그리 크지 않기 때문에 정부부문, 규제기관, 이익집단들 간의 관계를 연구하는 것이 옳다고 하였다(Rhodes & Marsh, 1992: 8). 그래서 제도·조직 간의 구조적인 관계를 중시하였고, 하위부문수준(sub-sectoral level)보다는 부문수준(sectoral level)에서 정책네트워크가 존재함을 강조하였다. Rhodes의 연구는 미국의 영향을 받은 Wilks & Wiright(1987)의 연구에 바탕을 두었지만 조직간 관계와 부문수준에서의 제도·기관들 간의 관계로 보는 중간수준(meso-level)으로 분석하여, 유럽만의 차별화된 모형 발전에 기여하였다. 이후, Marsh & Rhodes(1992), Marsh(1992, 1998a) Smith(1993) 등의 후속 연구가 이어졌다.

한편, 조직분야에서 환경적 특성과 조직의 행태를 연계시키는 노력이 조직간 이론으로 이어졌다. 각 조직은 목적달성과 필요한 자원을 얻기 위해 다른 조직과 상호작용하게 되는데 이 때의 상호의존성이 자원의존 모델로 발전하여 조직 간의 네트워크를 만들게 하여 정책네크워크 이론으로 이어졌다. 조직간 이론은 의존(dependency)과 교환(exchange)을 관계의 핵심으로 여겼고, 조직 간의 협정에 초점을 두었다(Levine & White, 1961). 조직간 의존성과 자원교환, 권력관계, 상호조정 전략 등에 대한 다양한 분석기법들이 정책네트워크 이론의 발전에 도움을 주었다.

② 독일과 네델란드의 정책네트워크 이론

독일과 네델란드 학자들은 기능적으로 분화되고 핵심자원을 통제할 수 있는 사적 조직이 정책의 형성과 집행에서 점점 더 중요한 역할을 한다고 이해하였다.[5] 이들의 정책네트워크이론을 제도적인 맥락에서의 거버넌스 혹

5) 유럽의 정택네트워크 연구는 독일의 Max plan과 institute를 중심으로 한 Mayntz,

은 새로운 행태의 거버넌스로 인식하여(Klijin, 1997: 33; Smith, 1993; Marsh & Rhdos, 1992), 정책과정에서 정부는 이제 더 이상 중심행위자가 아니라고 하였다.

독일 연구자들은 거버넌스로서의 정책네트워크를 계층(hierarchy) 및 시장(market)과 대비하여 설명하였다. 계층(hierarchy)은 공공부문과 민간부문이 매우 밀접하게 구조적으로 결합되고(structural coupling) 정부가 전반적인 조정·통제를 하는 체계를 말하고, 시장(market)은 자율성을 가진 다수의 공공부문과 민간부문이 정부의 통제 없이 교환적 상호작용을 하는 합의(negotiated consensus)와 조정(coordination)을 만들어냈다고 하였다(Marsh, 1998a: 8). 즉 이들은 제도론과 합리적 선택론이 혼합된 행위자 중심의 제도주의로 정책네트워크를 설명하고, 구조로서의 네트워크와 교환의 형태로서의 네트워크 간의 관계를 탐구하고자 하여 정책네트워크를 다원주의자와 조합주의까지 포함하는 이익집단 대표모형으로 이해하는 영국 학자들과는 차이가 있었다(Marsh, 1998: 10).

네델란드 연구자들은 정부는 더 이상 우월하지 않고, 관련 행위자들은 동등한 권력을 가졌기 때문에 정부가 모든 것을 해결하던 하향식(top-down) 의사결정체계로는 정책과정의 정치적·협상적 특성을 설명하기 힘들다고 판단하였다. 이들 역시 제도 구조를 중시했고 네트워크를 잘 관리하는 것이 중요하다고 하였다(Marsh, 1998a: 10).

유럽에서는 복지국가 형성과정에서 과대하게 성장한 정부부문의 축소가 요구됨에 따라 정부와 이익집단 간의 협력관계를 기초로 하는 새로운 해결방법을 모색하였는데(김정열, 2000: 27-28) 당시에 영국과 네델란드를 중심으로 유럽 전역에 확산된 정책네트워크 이론을 강력한 이익집단과 복지국가 전통이 어우러져 유럽현실을 가장 잘 반영하였다고 평가받았다.

③ 정책네트워크 이론의 유용성

요컨대, 정책네트워크 이론은 미국의 하위정부 모형이 정부관료, 의회, 이익집단 간의 상호작용을 부분적으로 설명할 뿐 정책과정을 명확히 설명하

Scharpf, Schneider등과 네델란드의 Kickert에 의해서 이루어졌다.

지 못하자 Helco(1981)는 조직간 이론에 바탕을 두고 사회문제 해결과정에 참여하는 정책행위자들 사이의 전략적 상호의존성을 중시하는 이론을 선보였으며, 독일과 네덜란드에서는 거버넌스의 한 형태로 국가와 개별 행위자들이 동등한 권력을 가지고 협력과 자원을 교환한다고 보는 이론으로 발전하여 왔다.

이처럼 정책네트워크는 정부간 수준에서 이해관계에 있는 특정 문제에 대해 상호작용을 하는 행위자들에게 초점을 맞춰 행위자들의 문제해결전략과 상호작용을 분석하는 새로운 시각을 제공한다. 정책네트워크는 정부와 민간부문의 권력관계를 분석하는 모형이지만 타 권력모형들과는 달리 행위자들이 관계 맺는 형태의 다양성을 인정하는 매우 신축적인 특징이 있다. 즉 조합주의 모형이 권력관계에 집중하여 융통성이 떨어지는 데 비하여 정책네트워크 분석은 국가와 이익집단의 다양하고 유연한 조정관계를 상당히 구체적으로 연구할 수 있게 해 주고(강민·김욱경, 2002: 57), 다원주의 모형이 행위자들 간의 관계를 유난히 독립적이고 교환적·거래적 관계로 설명하려는 단점을 보완해 준다. 이렇듯 정책네트워크는 행위자들간의 상호작용을 가장 잘 설명해 줄 뿐만 아니라 행위자들 사이의 상호작용을 파악하여 정책과정과 정책결과 간의 인과관계를 효과적으로 설명하는 매우 유용한 분석틀로 정책학에서 자리매김하고 있다(Bullkeley, 2000: 731; Borzel, 1998; Daugbjerg, 1998; Marsh & Rhodes, 1992).

또한, 공공정책이 역동적으로 작동하는 전략과 제도화된 맥락에 특히 관심을 기울인다는 점에서 정책네트워크 접근방법이 거버넌스에 대한 새로운 시각이라고도 하고(Klijn 1997: 6, 29), 문제를 둘러싼 상호 의존적인 행위자들 사이에서 만들어지는 사회적 관계의 패턴으로 하나의 통치관리 구조로서 시장과 관료제의 혼합물이 아닌 새로운 대안적인 조정 메커니즘으로 그 유용성을 평가받기도 한다(김순양, 2003: 180).

Ⅱ. 지방정부의 정책혁신

1. 혁신과 정책혁신

1) 혁신의 필요성

1980년대 중반 이후 세계화의 진전과 더불어 국경 없는 무한 경쟁이 가속화되면서 혁신의 불가피성과 중요성은 더욱 심화되었고, 혁신에 대한 관심도 그만큼 고조되어 가고 있다. [그림 3-2]에서 보는 바와 같이 21세기는 아날로그 시대에서 디지털 시대로, 산업화사회에서 지식기반 정보사회로, 수직적 권위주의 사회에서 수평적 네트워크 사회로 그 패러다임이 변화하고 있다. 이러한 패러다임의 변화와 더불어 행정환경도 급변하고 있다. 국민들이 정부에 바라는 내용이 매우 복잡하고 그 기대가 높아지고 있을 뿐만 아니라 정부 혼자서 독단적으로 국정을 운영하던 상황에서 민간 및 시민사회와 함께 사회적 이슈를 논의하는 상황으로 변화하고 있다. 이러한 거버넌스의 변화에 따라 이제 정부의 독점적 지위도 많이 사라지고 국민에게 제공하는 서비스도 경쟁의 시대로 접어들고 있다.

[그림 3-2] 21세기 패러다임의 변화와 행정환경의 변화

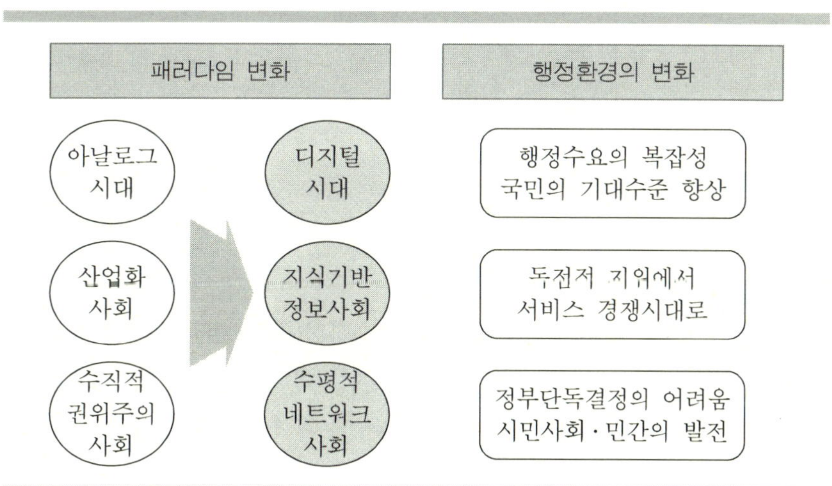

그러나 현재의 정부 변화속도로는 신뢰 격차(trust deficit)가 계속 확대되어 국민의 불만이 지속될 수밖에 없다. [그림 3-3]에서 보는 바와 같이 환경의 변화는 급속도로 이어지는데 정부의 변화는 환경의 변화에 대응하는 속도가 상대적으로 느려 그 격차가 커지고 있다. 이러한 정부의 변화와 환경의 변화 간의 차이는 국민의 정부에 대한 신뢰수준의 저하로 이어진다. 정부의 변화와 환경의 변화 간의 간극을 없애고 국민의 정부에 대한 신뢰를 제고하기 위해서는 지속적인 혁신을 통해 정부의 경쟁력, 즉 행정수요 대응능력을 높여야 정부신뢰를 회복할 수 있을 것이다([그림 3-3] 참조).

[그림 3-3] 신뢰 격차

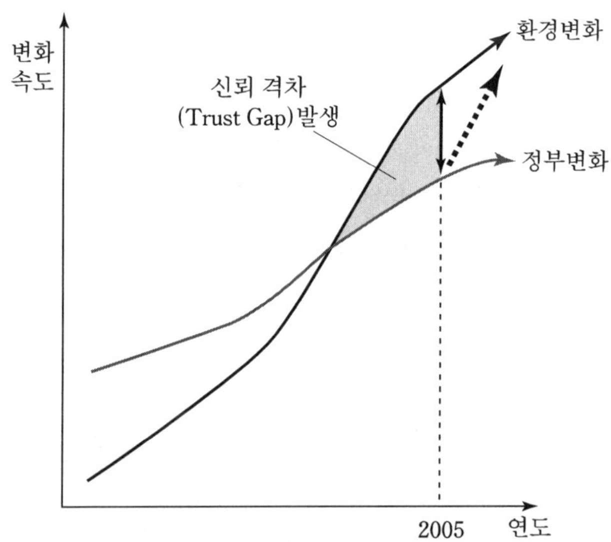

2) 혁 신

혁신의 개념에 대해 Mohr(1969)는 혁신(innovation)을 발명(invention)과 구별한다. 즉 혁신이란 새롭게 할 무언가를 사용하게 하는 것을 의미한다고 지적하면서, 현 상황을 새롭게 하는 수단의 성공적 도입까지 포함하는 개념으로 혁신을 정의하였고, 창의성을 배제하고 조직 내부의 발명이든 외부의 발명이든 상관 없이 비전통적인 새로운 것을 채택하려는 관념까지 포함하고 있다.

발명과 구별되는 혁신 개념에 대하여 이종열(2003)은 혁신이란 인간의 창조적 활동을 포괄적으로 지칭하는 용어로 사용되며, 기존의 사회·행정체제에 새롭다고 인식되는 아이디어, 새로운 제품, 생산과정, 관리제도, 방식, 기타 인공물이 성공적으로 도입되는 경우로서 발명과 모방 모두를 포함하는 보다 포괄적이고 복합적인 개념으로 보고 있다.

Van De Ven & Roger(1986)의 경우 혁신 자체의 개발과 실행에 초점을 맞추어 "제도적 질서 아래서 다른 사람과 관계를 맺고 있는 어떤 사람들이 새로운 아이디어를 개발하고 실행하는 것"으로 보았으며, Lundvall(1992)은 혁신을 새로운 제품, 생산과정, 조직적 체계의 발견, 개발, 모방 등을 기존의 조직체계나 관리업무에 적용할 뿐만 아니라 유용한 지식의 창출, 이용, 확산과정에서 이루어지는 체계 내적인 요소 간의 복합적 상호작용의 산물로 보았다.

한편 Rogers(1995)는 혁신 개념 중 혁신의 확산(the diffusion of innovation)에 초점을 맞추어 "시간의 흐름과 더불어 특정 매체를 통하여 사회시스템 구성원 사이에 의사소통이 되는 과정"으로 정의하였으며, 혁신이 지니고 있는 고유의 속성, 혁신확산의 과정, 조직혁신의 결정요인 및 혁신의 결과 등에 관한 포괄적인 아이디어를 제공하고 있다. 특히, 혁신의 확산에 관한 연구는 농업사회학, 교육학, 의사소통, 공중보건 및 의료사회학, 그리고 경제학 및 경영학에 이르기까지 다양한 분야에서 논의되고 있다.

이와 같이 혁신은 학자들에 따라 다양하게 정의되고 있으나 대체로 '새로운 변화'의 추구행위라고 요약할 수 있다.

정책혁신(policy innovation)이란 "정부가 이제까지 공공정책의 대상으로 관심을 두지 않던 부문에 새로운 정책대안을 제시하고, 의도적으로 개입하는 경우"(김광주 외, 2006: 82)를 의미한다.

중앙정부와 지방정부를 막론하고 공공부문에서의 혁신이란 과거에 없었던 새로운 방식으로 정부의 과제를 해결하는 것을 의미하며(Osborne &

Gaebler, 1992), 이에는 민간부문에서 활용되는 도구나 서비스 공급방법을 공공부문에 활용하는 것을 포함한다(Clark, 1994). 구체적으로 정부혁신에 대한 이제까지의 논의는 어떻게 정부조직을 효과적이고, 효율적으로 업무를 수행할 수 있는 주체로 창출해 낼 것인가라는 명제에 대해 논리적이고 체계적인 해답을 구하고자 하는 것이었다. 그 구체적인 방법이나 전략에 관하여 다양한 연구들이 시대적 상황과 요구를 반영하여 전개되어 왔다. 즉, 고전적 정부혁신에 대한 대부분의 연구가 정부조직의 구조나 기능의 개편에 초점을 두고 이루어진 반면, 근래에는 민간부문에서 효과가 입증된 조직의 생산성 제고를 위한 다양한 혁신전략과 기법을 공공부문에 도입하는 차원에서의 혁신 전략이나 방법에 대한 연구가 축적되어 온 것이다.

최근 들어 정부혁신에 관한 새로운 연구의 흐름은 전 세계적으로 보편화된 지방화 시대의 도래와 맥을 같이 하여 지방정부의 혁신에 대한 논의가 활발해지고 있다. 특히 정부 전반의 혁신전략과 관련하여 Osborne & Gaebler (1992)의 연구는 중앙정부 뿐만 아니라 지방정부에서의 정부혁신에 대한 관심을 촉발하는 하나의 중요한 계기가 되었다. 물론 이들의 주장은 우파적 내지는 시장주의적 관점에 경도된 혁신전략으로 점철된 것으로서 그대로 수용하는 데는 일정한 한계를 안고 있는 것이지만, 그럼에도 불구하고 최소한 지방정부가 중앙정부의 획일적인 통제에서 벗어나 창의적인 역할 및 기능혁신이 필요함을 역설하였다는 점에서 그 의미가 적지 않은 것으로 평가된다(김판석·권경득, 1999; 김진현, 1999). 구체적으로 이들은 '작지만 일 잘하는 정부'의 실현을 위하여 각 지방정부들이 공통적으로 추구해야 할 기본방향으로서 지역사회 주도의 정부, 경쟁적 정부, 업무지향적 정부, 성과지향적 정부, 고객지향적 정부, 기업가적 정부, 분권적 정부, 시장지향적 정부를 제시하였다. 이러한 제언은 특히 우리나라와 같이 중앙종속적 행정행태를 가진 지방정부의 혁신을 위하여 경청할 바가 결코 적지 않다 하겠다.

위에서 언급한 Osborne & Gaebler(1992)를 포함하여 대부분의 정부혁신에 대한 연구들이 혁신의 필요성과 방향을 거시적·기술적(descriptive)으로 제시하는 기조를 띠는 데 비하여, Ruhil, Schneider, Teske & Ji(1999)는 지방정부의 혁신을 효율성과 효과성의 제고, 주민참여 확대, 책임행정 구현, 대응적인 행정업무수행 등으로 개념화하는 한편, 지방정부 혁신의 주체를 자치단체장, 지방공무원, 주민으로 분류한 후, 지방행정 혁신주체들이 '행정서비스의 질적·양적 향상, 지방공무원의 업무수행에 대한 동기부여 정도, 행정서비스 전달체계에 경쟁개념의 도입' 등에 어떤 영향을 미치는지를 구체적으로 조사·분석하였다. 이들의 연구결과에는 지방자치단체장의 리더십이 지방정부 혁신에 가장 큰 영향을 미치는 것으로 나타났으나, 정부혁신을 위한 자치단체장의 리더십의 발휘에 장애가 되는 요인으로 재정적인 요인, 정치적인 요인, 지역주민들의 혁신에 대한 인식 등이 있었다고 지적하였다.

국내에서도 지방정부의 혁신에 관한 연구가 비교적 활발히 전개되었다. 예컨대, 박경원(1999)은 우리나라 지방행정 관리 혁신을 위한 노력을 시장기능의 강화를 위한 서비스의 질 향상(민간화), 정부 내의 관리혁신을 통한 개선(신관리주의), 그리고 서비스의 공공성을 강조한 주민참여 촉진(민주성 강화)의 세 가지로 구분하여 설명하고 있다. 이 외에도 지방정부의 혁신과 관련하여 지역주민이 행정에 단순히 수동적으로 순응하기보다는 민주적인 행정을 통해 자신들의 삶의 질을 향상시키도록 정부에 적극적으로 요구해야 한다는 주장(박통희, 1996; Schachter, 1997; 김번웅, 1999), 시장 및 경쟁개념의 도입(박세정, 1998), 전문성을 지향하는 인사관리, 행정체계의 계층구조 개선(송하중, 1999) 등 지방정부의 혁신을 위한 다양한 방법과 전략의 모색이 필요하다는 주장 등이 유사하게 제시되고 있다.

2. 정책혁신의 유형

1) 정책혁신 대상에 따른 분류

혁신의 유형에 대하여 Daft(1978), Damanpour(1991), Kimberly & Evanisko(1981), King & Anderson(1995) 등은 혁신의 대상을 중심으로 관리혁신과 기술혁신 두 가지로 분류한다. 관리혁신은 주로 구조나 인적 부문에서 발생하는 혁신으로 조직구조와 관련된 통제 및 권위체계, 사회적 관계, 의사소통, 규율, 역할, 절차, 구조와 관련된 혁신 또는 조직 구성원의 변경이나 능력향상과 관련된 혁신을 의미한다. 한편 기술혁신은 기존의 기술체계를 활용하거나 응용하는 것으로 대개 정보, 전산과 관련되나 단순히 뉴테크놀러지의 채택 및 활용의 결과로서 이루어진 혁신만을 의미하지는 않는다. 정부 내의 기술체계 내에서 발생해서 직접적으로 정부의 기본적인 작업 활동에 영향을 미치는 것으로서 서비스에 내재해 있는 새로운 아이디어의 채택 또는 서비스 운용상에 있어서 새로운 요소의 도입 등과 같은 형태로 나타날 수 있다. 기술혁신은 기존의 기술체계를 활용하거나 응용하는 것으로 정보화 또는 전산화와 관련되는 것으로 전자결제제도, 전자사서함, 도시정보시스템 구축, 대민업무전산화, 지적전산화, 과세전산화 등을 들 수 있다.

관리혁신과 기술혁신의 구분에 이성진(2001)은 서비스 혁신을 더하고 있다. 서비스 혁신이란 정부가 제공하는 대민서비스 및 생산물의 질 향상을 위한 혁신을 의미한다. 그 외에도 고영선, 이계식(1997)은 기술혁신, 관리혁신, 행정혁신 등 다각적인 차원에서 접근하고 있다.

2) 정책혁신의 지향성에 따른 분류

Lowndes(1999)는 혁신이 무엇을 지향하고 있는가에 따라 능률지향형 혁신, 시장지향형 혁신, 공동체지향형 혁신으로 분류한다. 능률지향형 혁신은 조직 관리의 개선을 통해 성과를 제고하는 것을 목적으로 하며, 시장지향형 혁신은 계약과 외부화 등 시장 기제의 활용을 확대하고자 하는 혁신이다. 공동체지향형 혁신은 주민참여와 시민헌장 등을 통해 시민주권의 극대화 및 형평화를 추구하는 혁신을 의미한다.

3) 행정가치에 따른 분류

Naschold(1996)와 이종수(2004)는 주요 행정 가치에 따라 혁신의 유형을 분류하였다. 즉 민주성 증진, 효율성 제고, 유연성 확대, 형평성 증대 등을 혁신으로 구분하였다.

4) 정책혁신의 추진 속도에 따른 분류

혁신을 추진하는 속도에 따라 급진적 혁신과 점진적 혁신으로 분류하기도 한다(Damanpour, 1991; Dewar & Dutton, 1986; Ettlie, Bridges and O'Keefe, 1984; Nord & Tucker, 1987). 점진적 혁신은 기존 조직에 약간의 변화를 도입해서 기존 조직 디자인의 잠재성을 이용하거나 우위를 강조한다. 반면 급진적 혁신은 과학적 원칙에 근거하여 적용 가능성을 확대시키는 것을 의미한다(Dewar & Dutton, 1986: 1422).

급진적 혁신과 점진적 혁신을 구분하는 이유는 어떤 유형의 혁신을 택하는가에 따라 해당 조직의 효과성에 차별적 기여를 하기 때문이다. 점진적 혁신은 급진적으로 새로운 혁신을 일으킬 수는 없지만 시간의 흐름에 따라 상당한 기술과 정밀한 축적을 통해 의미 있는 성과를 가져올 수 있으며, 기존의 조직 능력을 강화시키는 데 유용하다는 것이다. 반면 급진적 혁신은 새로운 문제의 파악이나 뉴테크놀러지의 활용 및 신속성이나 새로운 문제해결 방법을 요하는 경우 등에 유용하다는 것이다. 가령 1960년대와 1970년대 제조업 분야에서 일본기업의 성공은 부분적으로 점진적 혁신의 도입과 관련된 것이며, 미국 기업의 성공은 급진적 혁신의 도입과 관련이 있다는 지적도 있다(Hull et al., 1985).

5) 공·사 구분에 따른 분류

민간부문의 혁신과 공공부문의 혁신 분류는 Clark(1994)가 지적하고 있는 바와 같이 혁신이란 공공문제의 해결을 위해 민간부문에서 활용되는 도구들이나 서비스 공급방법을 활용하는 것이라고 정의한 데서 도출해볼 수 있다. 공공부문 혁신과 구별되는 민간부문의 혁신은 공공부문의 혁신 아이디어의 주요 원천으로 작용할 수 있기 때문에 혁신유형 구분의 의의를 지닌다.

(1) 민간부문의 혁신

혁신이란 창의적 내지는 기업가 정신에 기초한 기술혁신(technological

innovation) 또는 기업혁신(corporate innovation) 등에 대한 논의를 중심으로 주로 민간부문에 적용되어 오던 용어이다(김헌민, 2001; 이연우, 2003; 이종수, 2004). 보다 구체적으로 언급하면, Lundvall(1992)이 지적한 바와 같이 혁신은 기업조직에서 새로운 제품, 생산과정, 조직적 체계의 발견·개발·모방 등을 기존의 조직체계나 관리업무에 적용하는 것을 포함하여 유용한 지식의 창출·이용·확산과정에서 이루어지는 체계 내적인 요소간의 복합적 상호작용의 산물로서 이해되어 왔다(서울대학교, 2004). 이렇듯 민간기업이 시장에 대한 경쟁력을 갖추기 위해 추진하는 주요과제를 민간부문의 혁신으로 인식하였다.

Schumpeter(1942)가 혁신의 중요성을 일반화시키면서 기업성장과 사회발전의 차원에서 혁신의 중요성을 강조한 이래, 그는 자본주의의 본질을 기술 혁신과 기업인의 혁신에 의한 역동적인 발전과정이라고 보았다. 그리고 기업혁신을 창조적 파괴(創造的 破壞)의 연속과정이라고 주장하였다. 낡은 것을 지속적으로 파괴하고 새로운 것을 창조하면서, 끊임없이 새롭게 태어나야 한다는 의미이다. 그래서 이러한 창조적 파괴의 연속과정이야말로 자본주의의 본질을 개혁하는 핵심이고 그 주체가 기업가라는 것이다. 따라서 Schumpeter의 혁신이론의 핵심은 경제발전 과정에서 강력한 추진력이 되고 원동력이 되는 것은 한 인간에게 내재되어 있는 창의력과 모험심이라는 것이다. 이와 같은 혁신은 학자들의 주요 관심사가 되어 왔다. 그는 혁신이 경제발전의 원동력임을 주장하였는데, Drucker(1985: 19)의 경우 혁신을 매우 포괄적인 의미로 “기업가 특유의 도구로서 기업가가 환경변화를 사업이나 서비스의 변화로 이용하기 위한 수단”이라고 정의하고 있다. 그는 혁신이 일반적으로 기대하지 않았던 성공, 실패 또는 대외적 사건, 현실과 당위성 사이의 괴리, 산업구조나 시장구조의 변화, 인구통계학적 변화, 그리고 새로운 과학적·비과학적 지식으로부터 비롯되며, 주도면밀한 사전계획 없이 우연히 혹은 환경변화에 수반하여 일어난다고 주장하고 있다. 또한 혁신은 “개인이나 집단에 의해 미시적 수준에서 수행되는 일련의 과정으로 구성되어 있으며, 이 미시적 과정은 일단의 거시구조적 조건에 의해 자극, 진작 및 제고"된다고 보았다.

(2) 공공부문의 정책혁신

혁신에 대한 관심이 민간부분에만 한정하여 이루어진 것은 아니다. 공공부문의 비능률성과 부패 등 각종 정부실패에 대한 문제가 주목을 받게 되면서 많은 나라들의 정부는 이러한 문제를 극복하고 정부를 재창조하기 위해 다각적인 변화를 시도하면서 혁신이란 단어를 보편적으로 사용하고 있다. 정부가 성공적으로 혁신을 이루기 위해서는 공공부문의 특유한 상황에서 발생하는 여러 가지 딜레마를 극복해야 한다. 혁신의 동기가 무엇이며, 혁신에 대하여 누가 책임을 질 것이며, 얼마만큼의 사전분석 및 계획을 해야 하며, 어떤 조직구조가 요구되고, 혁신의 적용 또는 성공가능성을 어떻게 판단할 것인가 등에 대한 난제를 해결해야 한다(Behn, 1997). 이러한 공공부문의 혁신에 대한 어려움을 극복하고 성공적인 정부혁신 방안을 모색하기 위하여 국내·외 학계 및 실무에서 다양한 혁신방법에 대한 연구가 진행되어 왔다.

특히, 1980년대 이후부터 각종 정부실패를 극복하기 위하여 정부혁신에 대한 실무적·이론적 관심이 증대되어 왔다(이성진, 2001). 다만, 민간기업에서의 혁신이 다분히 기술적·관리적 성격을 지니는 것에 비하여, 공공부문에서의 혁신은 서비스의 효율성 및 고객만족의 향상, 그리고 정부의 능률성을 제고하기 위한 관리·행위방식의 새로운 변화를 추구한다는 점이 차이를 보인다.

공공부문의 혁신에 초점을 두고 볼 때 혁신은 "행위에 있어서 참신성"(Altshuler & Zegans, 1990), "개인 또는 체제에 의해서 새롭다고 인식되는 아이디어"(Rogers, 1992), "조직의 운영, 행정 또는 기본임무에 있어서 비교적 의미 있는 변화"(Moore, Sparrow & Spelman, 1997), "조직의 핵심업무에 있어 독창적이고 파격적이며 근본적인 변형"(Lynn, 1997) 등으로 정의되고 있으며, 특히, Moore, Sparrow & Spelman(1997)과 Lynn(1997)은 혁신을 비교적 또는 상당히 큰 변화를 의미한다고 생각하나, 정부기관의 관료들에게 혁신이란 성과를 향상시킬 수 있는 방법에 대한 일상적인 모색의 일환으로 보고 있다. 따라서 관료들에게 혁신이란 어디까지나 수단에 해당되는 것이며, 정책의 목표나 방향에 대해서는 관료들이 추구하는 혁신의 대상이 아니라고 본다(Zegans, 1997). 따라서 혁신은 참신하고 새로운 아이디어나 행위로 조직에 변화나 변형을 가져오는 것이라고 할 수 있다.

한편, 공공부문에서의 혁신은 유사용어인 개혁(reform)과 비교된다. 예컨대, 김헌민(2001)은 근본적인 체제변화를 의미하는 '개혁'에 비하여 '혁신'은 서비스 또는 프로그램 위주의 변화와 관련되며, 정부조직에 전반적인 구조변화나 입법의 뒷받침 없이 공공부문에 개선을 가져오는 방안을 의미한다고 하였다. 조석준(1997)은 개혁은 행정관리나 과학적 관리계통에서 제도의 변화를 대상으로 할 때 사용되며, 혁신은 주로 행태의 변화를 대상으로 한다고 주장하였다. 이런 점에서 볼 때 혁신은 개혁보다는 발생 범위가 넓고, 권위의 수준에 있어서는 하위개념이라는 이종수(2004)의 주장은 타당하다. 즉, 혁신과 개혁은 정부를 보다 나은 방향으로 변화시킨다는 목적에 있어서는 공통적이나 그 대상, 범위, 방법 및 과정에 있어서는 상대적 차이가 있다 할 것이다.

6) 중앙-지방 혁신 주체에 따른 분류

(1) 중앙주도적 정책혁신(중앙주체의 혁신)

중앙 주도적 혁신은 중앙정부의 지침에 의해 추진되는 것을 의미한다(이동기, 1998). 중앙이 지침을 만들어 의도적으로 지방정부의 정책혁신을 의무적으로 발생시키려는 의도나, 지방정부를 통제하고자 하는 목적으로 법률을 제정하여 지방정부에 조례 근거를 제공함으로써 이루어지는 정책혁신을 의미한다(김혜정, 2006).

이에 대하여 Berry(1990)는 정부혁신이란 정부정책 및 행정 관련 문제를 인지하고 정보 또는 지식을 발굴, 생산하여 새로운 행정 프로그램이나 정책을 채택하는 것에 관한 것이라고 지적한다. Osborne & Plastrik(1998)은 정부혁신을 공공조직의 효과성, 능률성, 적응성, 개혁성을 극적으로 증대시키기 위해 공공체제나 정부조직을 근본적으로 변형하는 것을 의미한다고 보았다.

(2) 지방주도적 정책혁신(지방주체의 혁신)

지방주도적 혁신은 지방정부가 자체적 아이디어나 새로운 요구를 통해 창조해 내거나, 다른 지방정부의 정책혁신을 학습, 모방하는 혁신을 의미한다. 지방정부 단위에서 만들어진 혁신이거나, 다른 지방정부의 자체적 혁신을 학습하는 것으로 아이디어의 원천이 지방에서 자생적으로 도출된 것을 지칭한다(김혜정, 2006). 중앙정부의 의도와는 상관 없이 지방에서 자발적으로 만들어진 혁신으로 그 주체는 자치단체장, 지방행정관료, 주민 등이며, 사회기반시설은 지방정부 혁신에 추가적인 영향을 미칠 수 있다.

3. 정책혁신 유형에 따른 분석틀

위에서 논의한 혁신 유형론들을 기반으로 본 연구에서는 행정가치 및 혁신 지향성, 그리고 혁신 주체를 중심으로 혁신 논의를 재구조화한다. 즉, 내부·외부지향형 및 행정가치(민주성, 형평성, 효율성)에 따라 혁신을 분류하고자 한다.

행정가치별 혁신 유형에서 민주성 증진형 혁신은 주민의 참여를 확대하고, 권리의 증진을 위한 제도와 정책, 서비스를 확대하는 과정과 결과를 총칭한다. 효율성 제고형 혁신은 경제적 편익과 비용절감, 행정관리의 개선을 위한 일체의 새로운 활동을 의미한다. 형평성 제고형 혁신은 지역 간, 계층 간, 사회적 행동단위 사이에 존재하는 경제사회적 격차를 감소시키기 위한 공공부문의 활동을 포괄한다.

한편 혁신지향성별 유형에서 내부지향형 혁신은 혁신을 추진하는 조직의 내부 측면의 변화를 주요 목적으로 하고, 외부지향형 혁신은 새로운 제도나 기법의 도입을 통해 조직 활동의 수혜자인 조직 외부에 보다 나은 서비스나 재화를 제공하기 위한 혁신을 의미한다. 공공부문의 모든 혁신은 궁극적으로는 수혜자인 주민이나 국민 등 외부를 지향하는 것이지만, 일차적인 목표에서 내부의 관리적 측면을 변화시켜 보다 나은 방향으로 나아가기 위한 것으로 분류의 편의를 위해 일단 내부지향형 혁신으로 간주한다.

혁신을 분류하는 방법은 위와 같이 다양하다. 이 연구에서는 지방정부의 혁신을 혁신이 추구하는 가치와 그 지향성에 따라 [표 3-6]과 같이 분류하고자 한다. 지방정부의 혁신이 추구하는 가치를 민주성, 효율성, 형평성으로 구분하고, 그 혁신이 지방정부 내부의 변화를 꾀하는 것인지, 지방정부 외적 변화를 추구하는 것인지에 따라 내부지향형과 외부지향형으로 나누어 이를 매트릭스화하여 표현하면 [표 3-6]과 같다.

[표 3-6] 유형별 지방정부 혁신 분류

구 분	민주성 추구형	효율성 추구형	형평성 추구형
내부 지향형	· 공무원 직장협의회	· 고객중시 서비스 전달체계 개선 · 고질반복 민원처리 모델 개발 · 책임운영기관제 · 팀제 · BSC · 직무성과계약제 · 목표관리제 · 탄력근무제 · 성과급제 · 자치단체간 업무위탁 · 민영화/민간위탁 · 정책품질관리시스템 · BPR을 통한 핵심업무 개선 · 재정운용의 효율성 제고 · 업무중심 지식관리 시스템	· 남녀평등 인사관리 제도 · 다면평가제

		· 주요사안 기록관리 업무개선 · 개방형 직위제도 · 민원제도 개선 · 조직개편	
외부 지향형	· 정책단계별 정책홍보(PCRM) · 주민참여를 통한 행정서비스 개선 · 조례제정개폐청구권 · 정보공개제도 · 주민감사청구제도 · 주민투표제도 · 주민소환제도 · 주민소송제도 · 주민자치위원회 · 옴부즈만 제도 · 온라인 정보공개방 · 주민평가제 · 정책단계별 갈등관리시스템	· 행정모니터 제도 · 지역 담당제 · 행정서비스 현장제	· 지역 내 균형발전 · 여성, 장애인, 외국인 참여 · 자원봉사 등 공익활동 지원

지방화 시대에 지방정부의 비중이 증가함에 따라 지방정부의 혁신 또는 정책혁신의 중요성이 점고(漸高)하고 있다. 지방정부 혁신의 주요한 혁신정책 사례들을 살펴보면 다음과 같다.

1) 공공서비스의 민간위탁

세계화·개방화에 따른 정부의 생산성과 행정서비스의 수요 증대로 인하여 질적 수준을 향상시킬 필요가 있다. 이에 따라 행정의 기능을 직접 정부가 수행해서 서비스하기보다는 민간위탁을 하여 질적 수준을 향상시키고 있다. 민간위탁에는 고도의 전문적인 업무수행 부족에 대한 민간위탁도 있을 수 있지만 단순행정에 대한 민간위탁도 포함된다.

우리나라에서 행정사무 민간위탁에 관한 실정법적 근거를 제시하고 있는 「행정권한의위임및위탁에관한규정」에서는 "행정사무의 범위와 관련하여 조사, 검사, 검정, 관리업무 등 국민의 권리·의무와 직접 관계되지 아니하는 사무를 민간위탁할 수 있다"고 함으로써 민간위탁의 근거를 마련하고 있다.

2) 평가 제도를 통한 성과 지향적 조직개발

평가를 실시함으로써 조직구성원에게 목표달성에 대한 책임의식 및 동기부여를 보다 강화할 수 있다. 또한 평가결과를 분석함으로써 정책진행 과정에서의 문제점을 진단하고 잘못된 부분에 대한 수정을 하여 보다 나은 정책을 추진할 수 있는 장점이 있다. 지금까지의 평가는 재정적인 측면 즉, 예산지출에 대한 통제위주로 이루어져 왔으나 이제는 성과 지향적인 평가가 이루어져야 한다.

이와 함께 행정환경의 변화에 따른 치열한 경쟁상황에서 조직이 능력을 발휘하기 위해서는 조직원의 팀웍이 잘 이루어져야 한다. 팀 내 한 개인의 특별한 능력보다는 팀원 전체의 조직력을 바탕으로 하여 더 큰 힘을 발휘할 수 있도록 하는 것이 팀제이다. 원래 민간부문에서 활용되는 것이 이제는 공공부문에서도 중요하게 인식되고 있으며, 중앙정부(행정안전부) 차원에서 팀제를 실시하고 있다. 그러나 아직도 무늬만 팀제를 하고 있으며 실제적인 팀제를 이루고 있다고 보기에는 어렵다. 또한 행정은 민간부문에서 수행하지 않는 서비스를 수행하는 기능이 있으므로 이에 대한 적용을 하는 데 있어서 신중을 기해야 할 것이다.

BSC(Balanced Scorecard)는 민간기업에서 경영의 가장 중요한 관리시스템으로 부각되고 있는바, 이제는 공공분야에서도 적용이 되고 있으며 그 파급효과도 커지고 있다.

BSC라는 개념을 처음으로 제안한 Robert S. Kaplan과 David P. Norton은 200개 기업들을 대상으로 전략이 무엇이며, 이를 달성하기 위하여 관리가 필요한 지표를 최고경영자와의 인터뷰 등을 통해 파악하고, 이를 종합적으로 네 개의 범주로 정리하여 제시하였다. 좀 더 구체적으로 살펴보면 BSC는 재무, 내부 프로세스, 고객, 학습과 성장이라는 4가지 시각에서 기업의 과거, 현재, 그리고 미래성과를 살펴보고 전사적 성과개선을 도모하기 위한 전략적 도구로서 종합적이고 균형적으로 기업의 성과를 측정하는 평가시스템 및 경영관리 도구라 할 수 있다.

기존의 성과관리와 차이가 나는 것은 먼저, BSC는 전략과 평가지표 간의 연계를 중시한다는 점이며, 다음으로 BSC는 경쟁우위의 본질적 변화를 반영하여 현재 기업 간 경쟁우위 확보 원천은 유형자산에서 무형자산으로 변화하고 있다는 점이다.

이러한 BSC의 성공적 구축을 위한 조건으로는 첫째, 조직 구성원 간의 공감대 형성이 필요하다. 둘째, 지표 간 균형 및 인과관계를 도출해야 한다. 이는 단지 네 가지 시각의 지표 도출만으로는 불충분하므로 각 지표 간의 상호 인과관계를 도출할 수 있어야 한다는 것이다. 셋째, 기존의 관리시스템과 통합이 이루어져야 한다. 즉, 예산, 보고 및 인센티브 시스템과 BSC가 서로 적절하게 연계되어져야 한다. 넷째, 측정의 타당성 및 적시성의 확보인데, 이를 위하여는 정보시스템의 구축이 필수적이다. 다섯째, 지속적인 관리 및 피드백이 이루어져야 한다. 처음부터 완벽한 시스템을 도입하는 것은 불가능하므로 지속적인 관리와 분석을 통하여 문제점을 분석하고, 이를 통해 시스템을 개선시켜 나가야 한다.

3) 기업가적 예산·회계제도의 도입

지방정부의 혁신을 이루기 위하여는 무엇보다도 스스로 정책을 수행해 나가기 위한 지방재정자립도 및 재정력을 높여야 한다. 이를 위해 중앙정부로부터의 재정지원에 대한 제약을 줄여야 하며 지방정부 스스로 예산·회계제도의 혁신을 이루고 자체 재정수입을 확대해야 한다. 재정제도 운용에 있어서도 경쟁원리, 민간경영기법 등을 활용하여 지방정부 행정의 효율성과 생산성을 높여나가야 한다. 이를 위하여 성과주의예산제도 등과 같은 예산회계제도를 도입함으로써 지방정부의 성과 향상과 행정서비스의 질적 향상에 기여할 수 있다.

성과주의예산제도는 정부의 산출물(output) 또는 성과(performance)를 중심으로 예산을 운영하는 제도로서 예산집행결과 형성된 산출물을 의미하며, 중요한 점은 어떠한 성과를 냈는가를 측정하는 것이다.

또한 예산회계의 효율성을 높이고 평가기능을 강화하고 한편으로는 부정을 방지할 수 있는 복식부기제도, 비용·편익분석 시스템의 개발 및 적극적인 도입이 필요하다. 이와 아울러 참여의 중요성이 부각되면서 예산편성때부터 주민이 참여하는 참여예산(participatory budget)제도의 도입을 통해 지방정부의 재정현황을 해당 지역주민들과 공유할 수 있다.

4) 비영리 민간단체와 협력을 통한 정책혁신

지방정부 공동생산의 파트너로서 최근 비영리 민간단체(Non-Government Organization)가 새롭게 주목을 받고 있다. 비영리 민간단체는 시민 개개인의 역량이 발휘되기 어려울 때 조직을 구성·운영하면서 공공부문에 대해 시민들의 의견을 제시하거나 정부의 행정수행을 대리하기도 한다.

또한 민주주의와 경제발전을 이룩한 선진 국가들을 연구한 Putnam과 Fukuyama 등 서구 석학들은 민주주의와 경제발전의 핵심적 요인으로 소위 사회적 자본(social capital)을 지적하고 있다. 사회적 자본은 상호간의 이익증진을 위한 조정(coordination)과 협조(cooperation)를 용이하게 하는 네트워크, 규범, 그리고 사회적 신뢰 등 사회조직의 특질로 정의되며, 시민참여의 네트워크(network of civic engagement)와 호혜성의 규범(norm of reciprocity)으로부터 생성된다. 즉, 사회적 자본은 구성원들의 면대면 접촉을 통해 생성되기 때문에 사회적 자본이 많은 사회 또는 공동체일수록 공동의 문제해결을 위한 조정과 협조가 용이하다는 것이다.

한편 거버넌스는 국가 및 사회를 형성하고 있는 행위자 간의 상호작용 과정으로서 다양한 형태의 파트너십과 관련되고, 행위자들의 자율성에 의한 상호협동을 의미하는 것으로 사회적 자본이 형성되어 있는 지역사회에서는 좋은 거버넌스를 형성하는 데 긍정적으로 기여한다는 것이 일반적으로 받아들여지고 있다.

이러한 측면에서 비영리 민간단체와의 협력은 매우 중요하다 할 수 있다. 이는 앞으로 지방정부가 보다 질 높은 행정서비스를 제공하는 데 매우 중요한 역할을 하게 될 것이다.

5) 주민투표제도

(1) 주민투표제도의 내용

주민투표제도는 지방정부의 운영에서 조례제정·개폐의 청구, 사무감사청구, 주민소환, 주민소송 등의 제도와 함께 직접민주주의 제도의 일종이다. 주민투표제도는 지방자치단체의 주요결정사항에 관한 주민의 직접참여를 보장하기 위해 지방자치법 제13조의2의 규정에 의해 주민투표의 대상, 발의자, 발의요건, 투표절차 등에 관한 사항을 규정함으로써 지방자치행정의 민주성과 책임성을 제고하고 주민복리를 증진함을 목적으로 하는 제도이다.

주민투표제도는 여러 가지 유형을 지니는데 첫째, 근거규정에 따라 헌법상의 주민투표, 법률상의 주민투표, 조례상의 주민투표, 사실상의 주민투표(권고적, 자문적 주민투표)로 나뉜다. 둘째, 실시조건에 따라 강제적·의무적 주민투표와 임의적·자문적 주민투표로 구분된다. 셋째, 발의권자에 따라 주민의 발의에 의한 주민투표, 단체장의 발의에 의한 주민투표, 지방의회의 발의에 의한 주민투표로 나뉘고, 넷째, 결정에의 영향에 따라 결정투표로서의 주민투표, 결정참가투표로서의 주민투표로 나뉘며, 다섯째, 내용에 따라 적극적 주민투표, 항의적 주민투표로 분류된다. 마지막으로 주민투표의 사안에 따라 지방의회의 의결을 대체하는 대체적 주민투표, 지방의회의 의결과 병행하는 병행적 주민투표 등으로 나눌 수 있다(임승빈, 2004: 18-19).

주민투표제는 지방자치행정에 주민의 참여와 책임의식을 제고하고, 지방의회의 대의제 기능을 보완한다. 아울러 단체장의 전횡이나 단체장과 의회 간의 담합 행위 등을 견제하고, 지방자치단체의 정책에 대한 주민 간의 갈등을 스스로 조정, 통합할 수 있게 하는 등 지방자치제의 도입취지를 반영하는 것이다(김성호, 2004: 32). 반면 주민투표제는 자치단체 내 소지역간 분열을 조장할 우려가 있고, 남발할 경우 행정혼란과 의회기능의 약화를 야기하며, 단체장이나 의회의 책임회피수단으로 전락하거나 악용될 소지가 있다. 또한 국가사무의 지방이양을 통한 사무의 명확화가 선행될 필요가 있으며, 소수보호 장치가 별도로 필요하다는 점 등의 이유에서 주민투표의 실시에 대한 우려의 목소리가 높았고 그에 따라 10여 년간 법적 제정이 지연되었던 제도이다.

(2) 주민투표제도의 현황

우리나라는 1994년 주민투표제를 도입하였으나 법제정 노력에도 불구하고 그 후속법의 제정이 지연되었다. 그 후 주민투표법에 대한 입법노력은 지속적으로 있어 왔는데 1994년 7월 민자당, 민주당에서 그리고 1996년 9월 새정치국민회의에서 법안을 제출하였으나 국회 임기만료에 의해 자동 폐기되었고, 2001년 11월부터 2002년 3월까지 국회정치개혁특위에서 여·야간 도입입장을 천명하였다. 그러다가 2003년 12월 29일 국회에서 마침내 주민투표법이 통과되었다. 이는 1994년 3월 16일 지방자치법 개정으로 주민투표제도의 도입근거가 마련된 지 거의 10년 만의 일이다. 이어 2004년 1월 29일 주민투표법이 공포됨으로써 이 법의 부칙규정에 따라 공포 후 6개월이 경과한 2004년 7월 30일부터 시행되었다.

그러나 주민투표법이 제정되기 이전부터 주민투표는 주민의견조사의 형식으로 지역 차원에서 이미 실시되고 있었다([표 3-7] 참조).

2004년도에 본격적으로 주민투표제를 도입한 후 2005년 3월 현재까지 실제 주민투표가 청구된 사례는 여수의 1건과 제주도 서귀포시 1건이 전부였으며, 여수 건은 계류중이고, 서귀포시 건은 반려되었다(행정자치부, 2005).

[표 3-7] 주민투표법 제정 이전 주민투표 실시사례

자치단체	일 시	조 사 대 상	실시지역	방 법
서울 광진구	1996. 5	경계조정(법정동 및 행정동)	해당 동 지역	찬반
	1997. 4	공공시설(도로변 방음시설 설치형태)	해당지역	설문
	1999. 6	공공시설(시민휴식공간설치 및 형태)	이용주민	선택
	1999. 9	공공시설(시민휴식시설 중 그늘막 존치)	이용주민	찬반
서울 강남구	1999. 12	공공시설(시민휴식공간 이동식화장실 설치)	이용주민	찬반
	2000. 5	민자유치사업(역삼디지털타워 건립)	해당지역	찬반
	2000. 8	공공시설(보도블럭 확장공사)	해당지역	찬반
부산 부산지구	1997. 9	경계조정(행정동 통합에 따른 경계)	해당지역	선택
부산 사하구	1997. 4	신평소각장 시험 가동	해당주민	찬반
인천 강화군	1994. 9	인천시 편입	해당지역	찬반
부산 강서구	2000. 1	경계조정(경계조정시 행정동 선택)	해당지역	선택
광주 북구	1996. 7	지하상가 조성사업	해당지역	찬반
울산 북구	2001. 5	공공용지(화장장 유치후보지)	전지역 대표	선택
경기 안성시	1997. 4	공공용지(여객터미널 후보지 선정)	해당지역	찬반
충북 청원군	1999. 6	행정구역 및 명칭(읍승격과 명칭)	해당지역	찬반
충북 청주시	1999. 6	경계조정(행정동)	해당지역	찬반
충북 진천군	1999. 8	행정구역 명칭변경(면 명칭변경)	해당지역	찬반
여수, 여천시·군	1997. 9	시·군 통합	전지역	찬반
목포, 신안·무안군	1998. 3	시·군 통합	전지역	찬반

6) 주민감사청구제도

(1) 주민감사청구제도의 의의

주민감사청구제도는 대의제 민주주의를 보완하기 위한 참여수단의 하나이다. 즉 대의제를 바탕으로 하되 대표에게 위임했던 권력의 과정에 주민들이 직접 참여함으로써 주민들의 역할을 높이는 방안의 하나인 것이다(Greengerg 1983: 26; 이승종 1997: 17). 주민감사청구제도는 지방자치단체와 그 장의 권한에 속하는 사무의 처리가 법령에 위반되거나 공익을 현저히 해한다고 인정되는 경우, 시·도에 있어서는 주무부장관에게, 시·군 및 자치구에 있어서는 시·도지사에게 당해 주민들이 감사를 청구할 수 있는 제도이다(지방자치법).

이는 행정의 공개성과 책임성을 높이고 주민참여를 확대한다는 정신에 기초하여 시정에 대한 주민감시를 강화하고, 위법 부당한 행정처분으로부터 지역주민의 권익을 보호하기 위하여 보다 실질적으로 감사 제도를 운영하려는 것이다(이경옥, 1997: 99). 따라서 주민감사청구제도는 주민의 권리보호의 목적 하에서 직접적인 주민참여를 실현시키는 장치이다.

우리나라는 주민소환제 등의 주민 직접참정의 수단을 도입하지 못하였을 때 시민참여를 통하여 지방자치단체의 위법·부당한 행정행위를 감시·견제하고, 시민에 대한 행정 책임성을 높이며, 시민들의 권리를 신장시키기 위해서 그 동안 일부 지방자치단체에서 시민감사청구제를 실시하여 왔었다. 시민감사청구제는 총 31개 자치단체에서 채택하여 총 128건, 연평균 42.6건의 시민감사청구가 이루어져 왔으나 모든 지방자치단체에서 활용되지는 못하고 있다가 1999년 8월 지방자치법 개정에 의해 주민감사청구제의 도입을 위한 법적 근거가 마련되었으며, 이에 따라 전국의 기초 및 광역자치단체들이 주민감사청구제의 실시를 위한 관련 조례를 제정하여 이 제도를 운영하였다.

현행 주민감사청구제는 과거 시민감사청구제와 비교하여 내용과 절차면에서 다음과 같은 차이를 보인다. 첫째, 시민감사청구제가 시민들이 거주하는 해당 지방정부에 대하여 직접 감사를 청구하는 것임에 반하여 주민감사청구제는 시·군·구의 경우 시·도지사에게, 시·도의 경우는 주무부장관에게 감사를 청구하는 것으로, 감독기관에 의한 감사에 해당한다. 둘째, 시민감사청구제는 자체 감사실에서 감사를 하지만 주민감사청구제는 시·군·구의 경우에는 시 및 군이, 시·도의 경우에는 중앙정부의 주무부서에서 감사를 실시하게 된다. 셋째, 시민감사청구제에 비해 주민감사청구제는 감사청구를 위한 조건이 상대적으로 제한적이다. 주민감사청구제는 20세 이상 주민의 1/50 이하의 범위 내에서 조례로 정한 수의 연서로 가능하지만 시민감사청구제는 대체로 이보다는 훨씬 적은 수의 주민연서로 감사청구가 가능하다.[6] 그리고 시민감사청구제는 지역주민뿐만 아니라 각종 법인, 직능단체, 시민사회단체 등의 감사청구를 허용했던 반면, 주민감사청구제는 이들의 감사청구를 제한하고 있다. 넷째, 주민감사청구제는 다른 기관에서 감사하였거나 감사중인 사항을 감사청구의 제외대상에 포함시킴으로써 시민감사청구제보다 감사청구대상의 범위가 협소하다(서울시 2000년, 2001년 시민감사관 활동보고서; 허훈, 2003: 9 재인용).

이러한 점에서 주민감사청구제는 일부 시에서 자체조례로 시행하였던 시민감사청구제의 근본취지를 전국적으로 확대하였다는 점에서는 긍정적인 평가를 할 만하나, 시민감사청구제와는 달리 첫째, 자치적인 문제해결이 아니라 해당 지방정부가 아닌 외부에 의한 타율적인 문제해결이라는 점, 둘째, 해당 지방정부보다 상급 지방정부 혹은 국가의 해당 부처에서 결정권을 행사한다는 점에서 분권적인 경향을 반영하기보다는 집권적인 경향을 반영하고 있다(최창호, 2005: 478).

마지막으로 감사청구의 이유를 법령에 위반되거나 공익에 현저히 위배되는 경우로 한정하여, 민의 통제라는 의지를 갖고 출발했으나 결과적으로는 민에 의한 고발과 이에 대한 상급 지방정부 혹은 국가의 감독권한 행사

6) 부산의 시민감사청구인 수는 300-500명, 인천은 500명, 서울은 300명이었으나, 이마저도 그다지 활성화되지 않았던 점에 비추어 현재의 주민감사청구인 수는 지나치게 많은 편에 해당한다(조경호 외, 2001: 193).

라는 절충적인 제도의 특성을 지닌다(허훈, 2003: 9-10).

이후 지방자치법 개정안이 2004년 12월 29일 국회를 통과하면서 주민의 직접참정권 확대방안의 일환으로 주민소송제를 도입하고, 주민소송 제기에 있어 주민감사청구를 필수적 전치주의로 채택함으로써 주민감사청구제도의 활용도를 높이도록 하였다. 또한 기존의 감사청구 주민수가 20세 이상의 주민을 대상으로 1/50 이하의 범위 안에서 조례로 규정하도록 되어 있어 청구 조건이 엄격하였으나 개정 조항을 통해 시·도는 500명, 50만 이상의 시는 300명, 시·군·구는 200명 이내로 축소 조정하였다. 더불어 자치단체의 위법한 재무회계행위는 다른 기관에서 감사하였거나 감사중인 사항이라도 감사청구가 가능하도록 주민감사청구의 범위를 확대하였다.

(2) 주민감사청구제도의 운영현황

전술한 바와 같이 주민감사청구제도는 그 도입에 앞서서 주민들이 감사를 청구할 수 있는 권리를 보장하는 시민감사청구제를 지방자치단체 자율적 차원에서 자체 운영하는 곳이 31군데가 있었고, 1999년 법 개정 이전까지 총 128건의 시민감사청구가 이루어져 왔다.

서울시의 경우는 1996년 1월에 전국 최초로 시민감사청구제를 도입하였고, 총 4개 광역자치단체(서울시, 부산시, 인천시, 울산시)와 27개 기초자치단체(종로구, 용산구, 강북구, 동작구, 관악구, 성동구, 동대문구, 은평구, 영등포구, 양천구, 군포시, 안성시, 광명시, 평택시, 안산시, 구리시, 남양주시, 파주시, 용인시, 화성군, 성남시, 오산시, 제천시, 전주시, 정읍시, 순천시, 남원시)가 시민감사청구제를 도입하였다.

시민감사청구제의 운영현황은 다음과 같다([표 3-8] 참조).

99년 8월 법적 근거가 마련된 이후 주민감사청구는 2005년 3월 현재까지 총 49건의 청구가 있었다. 이중 29건이 완료되었고, 2건은 진행중이며, 18건은 각하되었다.

[표 3-8] 시민감사청구 운영현황

자치단체	도입시기	소 계	1996년	1997년	1998년	1999년 2월
소계	–	128건	21	45	61	1
서울특별시	96. 1. 15	19	11	4	4	–
은평구	97. 11. 28	1	–	–	1	–
양천구	96. 1. 23	3	1	2	–	–
광명시	97. 4. 15	5	–	3	2	–
안산시	98. 2. 28	10	–	–	10	–
구리시	98. 1	2	–	–	2	–
남양주시	96. 7	12	9	–	3	–
제천시	97. 1. 1	69	–	36	33	–
전주시	99. 1	1	–	–	–	1
순천시	98. 8. 6	6	–	–	6	–

자료: 김병국(2000).

7) 행정서비스 헌장제도

(1) 행정서비스 헌장제의 내용

행정서비스 헌장제는 영국의 시민헌장제를 벤치마킹한 제도로서 행정기관이 제공하는 행정서비스의 기준과 내용, 이를 제공받을 수 있는 절차와 방법, 잘못된 서비스에 대한 시정 및 보상조치 등을 구체적으로 정하여 공표하고 그 실현을 국민에게 약속하는 것을 말한다(행정서비스헌장 제정지침 제2호).

행정서비스 헌장제를 도입한 이유는 첫째, 행정환경의 변화에 따라 지난 50여 년간 유지해 온 행정서비스 전달체계의 구조와 틀을 일대 쇄신할 필요성이 있기 때문이다. 둘째는 깨끗하고 공정한 정부를 원하는 국민의 기대를 충족시키기 위함이다. 셋째는 정부개혁 작업의 성공적 작업을 뒷받침하기 위한 개혁전략의 수단을 확보하여야 할 필요성 때문이다(행정자치부,

2001). 종합적으로 볼 때 행정서비스 헌장의 도입목적은 고객만족 행정의 구현이라는 하나의 목적으로 집약될 수 있다. 이러한 목적을 가지고 도입된 행정서비스 헌장제는 행정서비스헌장제정지침(대통령훈령 제70호)을 근거로 추진되었다.

행정서비스 헌장제의 추진체계는 행정안전부 내 행정서비스 헌장 자문기구와 행정서비스 헌장 지원기구로 구성된다. 우선 행정안전부는 행정서비스헌장의 가장 상위에 위치한 기구로서 실질적인 추진조직은 행정제도와 제도개선담당이며 행정서비스 헌장 관련 기능은 첫째, 행정서비스 헌장의 운영과 관련된 기본계획을 수립하고, 둘째, 각 행정기관별 행정서비스 헌장의 운영 실태에 대한 평가를 수행하는 것이며, 셋째, 행정서비스 헌장에 관한 제도 개선 전반을 담당한다.

행정서비스 헌장 자문기구는 행정서비스 헌장 자문위원회로 불리며 행정서비스 헌장과 관련하여 행정안전부가 추진하는 모든 업무에 관한 심의기능을 수행하는 기구이다. 행정안전부 장관 소속으로 설치되어 있으며 위원장 1인과 위원 9인 등 총 10명으로 구성된다. 주된 기능은 행정서비스 헌장의 제도개선, 평가체제 등에 대한 심의 및 자문을 수행하는 것이다. 운영과정에서 발생하는 다양한 문제점들을 개선하기 위한 방안들을 중심으로 행정안전부에 그 시행을 건의하는 기능들을 수행한다. 평가체제와 관련해서는 행정안전부에서 작성한 평가지표들의 타당성을 확증하는 기능을 수행한다. 평가체제와 관련해서는 행정안전부에서 작성한 평가지표들의 타당성을 확증하는 기능을 수행한다. 그러나 구속력을 갖지는 않는다.

행정서비스 헌장 지원기구는 행정서비스 헌장과 관련하여 행정안전부가 수행하는 모든 업무에 대한 보조 및 지원기능을 수행하는 기구이다. 현재 지원기능은 한국지방행정연구원에 설치된 행정서비스 헌장 관련 팀들에 의해 수행되고 있다. 이들의 기능은 첫째, 행정서비스 헌장의 제도개선에 관한 지원으로 행정안전부가 실시하는 제도개선의 방안과 관련한 사전조사 및 타당성 검토들을 지원한다. 둘째, 행정서비스 헌장에 관한 교육을 수행한다. 셋째, 행정서비스 헌장 평가에 대한 지원을 한다. 이행실태에 관한 평가는 행정안전부와 행정서비스 헌장 자문위원 및 한국지방행정연구원으로 공동 구성된 평가진에 의해 이루어지고, 만족도 평가는 한국지방행정연구원에 위탁하여 실시한다.

마지막으로 행정서비스 헌장의 운영기구는 실제 행정서비스 헌장을 제정, 운영하는 각 행정기관으로서 대체로 주관부서와 운영부서로 구성된다.

(2) 행정서비스 헌장제도의 운영현황

행정서비스 헌장제도는 1998년에 도입되었는데, 이 당시 우정, 철도, 소방 등 10개 현업기관의 시범도입을 거쳐 1999년에는 중앙 및 지자체별로 1개 이상 제정·운영토록 하고, 2000년에는 모든 행정기관 및 서비스 분야로 확대되었다. 2001년에는 헌장 제정을 확산하고 실천 중심으로 전환하였고, 2002~2003년에는 실질적 서비스 제공 등의 내실화를 추진하였으며, 2004년에는 내·외부 고객의 의견수렴을 통한 참여형 헌장제를 추진하였다.

연도별 추진 현황은 다음과 같다([표 3-9] 참조).

[표 3-9] 행정서비스 헌장제의 추진현황

구 분	합 계	1998년	1999년	2000년	2001년	2002년	2003년
합 계	7,582	27	626	3,484	1,274	1,052	1,117
중앙부처	2,747	10	58	932	1,037	267	443
자치단체	4,835	17	568	2,552	237	785	674

자료: 행정안전부 홈페이지(2004).

1999년도에는 시범운영을 확대하여 총 626종을 제정하였고, 2000년도에 중점적으로 확대계획을 추진하여 총 3,484종을 제정하였으며, 이후 꾸준히 1,000종 이상 증가하는 추세를 보이고 있다. 그 중 지방자치단체도 1999년에서 2000년 사이 급격히 증가하였으며 그 후에도 지속적인 상승을 보이고 있다.

한편 행정서비스 헌장 운영기관은 2004년 현재 총 3,994개 기관으로 중앙부처가 37.6%인 1,502개 기관, 자치단체가 1,660개로 41.5%를 차지하고

[표 3-10] 행정서비스 헌장 운영기관 현황

구 분	합 계	본부(청)	소속기관	읍면동	사업소	공기업	학교/도서관	병원/보건소
합 계	3,994	158	1,761	671	362	35	799	208
중앙부처	1,502	74	1,086	–	–	4	337	1
자치단체	2,492	84	675	671	362	31	462	207

자료: 행정안전부 홈페이지(2004).

있으며, 그 외 교육청이 832개로 20.9%를 차지하고 있다([표 3-10] 참조).

전체 행정서비스 헌장 중 분야별로는 민원행정분야가 1,906종으로 25%를 차지하여 가장 큰 비중을 차지하고 있고, 그 다음으로 교육분야가 1,465종, 도로교통분야가 572종, 복지환경 분야가 509종을 차지하고 있어 민원행정 서비스 중심으로 헌장이 만들어지고 있음을 알 수 있다.

8) 시민옴부즈만 제도

(1) 시민옴부즈만 제도의 내용

부당한 행정처리와 고충민원에 대한 바람직한 해결 방법은 주민의 적극적인 참여와 관심을 전제로 한다. 주민의 적극적인 참여 실현을 위한 사후적 참여관리의 대표적인 예가 옴부즈만(Ombudsman) 제도이다. 옴부즈만 제도를 처음 시행한 나라는 스웨덴으로 1809년 스웨덴 헌법 제 96조에서 그 유래를 찾을 수 있다. 그 이후 옴부즈만 제도는 전 세계로 확산되었고, 현재는 100여개가 넘는 나라에서 도입·시행하고 있다. 옴부즈만 제도가 처음 시행되었을 당시에는 옴부즈만을 의회의 대리인으로 보고 행정을 감시하는 역할을 강조하였지만, 현대 행정국가에 있어서는 의회의 대리인이 아닌 국민의 대리인으로 그 성격을 규정짓고 있다(국민고충처리위원회, 2003).

옴부즈만 제도는 강제적 권력에 의존하지 않고 조정과 협력을 통해 시민권을 신장시키고, 인간화를 도모한다는 점에서 부드러운 법률(soft law)로 지칭된다(송창석, 2005: 246). 이념적으로 시민권의 보호성향을 강하게 띤

채 방법론적으로 강제력보다는 설득과 유인의 방법을 사용한다는 점에서 이러한 명칭이 붙었다. 옴부즈만 제도는 시민위주의 성향을 보유하고, 정부가 발생시킨 부당행위를 정부 스스로 시정하도록 하는 하나의 제도로서 일반국민에게 서비스를 제공하고, 시민과 정부간 대화를 촉진하는 역할을 한다(김미경, 2004: 28)

이와 같이 옴부즈만 제도는 정부의 잘못을 정부 스스로가 시정하게 하는 제도로서 시민위주의 성향을 가지며, 자료의 요구 및 조사권을 가장 주된 권한으로 한다. 그러나 직접적이고 강제적인 해결수단을 부여받지 못하기 때문에 '물지 못하고 짖기만 하는 강아지(a dog without teeth)'로 비유되기도 한다(김광일, 1995; 김미경, 2004: 28 재인용).

고전적 개념의 옴부즈만 제도는 관료들에 의한 부당한 행정행위로 인하여 일반 국민의 권리나 이익이 침해되었을 때 의회나 정부에 의하여 임명된 옴부즈만이 이를 신속하게 시정하게 함으로써 침해받은 권익의 구제를 기하게 하는 제도이다. 국민과 정부 양자 간에 발생하는 문제에 대한 객관적이고 공정한 조사를 통해 실효성 있는 판단을 이끌어 내고, 국민의 인권보호 기능을 실현하는 새로운 구제제도라고 할 수 있다. 옴부즈만 제도는 국민의 대리인으로서 정부관료에 대한 민원을 민원인의 신청에 의하여 또는 직권으로 조사·처리하는 기관이며, 헌법 또는 법률에 근거하고, 국회에 책임을 지고 있으며, 신분은 공무원으로 법적 구속력을 갖지 않는 권고권을 행사하는 기관으로 볼 수 있다.

옴부즈만 제도의 기능은 행정통제 기능 및 정부기관과 일반국민간의 갈등해결을 위한 중재기능, 각종행정정보의 공개기능, 문제제기를 통한 개혁기능, 민주적·정치적 대변 기능 등을 들 수 있다. 또한 민원인이 민원처리결과를 납득하지 못하여 다른 행정기관에 동일 민원을 반복적으로 제출함으로써 야기되는 행정력의 낭비현상을 방지하고, 고질·반복민원에 대한 바람직한 종결이 이루어지는 데 도움을 준다(국민고충처리위원회, 2003; 김미경, 2004: 23 재인용).

국민고충처리위원회의 고충민원 처리 유형은 세 가지로 나뉜다. 첫째,

위원회 조사결과 행정기관의 처분 등이 위법·부당하다고 인정할만한 상당한 이유가 있거나, 법령·제도나 정책 등의 개선이 필요하다고 인정되는 경우에는 관계 행정기관의 장에게 당해 처분이나 제도 등에 대한 시정 또는 개선을 권고한다. 둘째, 행정기관의 처분 등이 위법·부당하지는 않으나 민원인의 주장에 상당한 이유가 있거나, 법령, 기타 제도나 정책 등에 대한 의견을 표명할 필요가 있는 경우 관계 행정기관의 장에게 이에 대한 위원회의 의견을 통보한다. 셋째, 민원인의 요구내용이 타당하지 않거나 행정기관의 처분에 잘못이 없는 경우 그 사유를 설명하거나 또는 필요한 행정절차, 제도 등을 안내한다(국민고충처리위원회, 2004).

지방자치단체 차원에서 활동하는 시민옴부즈만 제도는 사후적 민원서비스 관련 책임행정으로 운영되고 있다. 지방자치단체는 지역의 고충민원이 중앙으로 집중되는 행정력 낭비요소를 제거하기 위해 다양한 시민옴부즈만 제도를 도입·시행하고 있다.

시민옴부즈만은 명칭에 따라 감사형, 감시관형, 민원조정형, 옴부즈만형, 상담형, 배심형, 모니터형, 후견인형, 위원회형 등으로 활동하고 있으며, 그 업무내용은 감사청구업무, 청렴계약, 대형공사 감시, 시정모니터, 민원조정, 정책자문, 식품위생 감시, 교통모니터, 기업애로 해소 등의 활동으로 분류된다(김미경, 2004: 34).

실제 옴부즈만의 명칭을 사용하는 경우는 중앙행정기관의 경우 '보건복지 옴부즈만'과 '관세청 옴부즈만' 등 7개 기관에 불과하며, 지방자치단체의 경우 '서울시 청렴계약 옴부즈만'과 부천시의 '시민옴부즈만', 정읍시의 '시민고충처리관' 등 15개 기관에 한정된다.

이 가운데에서도 조례를 포함한 법률에 의거하여 독립적인 지위를 가지고 중립적 입장에서 고충민원 등을 처리하는 본질적 의미의 옴부즈만 제도는 부천시 시민옴부즈만과 정읍시 시민고충처리관 두 곳에 불과하다(국민고충처리위원회, 2004).

(2) 시민옴부즈만 제도의 운영현황

우리나라는 행정쇄신위원회의 제안에 따라 1993년 12월 법률로 제정된 행정규제및민원사무기본법에 의하여 1994년 4월 9일 국민고충처리위원회라는 일종의 민원처리 옴부즈만 제도가 발족되어 국민의 고충을 처리하고 있다. 이후 관련 몇몇 자치단체가 이를 도입하여 시행하였다.

이에 정부혁신지방분권위원회와 국민고충처리위원회는 보다 종합적인 국민권리 구제시스템의 변화가 필요하다는 사실을 인지하고 국민고충처리위원회의 개편안을 가칭 '옴부즈만의설치및운영에관한 법률(안)'으로 마련하였다. 동 법률안은 국민고충처리위원회를 '국가옴부즈만'으로 개편하여 독립성과 전문성을 강화하고, 일부 지방자치단체에서 도입하여 운영중인 '시민옴부즈만' 제도에 대한 법적 근거를 마련하여 지방자치단체의 권리구제 역량을 제고하며, 시민참여를 확대시키고자 하는 내용을 담고 있다.

지방의 시민옴부즈만 제도로는 서울특별시의 시민감사관제도와 청렴계약 옴부즈만제도, 대구시 수성구의 민원배심제, 부천시의 시민옴부즈만 제도, 정읍시 시민고충처리관제, 서울시 강동구의 구민고충조사위원회, 서울시 양천구의 구민고충민원처리위원회, 경기도 안양시의 안양시 시민고충처리위원회, 충북 청주시의 청주시민고충처리위원회 등으로 각 명칭은 달리 하지만 추구하는 기능은 시민옴부즈만 제도의 범주와 같다.

시민옴부즈만 제도의 운영현황은 [표 3-11]과 같다.

[표 3-11] 기초자치단체의 각종 시민옴부즈만 제도(2004. 7월 현재)

시·도	서 울	부 산	대 구	인 천	광 주	대 전	울 산	경 기
자치단체	10	10	4	2	3	2	3	15
옴부즈만 수	11	19	4	3	3	2	7	21
시·도	강원	충북	충남	전북	전남	경북	경남	제주
자치단체	1	3	4	6	2	3	16	1
옴부즈만 수	1	4	4	6	2	4	25	1

자료: 국민고충처리위원회(2004).

기초자치단체 수준에서는 2004년 7월 현재 85개 기관이 채택하여 운영하고 있고 옴부즈만의 수는 총 117개였다. 따라서 광역 수준의 29개와 기초 수준의 117개로 총 146개 옴부즈만 제도가 101개 기관(광역16, 기초117)에서 도입하여 운영하고 있는 것으로 나타났다.

그러나 실질적인 운영에 있어서는 옴부즈만의 명칭만 사용하고 있고 실제 옴부즈만의 기능과는 다른 경우가 대부분이다. 단지 해당기관의 민원창구 역할을 하거나 민원서비스의 감시기능을 수행하는 것을 옴부즈만으로 해석하여 사용하는 지방자치단체가 대부분이다.

따라서 실질적으로 옴부즈만의 기능과 형태를 갖추고 조례나 훈령, 지침 등의 근거를 마련하여 도입하고 있는 지방자치단체의 현황과 실적은 다음과 같다([표 3-12] 참조).

광역자치단체의 시민옴부즈만 제도는 [표 3-12]와 같이 서울시 청렴계약 옴부즈만과 대전시의 시민옴부즈만, 제주도의 주민 옴부즈만 세 곳이 옴부즈만의 기능과 형태에 가장 가까운 형태를 지닌다.

[표 3-13]은 기초자치단체의 시민옴부즈만 제도 운영 현황이다.

시민옴부즈만 제도의 기능을 보다 엄격히 적용했을 경우, 기초 수준에서는 10개 기관이 해당하게 된다.

실증분석에서 이들 혁신정책들이 실제로 각 지방정부에서 어떻게 채택 또는 추진되고 있는지 사례분석을 통하여 살펴볼 것이다.

[표 3-12] 광역자치단체의 시민옴부즈만 제도 운영 현황과 실적

구 분	명 칭	근 거	구성	시행년도	실적
서울특별시	청렴계약 옴부즈만	규칙	3인(비전임 민간인)	1996	791
대전광역시	시민옴부즈만	훈령	50인(비전임 민간인)	1996	791
제주도	주민 옴부즈만	훈령	58인(무보수, 비전임 민간인)	1999	314

자료: 국민고충처리위원회 내부자료(2005).

[표 3-13] 기초자치단체의 시민옴부즈만 제도 운영 현황과 실적

구 분	명 칭	근 거	구 성	시행년도	실 적
중구	주민옴부즈맨	훈령	30인(무보수, 비전임 민간인)	2001	25
광진구	민원청취옴부즈만	지침	76인(무보수, 비전임 민간인)	1995	890
강북구	사이버옴부즈만	지침	5인(무보수, 비전임 민간인)	2003	31
양천구	고충민원처리위원회	조례	7인(무보수, 비전임 민간인)	1996	6
강동구	구민고충조사위원회	조례	5인(비전임 민간인)	1996	17
안양시	시민고충처리위원회	조례	14인(무보수, 비전임 민간인13, 공무원1)	1996	2
청주시	충주시민고충처리심의위원회	조례	5인(무보수, 전임2, 비전임3 민간인)	1996	2
목포시	민원법정위원회	조례	8(무보수, 비전임민간인)	1993	6
통영시	시민고충처리위원회	조례	13인(무보수, 비전임 민간인)	2001	182
남해군	민원공개법정배심원	훈령	20인(비전임: 무보수 민간인18, 전임: 공무원2)	1996	6

자료: 국민고충처리위원회 내부자료(2005).

4. 정책혁신의 전략

1) 기업가적 정부조직으로의 전환

기업가적 정부조직은 능률적인 조직을 구축하기 위하여 정부조직에 기업형 관리방식과 조직화를 도입하는 것이다. 이는 기업의 이윤동기를 정부조직에 적용하여 정부의 세수를 늘리는 여러 가지 정책을 수행함으로써 이

루어질 수 있다. 이를 위하여 형식적인 관료제의 철폐, 고객우선주의의 행정, 일선공무원의 권한 강화, 불필요한 기구의 축소와 인력의 감축 등을 제시하고 있다(이창원 외, 1997). 그러나 이러한 기업가적 경영으로 행정의 한계를 극복하고 혁신을 이룰 수 있다고 보지는 않는다. 즉, 경영형 혁신전략을 행정형 혁신전략으로 전환하여 기계적 능률보다는 공익을 지향하는 행정 본연의 역할을 강조해야 할 필요성이 있다. 즉, 효율성을 추구하되 민주성과 형평성을 균형적으로 고려하는 혁신전략이 추진되어야 한다는 점이다(이승종, 2003).

2) 고객지향적 정부로의 전환

고객지향적 정부는 정부의 주인인 동시에 고객인 국민에게 양질의 서비스를 제공하고 국민의 요구에 능동적으로 대처함으로써 국민들의 만족도를 높이는 것을 말한다. 기존의 정부조직은 공무원이 주인이 되어 일방적인 지시 및 명령의 형태로 행정이 수행되고, 규칙과 규정에 따른 행정처리로 고객들의 시간과 비용을 낭비하게 됨으로써 국민들의 불만이 높아질 수밖에 없었다. 따라서 정부가 그 효과성을 높이기 위해서는 국민들의 요구에 대한 정확한 내용을 파악하고 이에 대한 대처를 해야 한다. 즉, 고객지향적인 행정을 수행하기 위한 정부를 구성해야 한다.

3) 성과중심적 정부로의 전환

성과에 대한 평가를 통하여 인사고과 등 보상을 적절히 제공해줌으로써 경쟁을 유도하고 관료제의 경직성을 완화시킬 수 있다. 경쟁을 유도함으로써 능률성을 높이고 그에 따른 예산 절감의 효과를 가져 올 수 있으며, 공무원들의 사기앙양을 통하여 질 높은 행정 서비스를 제공해줄 수 있다.

제 4 장

한국 지방정부의 역량과 정책혁신

제 4 장 한국 지방정부의 역량과 정책혁신

Ⅰ. 조사설계

지방정부의 정책혁신을 위한 기반요소로서의 역량과 혁신정책과의 관계를 분석하기 위하여 [표 4-1]과 같은 역량 측정 변수와 지표에 따라 설문조사를 시행하고 필요한 통계자료를 수집하였다.

먼저, 지방정부의 인적 역량을 측정하기 위하여 250개 각 지방정부의 단체장(1명), 부단체장(1명), 실국장(3명), 지방의회 의원(3명)을 대상으로 8개 변수로 구성된 업무능력과 3개 변수로 구성된 의지·태도를 측정하였다(설문서는 부록 참조). [표 4-1]에 나타난 바와 같이 물적 역량 가운데 재정능력은 각 변수를 측정하기 위한 지표의 통계자료를 수집하여 측정하였다. 절차적 능력은 의사결정의 신속성과 절차의 민주성으로 구성된 두 변수를 인적역량 조사 설문서에 포함하여 측정하였다. 정보화 능력인 전자 공공관리와 전자 민주주의 변수 가운데 의지를 측정하고자 하는 지표는 인적 역량 설문서에 포함하여 측정하였으며, 그 외의 변수는 각각을 측정하기 위한 지표를 선정하여 평가자가 250개 지방정부의 전자 공공관리, 전자 공공서비스, 전자 민주주의 능력을 평가하였다.

지방정부 역량의 지수화를 위하여 본 연구에서는 AHP 분석을 통해 인적 역량과 물적 역량의 각각의 변수에 대한 가중치를 산정하였다. 각 변수에 대한 가중치는 [표 4-2]와 같다. 일종의 신뢰성을 나타내는 응답자의

[표 4-1] 지방정부 역량 측정 변수 및 지표

대 분류	소 분류	변 수	지표(설문문항)
인적 역량	업무 능력	전문성	학력, 전문지식(1), 정보통신기술 활용(2), 외국어(3)
		문제해결능력	문제이해(4), 신속한 대응(5), 문제해결(6)
		의사소통능력	청취기술(7), 의사전달기술(8)
		조정·통합능력	갈등예방(9), 설득 및 협력 유도(10), 조정·합의(11), 해결책 제시(12)
		자원확보능력	협조관계 구축(13, 14, 15, 16), 재원확보(17)
		업무추진력	효율적 추진(18), 단호한 추진(19)
		홍보능력	정책홍보(20), 여론수렴(21)
		리더십	환경과 비전 연계(22), 명확한 비전 제시(23), 비전 달성 목표·과제 제시(24)
	의지/ 태도	도덕성	투명한 업무처리(25), 부패방지제도 수립(26), 부패시정(27), 엄정 처리(28), 준법의식(29)
		혁신성향	혁신의지(30), 혁신아이디어 제시(31)
		시민지향성	시민요구 파악(32), 신속 대응(33), 파트너십 형성(34), 대안제시(35), 피드백(36)
물적 역량	재정 능력	건전성	재정자립도(지방세, 세외수입비율, 세입·세출충당비율), 경상수지비율, 재정정책의 영향력, 중앙정부와의 의존도(교부금, 보조금), 지방채상환비 비율
		경제적 효율성	재정지출의 선호, 예산절감노력, 예산제도 개선노력 여부(성과주의 예산, 복식부기, 계량화된 비용-편익분석 시스템의 개발, 민간위탁 등)
	절차적 능력	의사결정의 신속성	결재의 신속성(40)
		절차의 민주성	의견수렴(41)
	정보화	전자 공공관리	전자정부 구축 및 활성화 의지(37), 전자결재, 사이버회의, 정보시스템
		전자 공공서비스	전자대민서비스 시스템 구축 수준
		전자 민주주의	전자정부를 통한 시민참여 확대 의지(38), 전자민주주의 시스템 구축 수준

[표 4-2] 지방정부 역량 구성요소에 대한 가중치 분석결과

대분류	가중치	CR	소분류	가중치	CR	변수	가중치	CR
인적 역량	0.83333	0.000	업무 능력	0.20833 (0.25000)	0.000	전문성	0.01414 (0.06788)	0.035
						문제해결 능력	0.03442 (0.16523)	
						의사소통 능력	0.01904 (0.09141)	
						조정·통합 능력	0.03327 (0.15970)	
						자원확보 능력	0.02084 (0.10001)	
						업무추진력	0.04518 (0.21684)	
						홍보능력	0.01080 (0.05186)	
						리더십	0.03064 (0.14707)	
			의지/ 태도	0.62500 (0.75000)		도덕성	0.26786 (0.42857)	0.000
						혁신성향	0.08929 (0.14286)	
						시민지향성	0.26786 (0.42857)	
물적 역량	0.16667		재정 능력	0.08983 (0.53896)	0.008	건전성	0.04491 (0.50000)	0.000
						효율성	0.04491 (0.50000)	
			절차적 능력	0.04954 (0.29726)		의사결정의 신속성	0.02477 (0.50000)	0.000
						절차의 민주성	0.02477 (0.50000)	
			정보화	0.02730 (0.16378)		전자공공 관리	0.00713 (0.26111)	0.046
						전자대민 서비스	0.01122 (0.41111)	
						전자 민주주의	0.00895 (0.32778)	

일관성(CR)은 0.1 보다 낮으므로 이 결과는 통계적으로 유의하다고 하겠다.

더불어 지방정부 구성원에 따라 지방정부의 역량에 대한 중요도가 다를 것이기 때문에 지방정부 각 구성원의 가중치를 AHP를 통해 산정하였다. [표 4-3]에서 보는 바와 같이 단체장의 역할이 매우 중요한 것으로 나타났으며, 부단체장보다 오히려 실·국장이 약간 더 높은 것으로 나타났다.

[표 4-3] 지방정부 구성원별 가중치 분석 결과

구 분	가 중 치	CR
단 체 장	0.59950	0.071
부단체장	0.14073	
실 국 장	0.18240	
과 장 급	0.07737	
합 계	1	

이렇게 측정한 지방정부의 역량은 다음과 같은 공식에 의해 계산되었다.

지방정부 구성원별 업무능력

$$Y_1 = (0.069 \times X_1) + (0.165 \times X_2) + (0.091 \times X_3) + (0.160 \times X_4) + (0.100 \times X_5) + (0.217 \times X_6) + (0.052 \times X_7) + (0.147 \times X_8)$$

Y_1: 업무능력

X_1: 전문성

X_2: 문제해결능력

X_3: 의사소통능력

X_4: 조정·통합능력

X_5: 자원확보능력

X_6: 업무추진력

X_7: 홍보능력

X_8: 리더십

지방정부 구성원별 의지 · 태도

$$Y_2 = (0.429 \times X_9) + (0.143 \times X_{10}) + (0.429 \times X_{11})$$

Y_2: 의지 · 태노

X_9: 도덕성

X_{10}: 혁신성향

X_{11}: 시민지향성

지방정부 구성원별 인적 역량

$$Y_3 = (0.25 \times X_{12}) + (0.75 \times X_{13})$$

Y_3: 인적 역량

X_{12}: 업무능력

X_{13}: 의지 · 태도

지방정부 재정 능력

$$Y_4 = (0.5 \times X_{14}) + (0.5 \times X_{15})$$

Y_4: 재정능력

X_{14}: 건전성

X_{15}: 경제적 효율성

지방정부 절차적 능력

$$Y_5 = (0.5 \times X_{16}) + (0.5 \times X_{17})$$

Y_6: 절차적 능력

X_{16}: 의사결정의 신속성

X_{17}: 절차의 민주성

지방정부의 정보화 능력

$$Y_7 = (0.261 \times X_{18}) + (0.411 \times X_{19}) + (0.328 \times X_{20})$$

Y_7: 정보화 능력

X_{18}: 전자 공공관리

X_{19}: 전자 공공서비스

X_{20}: 전자 민주주의

설문조사는 250개 지방정부의 단체장(1), 부단체장(1), 실·국장(3), 혁신분권담당관(1), 지방의회 의장(1), 지방의회 부의장(1), 지방의회 의원(3)을 대상으로 총 2750부의 설문서를 배포하였다. 설문조사는 다음과 같이 시기별로 이루어졌다.

[표 4-4] 설문조사 시기와 방법

시 기	발 송	완 료	방 법
1차	2005년 11월 7일	2005년 11월 25일	우편조사
2차	2005년 11월 28일	2005년 12월 23일	FOLLOW-UP 우편조사
3차	2005년 12월 26일	2006년 1월 30일	전화 독려 및 우편조사

2차 자료 수집은 지방재정연감, 통계청의 인구주택 총 조사, 행정자치부 통계자료, 시민단체편람, 관련 인터넷 홈페이지 등의 통계자료를 수집하여 D/B화하였다.

위의 조사설계를 적용하여 이하에서는 지방정부의 역량은 크게 인적 역량과 물적 역량으로 나누어 분석한다. 인적 역량은 업무능력과 의지·태도로 구성되어 있고, 물적 역량은 재정능력, 절차적 능력, 그리고 정보화 능력으로 이루어져 있다. 먼저 이러한 역량을 구성하고 있는 각각의 변수별로 한국 지방정부의 역량을 살펴보고자 한다.

Ⅱ. 지방정부의 인적 역량

지방정부의 인적 역량을 먼저 인적 역량 변수별로 살펴본 후 지방정부별 인적 역량을 분석하도록 하겠다.

인적 역량 가운데 업무능력은 전문성, 문제해결능력, 의사소통능력, 조정·통합능력, 자원확보능력, 업무추진력, 홍보능력, 리더십으로 구성되어 있고, 의지·태도는 도덕성, 혁신성향, 시민지향성 변수를 포함한다.

첫째로 지방정부의 전문성을 측정하는 지표는 "업무수행에 필요한 전문지식," "정보통신기술(컴퓨터, 인터넷 등) 활용 능력," "외국어(영어, 일본어 등) 활용 능력"이다. [그림 4-1]에서 보는 바와 같이, 지방정부의 전문지식은 약 79점이며, 정보통신기술 활용능력은 68점이고, 외국어 활용능력은 약 57점이다. 종합적으로 지방정부의 전문성 수준은 약 68점으로 그다지 높은 수준은 아닌 것으로 나타났다.

[그림 4-1] 지방정부의 전문성 수준

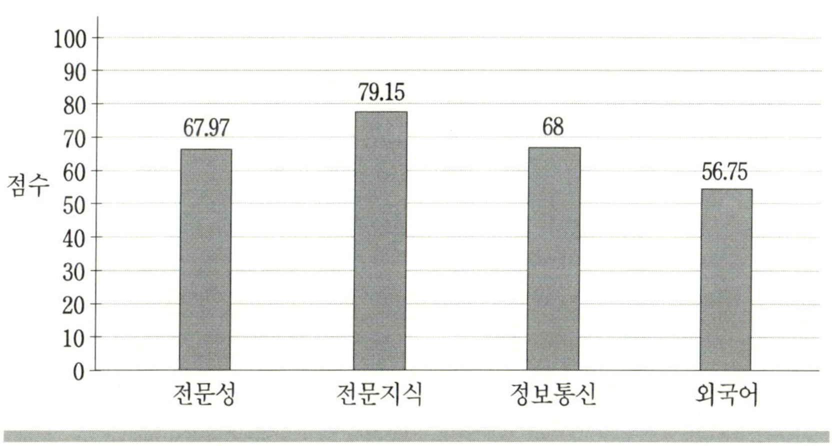

이를 지방정부의 구성원별로 살펴보면, 전문지식은 부단체장(83.246점), 단체장(79.314점), 실·국장(77.25점), 과장급 이하 공무원(75.308점) 순으로 높게 나타났다([표 4-5] 참조). 정보통신기술 활용 능력은 과장급 이하 공무

원(76.476점), 부단체장(68.328점), 실 · 국장(64.41점), 단체장(61.724점) 순이고, 외국어 활용 능력은 부단체장(60.688점), 단체장(57.726점), 과장급 이하 공무원(55.612점), 실 · 국장(51.994점) 순으로 나타났다.

[표 4-5]에서 보는 바와 같이 단체장은 업무 수행에 필요한 전문지식과 외국어 활용 능력은 평균 이상이나, 정보통신기술 활용 능력은 평균 이하로 종합적으로 전문성 수준은 평균 이하인 것으로 나타났다. 반면 부단체장은 전문지식, 정보통신기술 활용 능력, 외국어 활용 능력 모두 평균 이상의 수준을 가지고 있는 것으로 나타났으며, 지방정부 구성원 가운데 가장 높은 수준의 전문성을 지니고 있는 것으로 나타났다. 실 · 국장의 경우 전문성을 구성하고 있는 세 가지 변수 모두 평균 이하의 능력을 가지고 있으며, 과장급 이하 공무원은 업무수행에 필요한 전문지식과 외국어 활용 능력은 낮지만, 정보통신기술 활용 능력은 가장 높은 것으로 나타났다. 결국 부단체장과, 과장급 이하 공무원의 전문성 수준은 평균 이상인 반면, 단체장과 실 · 국장의 전문성은 평균 이하인 것으로 나타났다.

[표 4-5] 지방정부 구성원별 전문성 수준(100점 만점)

	전문성	전문지식	정보통신	외국어
평 균	67.966	79.150	68.000	56.750
단체장	66.255	79.314	61.724	57.726
부단체장	70.754	83.246	68.328	60.688
실·국장	64.551	77.250	64.410	51.994
과장급 이하	69.132	75.308	76.476	55.612

두 번째 업무능력 구성 요소는 문제해결능력으로, 그 지표는 “업무와 관련된 상황 및 문제를 이해하는 능력,” “업무 수행시 상황 및 문제에 대한 신속한 대응,” 그리고 “업무 수행시 상황 및 문제의 해결능력”이다. [그림 4-2]에서 보는 바와 같이, 지방정부의 상황 및 문제를 이해하는 능력은 약 81점이며, 상황 및 문제에 신속하게 대응하는 능력은 약 80점이고, 문제해결능

력은 약 79점이다. 종합적으로 지방정부의 문제해결능력은 약 80점으로 어느 정도 높은 수준으로 나타났다.

[그림 4-2] 지방정부의 문제해결능력

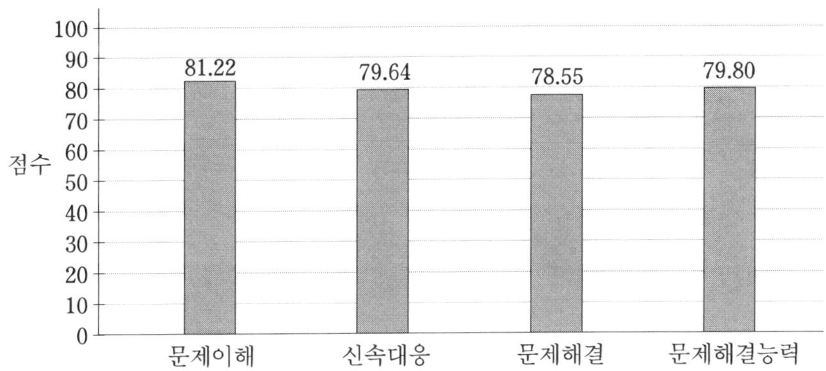

문제해결능력을 지방정부의 구성원별로 살펴보면, 상황 및 문제를 이해하는 능력은 부단체장, 단체장, 실·국장, 과장급 이하 공무원 순으로 높게 나타났다. 상황 및 문제에 신속하게 대응하는 능력 및 발생한 상황 및 문제를 해결해 내는 능력은 단체장, 부단체장, 실·국장, 과장급 이하 공무원 순으로 나타났다.

[표 4-6]에서 보는 바와 같이 단체장은 업무 수행 시 상황 및 문제를 이해하는 능력은 부단체장에 비해 약간 낮은 것으로 나타났으나, 발생한 상황 및 문제에 신속하게 대응하고 해결해 나가는 능력은 지방자치단체의 행위자 가운데 가장 높은 것으로 나타났다. 부단체장의 경우 상황 및 문제를 이해하는 능력은 가장 높은 것으로 나타났지만, 상황 및 문제에 신속하게 대응하고 이를 해결해 나가는 능력은 단체장 다음으로 나타났다. 실·국장 및 과장급 이하 공무원은 상황 및 문제를 이해하고, 이에 신속하게 대응하며 처리해 나가는 능력이 평균 이하로 낮게 나타났다. 결국 단체장과 부단체장의 문제해결능력은 평균 이상의 높은 수준인 반면, 실·국장 및 과장급 이하 공무원의 문제해결능력은 평균 이하인 것으로 나타났다.

[표 4-6] 지방정부 구성원별 문제해결능력(100점 만점)

	문제해결능력	문제이해	신속대응	문제해결
평 균	79.802	81.218	79.638	78.552
단체장	83.233	83.010	83.452	83.236
부단체장	82.474	84.600	82.046	80.776
실·국장	76.938	78.654	76.918	75.242
과장급 이하	75.125	77.224	74.764	73.386

세 번째 업무능력은 의사소통능력으로 “상대방 의견을 진지하게 청취하는 자세”와 “상대방에게 자신의 의도를 명확하게 전달하는 능력”이 측정지표이다. [그림 4-3]에서 보는 바와 같이 상대방 의견을 진지하게 청취하는 자세는 약 75점이며, 상대방에게 자신의 의도를 명확하게 전달하는 능력은 약 78점이다. 지방정부의 의사소통능력은 약 77점으로 보통 정도의 수준이라 하겠다.

[그림 4-3] 지방정부의 의사소통능력

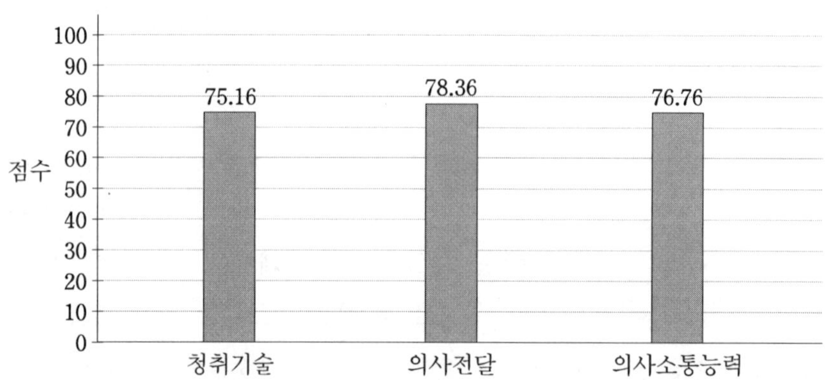

의사소통능력을 지방정부의 구성원별로 살펴보면, 상대방 의견을 진지하게 청취하는 자세는 부단체장, 단체장, 과장급 이하 공무원, 실·국장 순이다. 상대방에게 자신의 의도를 명확하게 전달하는 능력은 단체장, 부단체장,

실·국장, 과장급 이하 공무원의 순서이다. 따라서 [표 4-7]에서 보는 바와 같이 단체장과 부단체장의 의사소통능력이 실·국장 및 과장급 이하 공무원보다 높다. 특히, 단체장의 경우 부단체장보다 상대방의 의견을 진지하게 청취하는 자세는 약간 부족한 반면, 자신의 의도를 상대방에게 명확하게 전달하는 능력은 더 높은 것으로 나타났다.

[표 4-7] 지방정부 구성원별 의사소통능력(100점 만점)

	의사소통능력	청취기술	의사전달
평 균	76.762	75.160	78.362
단체장	79.838	76.340	83.336
부단체장	79.583	77.782	81.384
실·국장급	73.763	72.436	75.090
과장급 이하	72.420	72.826	72.014

네 번째 업무능력의 변수는 조정·통합능력으로, 갈등예방, 설득 및 협력 유도, 조정·합의 도출, 해결책 제시 등 네 가지 측정지표로 구성되어 있다. 다양한 이해관계의 사전 조정을 통해 갈등을 예방하는 능력은 약 75점이고, 다양한 이해관계자들을 설득하고 협력을 유도하는 능력은 75점 정도이다. 또한, 다양한 이해관계자의 의견을 조정하여 합의를 이루어 내는 능력은 약 75점이며, 다양한 이해관계자가 수용할 수 있는 해결책을 제시하는 능력은 약 74점이다. 종합적으로 지방자치단체의 조정·통합능력은 [그림 4-4]에서 보는 바와 같이 75점 정도로 보통 정도의 수준이라 할 수 있다.

지방정부의 조정·통합능력을 구성원별로 살펴보면, [표 4-8]와 같다. 조정·통합능력의 구성요소인 갈등예방, 설득 및 협력유도, 조정 및 합의도출, 그리고 해결책 제시 등 모든 분야에서 단체장과 부단체장의 능력이 실·국장 및 과장급 이하 공무원의 능력보다 우수한 것으로 나타났다. 단체장의 경우 설득 및 협력유도 능력과 조정 및 합의 도출 능력이 사전 조정을 통해 갈등을 예방하는 능력이나 다양한 이해관계자가 수용할 수 있는 해결책을 제시하는 능력보다 약간 높게 나타났다.

[그림 4-4] 지방정부의 조정·통합능력

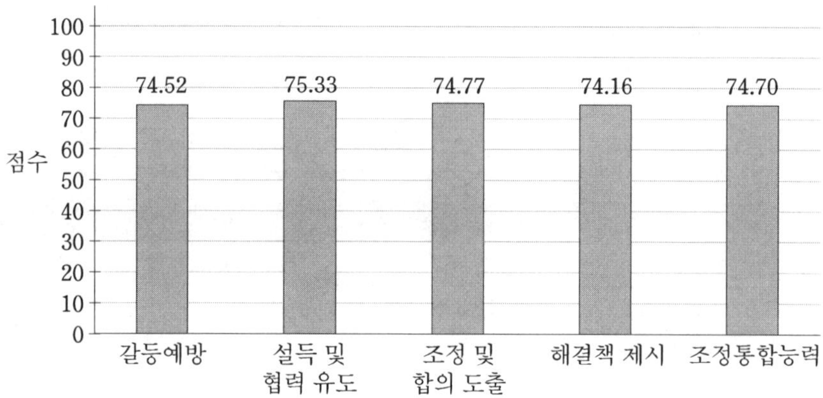

[표 4-8] 지방정부 구성원별 조정·통합능력(100점 만점)

	조정·통합능력	갈등예방	설득 및 협력유도	조정 및 합의도출	해결책 제시
평 균	74.698	74.524	75.330	74.770	74.164
단체장	79.792	79.048	80.420	80.046	79.652
부단체장	77.265	77.560	77.142	77.704	76.652
실국장	71.686	71.338	72.696	71.642	71.068
과장급 이하	68.708	68.802	69.722	68.358	67.950

자원확보능력은 업무능력의 다섯 번째 변수이다. 자원확보능력을 측정하기 위한 지표는 상위정부·동급의 지방정부·지역주민·기업과의 협조관계 구축 능력과 업무수행에 필요한 재원확보 능력으로 구성되어 있다. [그림 4-5]에 나타난 바와 같이 지방정부의 상위정부와의 협조관계 구축 능력은 73점 정도이며, 다른 동급의 지방정부와의 협조관계 구축 능력은 71점 정도이다. 또한 지역주민과의 협조관계 구축 능력은 약 76점이고, 기업과의 협조관

계 구축 능력은 71점 정도이다. 지방정부가 상위 정부 및 시민과 협조관계를 구축하는 능력은 어느 정도 우수한 반면, 다른 동급의 지방정부 및 기업과 협조관계를 구축하는 능력은 상대적으로 부족한 것으로 나타났다. 즉 지방정부가 효율적으로 업무를 수행하기 위하여 시민으로부터 지지를 확보하기 위해 많은 노력을 기울이고 있지만 기업과의 관계를 협력적으로 구축하는 데는 상대적으로 약한 것으로 나타났다. 업무수행에 필요한 재원확보 능력은 73점 정도로 상위정부와의 협조관계 구축 능력과 비슷한 수준으로 나타났다. 즉 업무수행에 필요한 재원이 대체로 상위정부와의 원만한 협조관계의 산물이라고 볼 때 이는 당연한 결과라고 볼 수 있다.

[그림 4-5] 지방정부의 자원확보능력

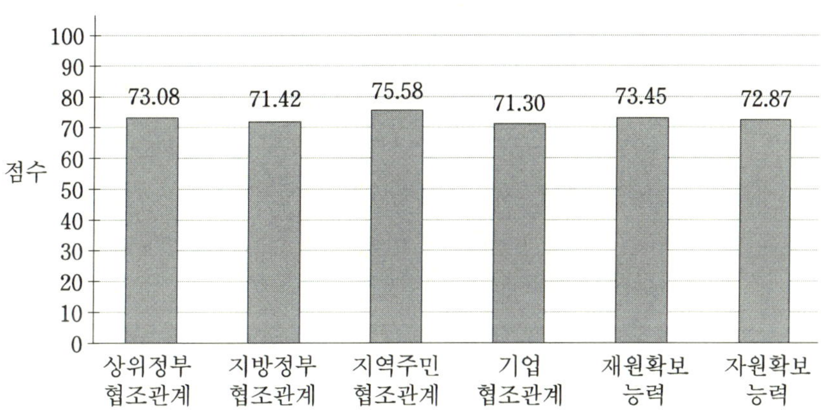

자원확보능력을 지방정부의 구성원별로 살펴보면 [표 4-9]와 같다. 자원확보능력의 경우에도 단체장과 부단체장의 능력이 모든 지표에서 평균 이상으로 나타났으며, 실·국장 및 과장급 이하 공무원은 평균 이하의 낮은 자원확보능력을 가지고 있다. 단체장의 경우 지역주민과의 협조관계를 구축하는 능력이 다른 동급의 지방정부나 기업과의 협조관계를 구축하는 능력보다 높은 것으로 나타났다. 반면 부단체장의 경우 단체장과는 달리 상위정부와의 협조관계를 구축하는 능력과 업무수행에 필요한 재원을 확보하는 능력이 다른 부분(지방정부·지역주민·기업)과의 협조관계를 구축하는 능력보다 높다.

[표 4-9] 지방정부 구성원별 자원확보능력(100점 만점)

	자원확보 능력	상위정부 협조관계	지방정부 협조관계	지역주민 협조관계	기업과 협조관계	재원확보 능력
평 균	72.872	73.080	71.422	75.580	71.304	73.446
단체장	79.801	79.316	76.548	83.720	78.696	80.724
부단체장	75.966	78.918	75.186	75.464	73.224	77.038
실·국장	69.422	68.816	67.616	72.024	68.676	69.978
과장급 이하	66.225	64.114	65.460	70.712	65.456	65.382

자원확보능력은 단체장과 부단체장의 능력이 실·국장 및 과장급 이하 공무원보다 월등히 높다. 지금까지 살펴 본 업무능력의 변수 가운데 문제해결능력, 의사소통능력, 조정·통합능력의 경우 단체장과 실·국장의 능력의 차이가 10점 미만인 반면, 자원확보능력의 경우, 단체장과 실·국장의 능력의 차이가 10점 이상으로 나타났다. 이는 지방정부를 운영함에 있어서 단체장에게 자원확보가 매우 중요하다고 이해할 수 있다.

여섯 번째 업무능력의 요소는 업무추진력이다. 업무추진력의 측정지표는 효율적 업무 추진과 강력한 업무 추진 등 두 가지이다. [그림 4-6]에서 보는 바와 같이 "업무를 효율적으로 추진하는 능력"은 77점 정도이며, "강력하고 단호하게 업무를 추진하는 능력"은 약 76점이다. 즉 지방정부의 업무추진 시 강력하고 단호하게 밀어붙여 정해진 목표를 달성하는 능력보다는 효율적인 방식으로 업무를 추진하는 능력이 상대적으로 더 높다. 종합적으로 업무추진력은 76점 정도로 보통 정도의 능력 수준이라 하겠다.

지방정부 구성원별 업무추진 능력을 살펴보면 [표 4-10]과 같다. 업무추진력의 경우에도 단체장과 부단체장의 능력이 실·국장 및 과장급 이하 공무원의 능력보다 상당히 높은 것으로 나타났다. 특히 단체장의 경우 부단체장에 비해 강력하고 단호하게 업무를 추진하는 능력이 높은 반면, 부단체장은 효율적으로 업무를 추진하는 능력이 보다 높은 것으로 나타났다. 단체장을 보좌하는 부단체장의 경우 업무추진시 효율적인 방식을 추구하는 반면, 단체장의 경우 한 번 결정된 내용을 강력하게 추진하여 목표를 달성하여야 지방정부의 성과를 향상시킬 수 있다고 하겠다.

[그림 4-6] 지방정부의 업무추진력

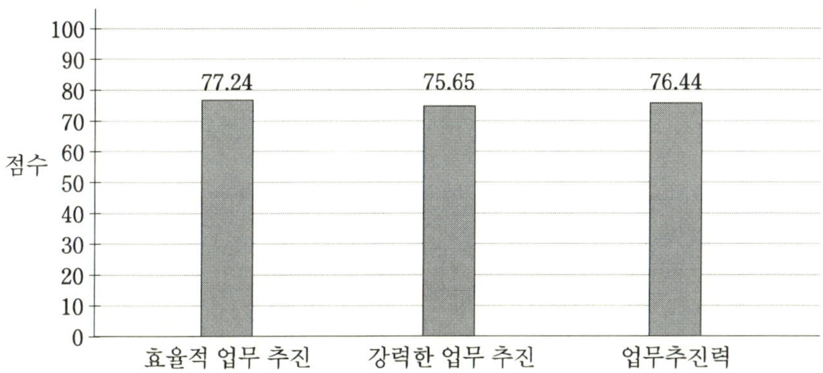

[표 4-10] 지방정부 구성원별 업무추진력(100점 만점)

	업무추진력	효율적 업무추진	강력한 업무추진
평 균	76.438	77.236	75.646
단체장	82.094	79.396	84.792
부단체장	79.276	80.656	77.896
실·국장	72.255	73.822	70.688
과장급 이하	70.610	73.500	67.720

일곱 번째 업무능력 구성 요소는 홍보능력이다. 홍보능력은 정책홍보와 여론수렴의 두 가지 지표로 구성되어 있다. [그림 4-7]에서 보는 바와 같이 지방정부의 정책을 홍보하는 능력은 약 76점이고, 여론을 수렴하는 능력은 약 75점이다. 여론 수렴의 능력보다는 정책을 홍보하는 능력이 약간 높은

것으로 나타났다.

[그림 4-7] 지방정부 홍보능력

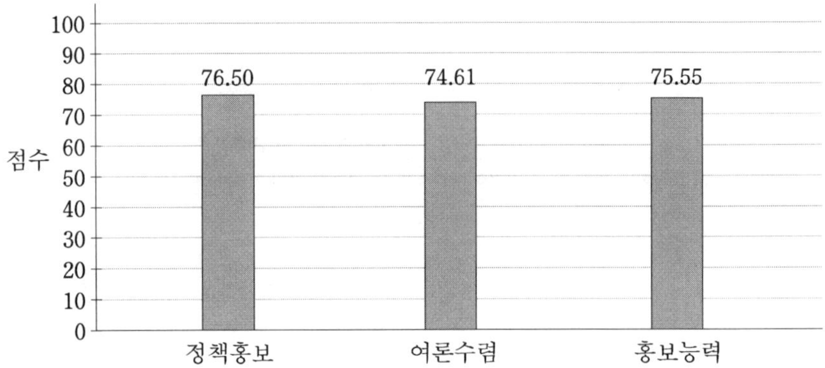

지방정부 구성원별 홍보능력 [표 4-11]을 살펴보면 단체장은 정책홍보능력이 85점 정도이고, 여론수렴능력이 83점 정도이며, 전체적인 홍보능력은 약 84점이다. 단체장의 홍보능력은 상당히 높은 수준이라 하겠으나, 부단체장은 약 76점, 실·국장은 약 71점이며, 과장급 이하 공무원은 약 69점으로, 상대적으로 낮은 수준이다. 지방정부의 행위자 모두 여론수렴능력보다는 정책홍보능력이 상대적으로 약간 더 높은 것으로 나타났다.

[표 4-11] 지방정부 구성원별 홍보능력(100점 만점)

	홍보능력	정책홍보	여론수렴
평 균	75.550	76.496	74.606
단체장	84.205	85.072	83.338
부단체장	76.177	77.458	74.896
실·국장	71.085	72.118	70.052
과장급 이하	69.139	69.640	68.638

업무능력의 마지막 변수는 리더십이다. 리더십은 환경과 비전의 연계능력, 명확한 비전 제시 능력, 비전 달성을 위한 목표·과제 제시 능력으로

구성되어 있다. [그림 4-8]에서 나타난 바와 같이 미래의 환경변화를 잘 파악하여 이를 기관의 비전에 적절히 반영하는 능력은 약 74점이고, 구체적이고 명확한 비전제시 능력은 73점 정도이며, 비전을 달성할 수 있는 전략목표 및 추진과제 수행 능력은 약 75점이다. 비전을 구체적이고 명확하게 제시하는 능력보다는 비전을 달성할 수 있는 목표나 추진과제를 제시하고 수행하는 능력이 약간 더 높다. 종합적으로 지방정부의 리더십 수준은 약 74점으로 보통 정도의 수준이라 할 수 있다.

[그림 4-8] 지방정부의 리더십

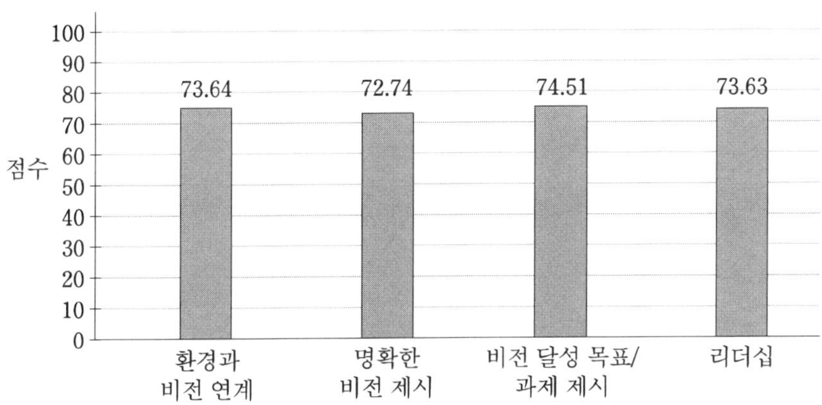

지방정부 구성원별 리더십을 살펴보면 [표 4-12]와 같다. 지방정부의 지도자로서 단체장의 리더십은 80점 정도로 상당히 높은 수준이며, 부단체장은 76점 정도로 보통 정도의 수준이라 하겠다. 보다 구체적으로 단체장의 경우 미래의 환경변화를 잘 파악하여 기관의 비전에 적절히 반영하는 능력이나 구체적이고 명확한 비전을 제시하는 능력보다 비전을 달성할 수 있는 전략목표 및 추진과제를 제시하고 수행하는 능력이 상대적으로 더 높은 것으로 나타났다. 지도자로서 비전을 달성할 수 있는 전략목표나 추진과제를 제시하고 수행하는 능력도 중요하지만, 미래의 환경변화를 잘 파악하여 기관의 비전에 적절히 반영하는 능력이나 구체적이고 명확한 비전을 제시하는 능력이 중요하므로 앞으로 이 부분의 능력을 발전시킬 필요가 있다.

[표 4-12] 지방정부 구성원별 리더십(100점 만점)

	환경과 비전 연계	명확한 비전 제시	비전 달성 위한 목표/과제 제시	리더십
평 균	73.642	72.738	74.514	73.632
단체장	79.586	79.372	81.652	80.203
부단체장	76.684	75.552	76.562	76.266
실·국장	69.892	68.394	70.910	69.732
과장급 이하	67.198	66.726	67.670	67.198

지금까지 지방정부의 업무능력을 구성하는 8가지 변수를 구체적으로 살펴보았다. 이를 종합적으로 분석하면 [그림 4-9]와 같다. 업무능력을 구성하고 있는 8가지 변수 가운데 전문성을 제외하고 모두 70점 이상 80점 이하이다. 즉 업무능력 가운데 전문성이 가장 낮은 것으로 나타났으며, 문제해결능력, 의사소통능력, 업무추진력 등은 상대적으로 높은 것으로 나타났다. 전문성 다음으로 지방정부의 취약한 업무능력 부분은 자원확보능력, 리더십, 그리고 조정·통합능력이다. 업무수행 시 발생하는 상황 및 문제를 이해하고, 이에 신속하게 대응하며, 해결해 나가는 문제해결능력과 상대방의 의견을 진지하게 청취하고 또한 자신의 의견을 상대방에게 명확하게 전달하는 의사소통능력은 상대적으로 뛰어난 편이다. 그러나 상위정부·동급의 지방정부·지역주민·기업과의 협조관계를 구축하는 능력과 재원을 확보하는 능력과 비전을 제시하는 능력은 앞으로 보완이 되어야 할 부분으로 지적될 수 있다.

지방자치단체장의 업무능력을 종합적으로 살펴보면 [그림 4-10]과 같다. 지방자치단체장의 업무능력은 다른 행위자(부단체장, 실·국장, 과장급 이하 공무원)에 비하여 전문성을 제외한 7가지 분야에서는 평균 이상의 능력을 지니고 있다. 구체적으로 홍보능력, 문제해결능력, 업무추진력 및 리더십 분야는 어느 정도 상당한 능력을 지니고 있다고 하겠으나 상대적으로 의사소통능력, 자원확보능력, 그리고 조정·통합능력은 보완이 필요한 부분이다. 특히 업무수행에 필요한 전문성의 경우 다른 업무능력 구성요소에 비해 매우 취약한 것으로 나타났다. 지방정부의 지도자인 단체장이 어느 정도의 전문성을 지녀야 하는지에 대해서는 논란이 있을 수 있지만, 현재 수준보다는 향상되어야 할 것이다.

[그림 4-9] 지방정부의 업무능력

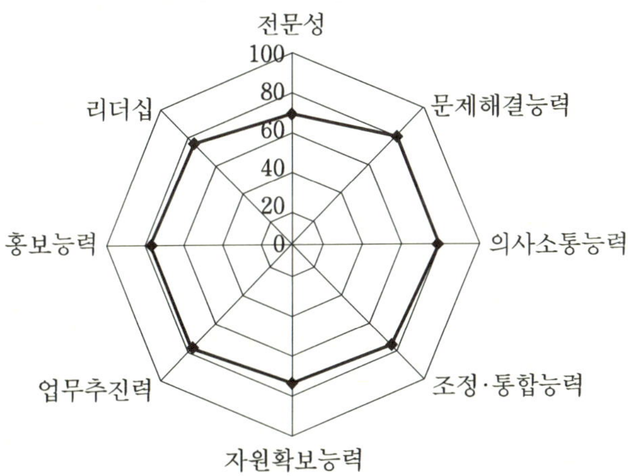

인적 역량을 구성하는 두 요인은 업무능력과 의지·태도이다. 지금까지 지방정부의 업무능력을 구체적으로 살펴보았고, 의지·태도는 다음과 같다. 지방정부의 의지·태도를 구성하는 요인은 도덕성, 혁신성향, 그리고 시민지향성 등 세 가지 변수로 구성되어 있다.

먼저 도덕성은 투명한 업무처리, 부패방지제도 수립, 부패시정, 엄정 처리, 준법의식의 다섯 가지 변수를 포함하고 있다. [그림 4-11]에서 보는 바와 같이 다섯 가지 변수 가운데 업무수행과 관련한 준법의식 수준(79.598점)과 부패발생시 시정 의지(79.228점)가 업무처리의 투명성(76.832점)보다 상대적으로 높은 것으로 나타났다. 반면 부패방지를 위한 정책적·제도적 노력(77.478점)과 부패처리의 엄정성 수준(77.408)은 중간 정도의 수준이다. 종합적으로 지방정부의 도덕성 수준은 78점 정도로 보통 정도의 수준이라 할 수 있다.

[그림 4-10] 지방자치단체장의 업무능력

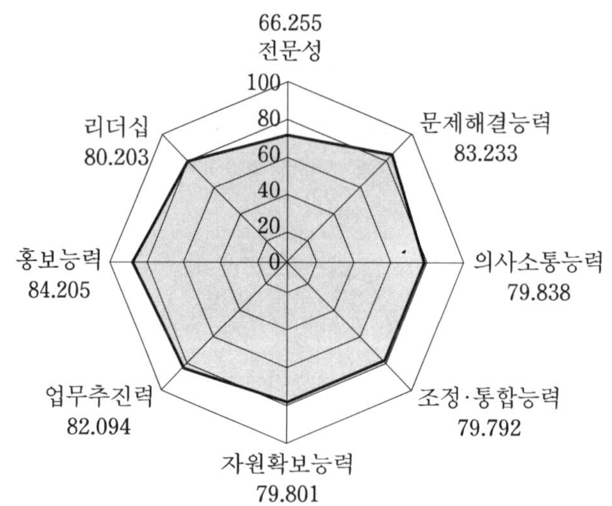

[그림 4-11] 지방정부의 도덕성 수준

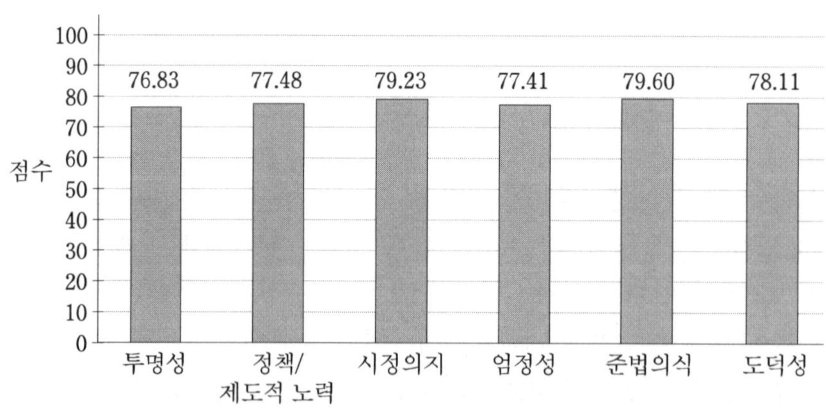

지방정부 구성원별 도덕성 수준을 분석하면 [표 4-13]과 같다. 전체적

인 도덕성 수준은 부단체장(78.839점)이 가장 높고, 다음으로 단체장(78.839점), 과장급 이하 공무원(76.302), 실·국장(75.474) 순이다. 업무처리의 투명성 분야는 부단체장은 평균 이상의 수준인 반면, 단체장, 실·국장, 과장급 이하 공무원은 평균 혹은 그 이하 수준이다. 부패방지를 위한 정책적·제도적 노력, 부패발생 시 시정의지, 부패처리의 엄정성 분야는 단체장과 부단체장이 실·국장 및 과장급 이하 공무원보다 많이 하는 것으로 나타났다. 반면 업무수행과 관련한 준법의식 수준은 부단체장과 과장급 이하 공무원이 단체장 및 실·국장보다 상대적으로 높은 것으로 나타났다.

[표 4-13] 지방정부 구성원별 도덕성 수준(100점 만점)

	투명성	정책·제도적 노력	시정의지	엄정성	준법의식	도덕성
평 균	76.832	77.478	79.228	77.408	79.598	78.110
단체장	76.966	78.886	81.234	79.450	77.658	78.839
부단체장	79.272	79.966	82.026	79.982	82.038	80.657
실·국장	73.992	74.444	76.410	74.778	77.748	75.474
과장급 이하	75.874	75.396	76.036	74.132	80.074	76.302

두 번째 의지·태도 분야의 변수는 혁신 의지와 혁신 아이디어 제시로 구성되어 있는 혁신 성향이다. [그림 4-12]에서 보는바와 같이 지방정부의 혁신 의지는 약 76점이고, 실현 가능한 혁신 아이디어의 제시 능력은 72점 정도이다. 혁신의 의지는 약간 있으나, 실현 가능한 혁신 아이디어의 제시 능력은 상대적으로 약간 부족한 실정이다. 종합적으로 지방정부의 혁신 성향은 74점 정도로 보통 수준이라 하겠다.

지방정부 구성원별 혁신 성향을 살펴보면 [표 4-14]와 같다. 단체장과 부단체장의 혁신성향은 실·국장 및 과장급 이하 공무원에 비하여 상대적으로 높은 편이다. 특히 단체장 및 부단체장의 혁신의지가 실·국장 및 과장급 이하 공무원에 비하여 상당히 높다. 최고 지도자의 혁신의지가 혁신의 성패에 중요한 조건이라는 측면에서 지방자치단체장의 혁신의지가 80점 정도로 의지가 강한 것으로 나타난 점은 혁신의 성공에 매우 중요한 의미를 지니고 있다고 하겠다. 중하위급 공무원인 실·국장과 과장급 이하 공무원의 혁신의지가 상대적으로 부족하고, 특히 실현 가능한 혁신 아이디어의 제시 능력이 약한 점은 앞으로 보완되어야 할 부분이다.

[그림 4-12] 지방정부의 혁신 성향

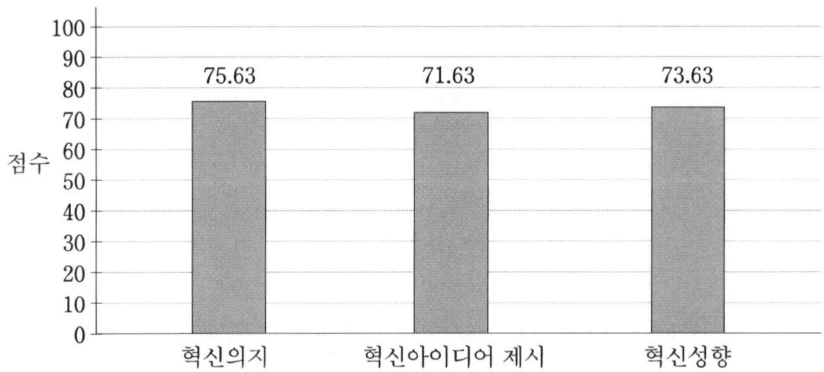

[표 4-14] 지방정부 구성원별 혁신 성향(100점 만점)

	혁신의지	혁신아이디어 제시	혁신성향
평 균	75.634	71.630	73.632
단체장	80.222	74.222	77.222
부단체장	79.688	74.430	77.059
실·국장	70.968	68.212	69.590
과장급 이하	70.230	68.508	69.369

지방정부 의지·태도의 마지막 구성 요소는 시민지향성이다. 시민지향성을 측정하는 지표로는 시민 요구 파악, 시민 요구에 신속한 대응, 시민과의 파트너십 형성, 대안제시 능력과 피드백 등 다섯 가지이다. 시민의 요구에 신속하게 대응하는 능력은 [그림 4-13]에서 보는 바와 같이 76점 정도로

다섯 가지 지표 가운데 가장 높게 나타났다. 다음으로 시민의 요구를 파악하는 능력(74.974점), 시민의 요구를 해결할 수 있는 대안 제시 능력(74.77점) 순이며, 적극적으로 시민과의 파트너십을 형성하는 능력(73.28점)과 시민 요구 처리후 시민 만족에 대한 적극적 파악 능력(73.12점)은 상대적으로 약한 것으로 나타나 앞으로 보완이 필요하다고 하겠다. 종합적으로 지방정부의 시민지향성은 약 74점으로 보통보다 약간 높은 수준이라 하겠다.

[그림 4-13] 지방정부의 시민지향성

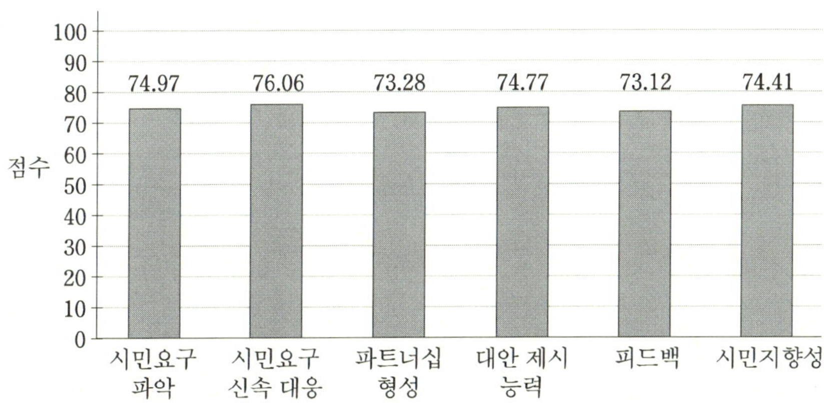

지방정부 구성원별 시민지향성 수준을 살펴보면 [표 4-15]와 같다. 단체장은 시민 요구처리 후 시민 만족에 대한 적극적 파악 능력(79점)만 80점에 약간 미달할 뿐 시민의 요구를 파악하는 능력, 시민의 요구에 신속하게 대응하는 능력, 적극적으로 시민과의 파트너십을 형성하는 능력, 시민의 요구를 해결할 수 있는 대안을 제시하는 능력은 모두 80점 이상으로 강한 시민지향성을 가지고 있다고 하겠다. 보다 구체적으로 시민의 요구를 파악하고 신속하게 대응하는 능력은 좋지만, 시민 요구 처리 후 시민 만족에 대한 적극적인 파악 능력은 앞으로 조금 더 보완되어야 할 부분으로 지적할 수 있다. 반면 부단체장(75.312점), 실·국장(70.373점), 과장급 이하 공무원(69.499점)은 상대적으로 낮은 시민 지향성을 보이고 있다.

[표 4-15] 지방정부 구성원별 시민지향성 수준(100점 만점)

	시민 요구 파악	시민 요구 신속 대응	파트너십 형성	시민 요구 대안 제시	피드백	시민지향성
평 균	74.974	76.060	73.280	74.770	73.120	74.408
단체장	82.784	82.944	80.316	81.048	79.000	81.218
부단체장	75.354	76.990	73.916	76.124	74.178	75.312
실·국장	70.644	71.714	69.184	71.206	69.118	70.373
과장급 이하	69.762	71.188	68.368	69.468	68.710	69.499

지금까지 지방정부의 의지·태도 분야의 능력을 도덕성, 혁신 성향, 시민지향성의 세 가지 측면에서 분석하였다. 이를 종합적으로 분석하면 [그림 4-14]와 같다. 세 가지 요인 가운데, 도덕성이 가장 높고, 다음으로 시민지향성, 혁신 성향 순이다. 세 요인 모두 보통 이상의 수준이나 강한 수준이라고 평가하기에는 부족함이 있다. 특히 혁신 성향이 상당히 부족한 점은 지방자치단체의 혁신을 성공적으로 수행하기 위해 시급히 보완되어야 할 부분이라 하겠다.

[그림 4-14] 지방자치단체의 의지·태도

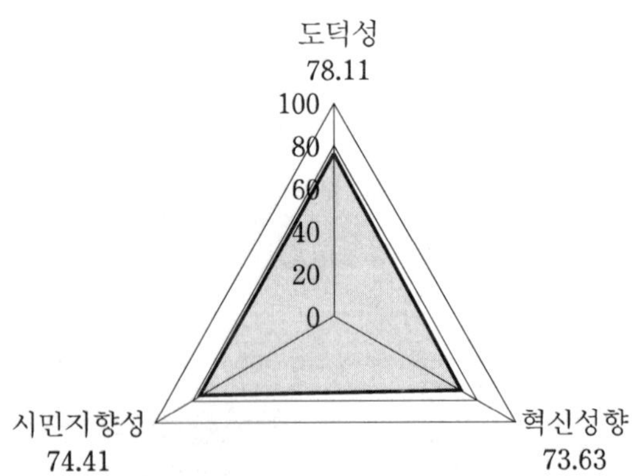

지방자치단체장의 의지·태도를 종합적으로 분석하면 [그림 4-15]와 같

다. 의지·태도를 구성하는 세 가지 요인 가운데, 지방자치단체장의 시민지향성은 81점 정도로 강한 편인 반면, 도덕성(78.839점)과 혁신성향(77.222점)은 상대적으로 보완이 더 필요한 부분이라 하겠다. 선출직인 단체장으로서 시민의 요구를 파악하여 신속하게 대응하는 능력이 중요한 것은 두말할 나위가 없지만, 자신이 책임지고 관리하는 자치단체의 효율적 운영을 위한 지속적 혁신을 위해서는 보다 강한 혁신 의지와 혁신 아이디어 제시 능력이 필요하다고 하겠다.

[그림 4-15] 지방자치단체장의 의지·태도

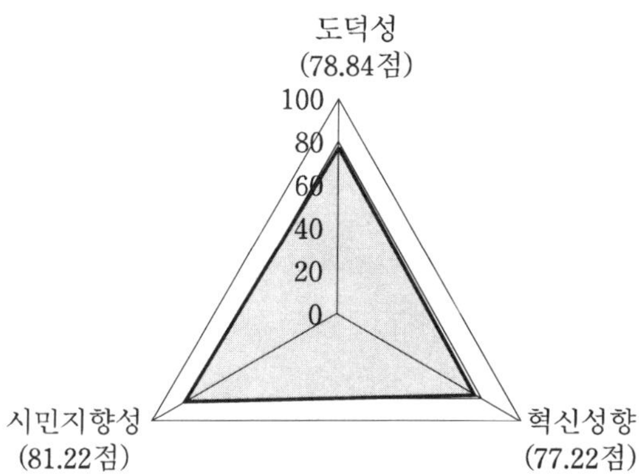

지방정부의 인적 역량을 종합적으로 표현하면 [그림 4-16]과 같다. 인적 역량은 업무능력과 의지·태도의 두 요인으로 구성되어 있는데, 지방정부의 업무능력 요인 가운데 문제해결능력이 가장 높고, 전문성이 가장 낮은 것으로 나타났다. 또한 의지·태도의 요인 가운데 도덕성이 가장 높고 혁신성향이 가장 낮은 것으로 나타났다. 지방정부의 인적 역량을 구성하고 있는 대부분의 변수가 70점 이상으로 보통 수준보다 약간 높지만, 전문성 분야는 70점 미만으로 보통 수준 정도이다. 따라서 전문성의 강화가 시급히 요구되며, 자원확보능력과 리더십의 강화 및 혁신성향의 확대를 통해 지방정부의 인적 역량을 보다 강화시킬 필요가 있다. 다음으로 지방정부별 인적 역량을 살펴보면 다음과 같다. 먼저 광역정부의 인적 역량을 분석한 결과 인천광역시의 인적 역량이 가장 높은 것으로 나타났으며, 다음으로 충청북도, 경기도, 서울특별시, 부산광역시 순이다([표 4-16]참조).

[그림 4-16] 지방정부의 인적 역량

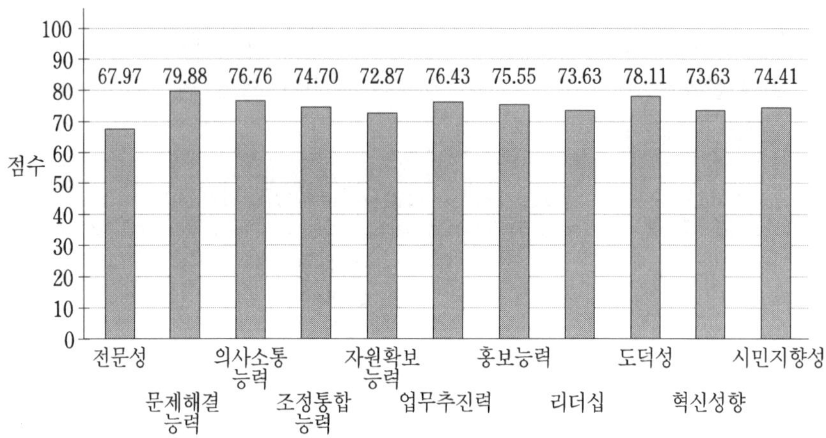

[표 4-16] 광역정부의 인적 역량 종합

순 위	자치단체명	평 균
1	인천광역시	4.72
2	충청북도	4.71
3	경기도	4.55
4	서울특별시	4.41
5	부산광역시	4.37
광역정부 전체평균		4.21

주) 각 지방정부별 인적 역량 점수는 단체장, 부단체장, 실·국장, 과장급을 합산 평균값임.

시의 인적 역량을 분석하여 보면 [표 4-17]과 같이 전라남도 나주시, 경상남도 양산시, 경상북도 구미시, 경상남도 진주시, 경기도 군포시 등의 역량이 높은 것으로 나타났다. 군의 인적 역량을 분석하여 보면, 전라남도 구례군, 전라남도 화순군, 강원도 고성군, 경상북도 청도군, 전라남도 함평군의 역량이 우수한 것으로 나타났다([표 4-18] 참조).

[표 4-17] 시의 인적 역량(상위 10개 시)

순 위	광 역	시	평 균
1	전라남도	나주시	4.90
2	경상남도	양산시	4.89
3	경상북도	구미시	4.82
4	경상남도	진주시	4.79
5	경기도	군포시	4.79
6	경기도	안성시	4.74
7	경상북도	안동시	4.67
8	전라북도	김제시	4.64
9	경상남도	김해시	4.63
10	경상남도	창원시	4.59
시 전체 평균			4.04

주) 각 지방정부별 인적 역량 점수는 단체장, 부단체장, 실·국장, 과장급을 합산 평균값임.

[표 4-18] 군 인적 역량(상위 10개 군)

순 위	광 역	군	평 균
1	전라남도	구례군	4.80
2	전라남도	화순군	4.77
3	강원도	고성군	4.75
4	경상북도	청도군	4.67
5	전라남도	함평군	4.65
6	강원도	횡성군	4.59
7	경상북도	군위군	4.59
8	전라남도	강진군	4.59
9	경상북도	의성군	4.58
10	충청북도	음성군	4.55
군 전체 평균			4.03

주) 각 지방정부별 인적 역량 점수는 단체장, 부단체장, 실·국장, 과장급을 합산 평균값임.

한편 자치구의 인적 역량을 살펴보면 아래의 [표 4-19]와 같이 인천광역시 강화군, 대구광역시 동구, 서울특별시 구로구, 서울특별시 영등포구, 서울특별시 성북구 등이 인적 역량이 높은 것으로 나타났다.

[표 4-19] **자치구 인적 역량 평균**(상위 10개 자치구)

순 위	광 역	자치구	평 균
1	인천광역시	강화군	4.91
2	대구광역시	동구	4.89
3	서울특별시	구로구	4.64
4	서울특별시	영등포구	4.57
5	서울특별시	성북구	4.54
6	대구광역시	수성구	4.53
7	부산광역시	사상구	4.45
8	부산광역시	서구	4.45
9	서울특별시	서초구	4.44
10	서울특별시	마포구	4.40
자치구 전체 평균			4.04

주) 각 지방정부별 인적 역량 점수는 단체장, 부단체장, 실·국장, 과장급을 합산 평균값임.

종합적으로 지방정부의 인적 역량을 비교하면 다음 [표 4-20]과 같다. 광역자치단체의 인적 역량이 가장 우수한 것으로 나타났으며 시, 군, 자치구의 경우 큰 차이가 없는 것으로 나타났다. 자치단체장의 경우도 마찬가지로 광역자치단체장의 인적 역량이 가장 높은 것으로 나타났으며 다음으로 시, 군, 자치구 순으로 나타났으나 시, 군, 자치구 간에는 큰 차이가 없는 것으로 보인다.

[표 4-20] 지방정부의 인적 역량 비교

	단체장	부단체장	실·국장	과장급	지방정부
광 역	4.34	4.25	4.03	3.62	4.21
시	4.16	4.07	3.84	3.53	4.04
군	4.15	4.02	3.80	3.58	4.03
자치구	4.13	4.07	3.91	3.57	4.04
평 균	4.20	4.10	3.90	3.58	4.08

지금까지 지방정부의 인적 역량을 개관하였거니와 이하에서는 지방정부의 단체장들은 어떠한 요인이 중요한 인적 역량 요소로 생각하고 있는지 알아본다. 먼저 단체장의 인적 역량을 구성하고 있는 변수들 가운데 공통적으로 중요한 변수도 있겠지만 지역의 특성에 따라 보다 중요하게 고려되는 요소도 있다. 나주 시장은 단체장으로서 중요한 업무능력은 통합과 조정역량이라며 다음과 같이 응답하고 있다.

> 지역사회의 화합과 결속이야말로 지역발전의 가장 큰 원동력이라고 볼 때 저는 시장에게 가장 필요한 자질은 조정과 통합 능력이라 생각합니다. 집행부와 의회 그리고 시민이 함께 지방자치의 세 축을 형성해야 성공적인 지방자치를 이끌어 갈 수 있습니다. 이 세 축이 민주적 지역공동체를 지향하면서 지역의 현안 문제들을 함께 해결해 나가는 것이 대단히 중요하다고 봅니다.
>
> 지역의 희망은 화합과 상생으로 나아가고자 하는 의지와 노력이 합쳐질 때, 비로소 지역발전의 에너지로 발휘될 수 있을 것이며, 이는 단체장의 리더십이라 할 것입니다. 그리고 이를 뒷받침하는 것은 화합과 포용의 문을 활짝 열어 놓고 의사소통이 원활해야 할 것입니다. 의회와 시민사회, 집행부가 지역공동체의 주체로서 열정과 지혜를 하나로 모으는 의사소통이 뒷받침되어야 할 것입니다.

나주 시장이 조정과 통합능력을 강조한 것과 같이 강진 군수도 이러한 능력을 강조하고 있다.

> 단체장은 조정·통합의 능력을 통해 지역 전체의 분위기를 화합하고 단결하는 분위기를 만들어 나가야 합니다. 지역사회의 구성원들이 서로 불신하고, 헐뜯기만 하고, 남의 탓하고, 싸우기만 한다면 아무도 지역사회에 애정을 갖지 않을 것이고, 지역발전을 위해 아무도 열심히 일하지 않을 것입니다. 이런 분위기가 형성된다면 더 이상 지역의 발전과 성장을 기대할 수가 없을 것입니다. 단체장은 군민들 사이에 화합과 단결의 경제적 중요성을 인식시켜 줄 수 있어야만 합니다.

나아가서 강진군수는 이러한 조정·통합능력과 함께 전문성과 의사소통능력도 단체장에게 있어서 중요함을 강조한다.

> 단체장은 누구보다도 지역에 대한 전문성을 갖고 있어야 됩니다. 하지만 스스로 노력하지 않고는 절대로 전문성을 확보할 수 없습니다. 전문성은 그 지역에서 오래 살았고, 학교를 졸업하고, 직장생활을 했다고 해서 저절로 생기는 것은 아닙니다. 항상 지역을 위해 열심히 연구하고, 공부하고, 노력하고, 문제의식을 갖고 고민해야만 생겨나는 것입니다. 단체장에게는 문제의식과 본인의 노력에서 생겨난 전문성이 있어야만 지역을 위해 꼭 필요한 것이 무엇인지, 꼭 해야 할 일이 무엇인지, 어떤 방향으로 나아가야 할지를 결정하고 실행해 나갈 수 있습니다.
>
> 단체장은 의사소통능력을 통해 지역에 미래지향적인 공감대를 만들어내야 합니다. 미래지향적인 공감대를 갖고 열심히 연구하고 공부하는 조직이 각 분야별로 10개, 20개 정도가 생겨난다면 어떤 분야에서든 발전하고 성공하게 될 것입니다. 그런 공감대를 형성하는 것은 끊임없는 연구와 생각과 독서와 토론 등을 통해서 가능하게 됩니다. 저의 경우 구성원들과의 의사소통을 위해 일주일에 평균 한건 정도 군정일기를 작성해 인터넷 게시판에 올리고 있습니다. 많은 분들이 군정일기를 읽으시면서 이런 것들이 관심을 가질만하구나 하는 공감대가 생기지 않을까 생각합니다.

한편 구로구청장은 강진 군수의 경우처럼 전문성이 필요함을 다음과 같이 역설하고 있다.

> 단체장이 성공적인 리더십을 발휘하기 위해서는 가급적 우수한 경력, 능력 등을 소유해야 합니다. 단체장의 경력은 학력, 직업 등 사회경험의 축적을 의

> 미합니다. 어느 분야에 경험이 많다면 그 분야의 전문가라고 할 수 있습니다. 그런 의미에서 저는 서울시에서 32년간을 근무하며 초대환경기획관을 지낸 행정 전문가입니다. 우수한 경력이 반드시 성공한 단체장을 보장하는 것은 아니지만 다원화·고도화되고 있는 현대사회는 단체장에게 고도의 전문성을 필수적으로 요구합니다.
>
> 전문성에는 경영능력, 도시환경 디자인, 국제적 감각 등 여러 가지가 있을 수 있습니다. 예를 들어 단체장에게 전문가적인 안목이 없으면 도시개발은 단순 재건축이 되고 맙니다. 종합적인 사회현상을 예측하고 분석하여 체계적이고 합리적인 도시개발을 펼쳐 나가는 도시환경 디자인적인 전문성이 있어야 지속적인 발전이 가능한 도시를 창조해 나갈 수 있습니다. 따라서 지식정보사회에서 단체장의 전문가적 역할은 아무리 강조해도 지나치지 않다고 생각합니다.

유사하게 군위 군수는 이 연구에서 제시하고 있는 8가지 업무능력 요소가 모두 중요하지만 그 중에서도 업무에 대한 전문성과 국책사업 유치 등 자원 확보능력, 그리고 계획된 업무에 대한 강력한 추진력이 가장 중요하다고 강조한다. 전문성은 강진 군수가 제시한 업무능력의 요소와 공통적이며, 자원 확보능력은 나주 시장이 언급한 부분과 유사한 능력이라 할 수 있다. 군위군수의 주장을 들어보자.

> 그 이유로는, 오늘날처럼 다변화·전문화된 시대에 발맞추어 지역발전을 위한 다양한 정책을 결정하고, 지방자치단체 간의 치열한 경쟁을 이겨 내며 지방정부를 효율적으로 이끌어 가기 위해서는 행정 전반에 대한 폭넓은 식견과 풍부한 경험 그리고 전문지식과 감각을 두루 갖춘 전문성 있는 단체장을 필요로 하고 있습니다.
>
> 군수는 과거와 같이 군을 다스리는 것이 아니라 구성원들과 함께 정신적·물질직 상품을 창조해 나가고, 열악한 자주재원 속에서도 경제 활성화를 통한 지역발전으로 진정한 지방자치를 이루어 내기 위한 경영자적 능력을 갖추어야 합니다. 자주재원 확충을 위한 경영수익사업 개발과 함께 도 및 중앙 등 상급 부처와의 유기적인 관계를 통해 자치단체의 원활한 운영을 위한 행정·재정적 지원과 협조를 최대한 이끌어 낼 수 있는 자원 확보능력이 있어야만 할 것입니다.

> 아무리 좋은 정책이라도 실천하지 못하면 허상에 불과합니다. 민선 자치단체장은 조직 및 인력을 효율적으로 관리 집행하는 역할과 함께 올바른 정책결정, 그리고 결정된 정책을 일관성 있게 강력하게 추진해 나가는 업무추진력이 뒷받침되어야 할 것입니다.

구로구청장은 인터뷰를 통해 "우리나라의 지방자치단체장은 자치단체의 대표와 집행기관의 장으로서의 지위를 가지는 동시에, 국가행정의 일선기관의 장과 지역사회의 정치지도자로서의 지위를 갖고 있기 때문에 단체장의 역할과 기능은 막중할 뿐만 아니라 그들의 역할에 따라 그 지역, 나아가서는 지방자치의 앞날이 좌우"되므로 "어떤 단체장을 선출하느냐에 따라 그 지역의 주민생활, 나아가 지역의 발전과 미래에 큰 영향을 미치게 되는 것"이라고 지적하면서 "비전 제시가 첫번째이고, 그 외에 조정·통합능력, 전문성이 중요하다"고 구 단체장으로서 중요한 업무능력을 언급하고 있다. 앞서 언급한 나주 시장과 강진 군수의 경우처럼 조정·통합능력의 중요성을 강조하고 있다. 그는 이를 다음과 같이 설명하고 있다.

> 지방정치의 장에서 단체장은 단연 핵심적인 지도자입니다. 단체장은 지방자치의 꽃이자 지방자치 발전을 위한 핵심적인 존재라 해도 과언이 아닙니다. 단체장은 지방정치의 참여자 중 누구보다도 우월한 자원(인력, 물자, 재원, 정보 등)을 보유하고 이를 행사할 수 있습니다. 물론 민선단체장이 동원할 수 있는 자원은 기본적으로 과거 임명제 단체장 하에서와 대동소이합니다. 그러나 민선 단체장은 자치권에 기초하여 자원의 구성 및 운영에 있어서 보다 높은 자율권을 행사할 수 있습니다.
>
> 따라서 인적·물적 자원을 최대한 활용할 수 있는 경영능력을 갖추어야 하고, 이를 슬기롭게 조화시켜 최선의 방안을 창출해 내는 통찰력과 사회통합능력이 무엇보다도 중요하다고 할 것입니다.

그러나 구로구청장은 이보다 먼저 비전 제시가 가장 중요한 단체장으로서의 능력임을 강조한다.

> 우리나라는 각 지역마다 그 지방이 갖고 있는 고유의 문화와 풍토 및 지역

정서가 다양하고, 국토가 좁은데도 국토가 넓은 외국국가들에 못지 않은 상당히 강한 지역성을 가지고 있습니다. 이로 인해 지역갈등이 국가적인 문제가 되기도 하는데, 이는 여러 가지 이유가 있겠지만 지도자가 그 지역의 실정에 맞는 지역발전의 비전을 제대로 제시하지 못한 것도 한 이유라 할 수 있습니다.

지방자치의 실시로 인해 각 지방자치단체의 장을 주민 스스로 선출하게 됨에 따라 단체장은 지역의 지도자로서 해당지역의 특성을 잘 알기 때문에 지역의 특성과 개성을 반영한 백년대계를 그릴 수 있게 되었습니다. 한 지역이 미래에 나아가야 할 올바른 비전을 제시하는 것이 단체장의 큰 역할이 된 것입니다.

그러나 단순한 비전의 제시만으로는 새시대가 요구하는 지역의 지도자가 될 수 없습니다. 제시한 비전을 일차적으로는 행정을 담당하는 공무원, 그리고 다음으로는 지역주민에게 전파하여 이것이 그 지역이 지향하는 궁극적인 목표가 되어야 합니다. 또한 이 비전을 달성하기 위한 구체적인 전략을 수립해야 합니다. 아무리 좋은 비전을 제시했다 하여도 이를 실천할 전략이 제대로 갖춰지지 않으면 허울만 좋은 구호에 불과하기 때문입니다.

지역발전의 비전을 제시할 때 유의해야 할 점은 의욕만이 앞서 큰 그림만을 그리려 해서는 곤란합니다. 제시한 비전의 실현 가능성이 없으면 공무원과 주민 공동의 노력을 유도할 수 없기 때문입니다. 주변 환경을 무시한 우물안 개구리식의 비전 제시도 곤란합니다. 중앙정부나 광역단체의 정책과 조화된 비전의 제시가 중요합니다.

구로구청장은 자치구 단체장에게 비전 제시가 중요함을 다음과 같은 자신의 경험을 통해 언급하고 있다.

2002년 7월, 민선 3기 구로구청장으로 취임했을 당시 구로구는 지난 40여년간에 걸친 산업화의 뒷그늘에서 소외되고 침체될대로 침체된 지역이었습니다. 그 당시 구로구는 미래에 대한 비전과 희망이 없고 활력이라고는 찾아 볼 수 없는 쇠퇴한 도시의 모습이었습니다. 뒤집어 말하면 이는 민선단체장으로서 정체된 구로구의 변화를 이끌어내 달라는 강력한 요구에 직면하게 된 것입니다.

그래서 먼저 구로구에 미래의 희망을 불어 넣고 주민의 힘을 하나로 모으는 데 주력하였습니다. 구로구는 이제 더 이상 서울의 변두리가 아니라 서울 서남부 지역과 부천, 광명, 안양, 시흥시를 아우르는 서남부 수도권의 중심,

즉 '서남권의 중심–일류 구로'를 만들자는 비전을 제시하였습니다. 아울러 '변화와 희망을 열어가는 활기찬 구로'라는 캐치프레이즈를 내걸고, '디지털 구로' '클린 구로'를 구정의 양대 역점시책으로 설정하였습니다. 그리고 인적·물적 자원의 운용순위를 모두 구정목표에 맞추어 최선의 가치를 찾아 운영하였습니다. 골목골목을 발로 뛰며 지역주민의 희망과 요구를 현실로 형상화시키고자 노력하였습니다.

그 결과 정체되어 있던 구로구에 변화의 기운이 싹트기 시작하였습니다. 주민들이 하나의 목표를 향해 힘을 모으기 시작했고, 한번 해보자는 공감대가 형성되기 시작했습니다. 그리고 하나하나 성과가 나타나기 시작했습니다. 공해도시의 대명사였던 구로구가 서울시에서 실시한 맑고 깨끗한 서울가꾸기 평가에서 5년 연속 최우수상을 수상하였으며, 안양천에 철새와 물고기가 돌아오고 대기오염도도 서울시 평균 이하를 유지하게 되어 서울 최고의 '클린 도시'로 공인받았습니다.

금년 초에는 우리나라 기초자치단체사상 최초로 국제전자시민참여포럼을 미국, 프랑스, 독일 등 세계 37개국에서 참가한 가운데 성황리에 개최하였고, 처음 실시된 자치구 정보화역량 평가 최우수상 수상, 지식정보화 평가 전국 최우수 자치단체 선정 등 '디지털 구로'로 인정을 받았습니다. 나날이 쇠퇴하던 구로공단이 7천여개의 벤처업체가 밀집한 구로디지털단지로 다시 태어나 지역경제도 활성화되었습니다. 이제 구로디지털단지는 강남의 테헤란밸리를 능가하는 우리나라 최고의 디지털밸리로 다시 태어났습니다.

이와 같은 성과를 눈으로 본 주민들은 해 냈다는 '자긍심'과 할 수 있다는 '자신감'을 갖게 되었으며, 이것이야말로 가시적인 지역발전보다도 더 큰 성과가 아닌가 생각합니다.

구로구청장은 업무능력 뿐만 아니라 의지·태도로서 도덕성도 중요하다고 지적한다.

60년대 동남아시아에서 가장 잘 살았던 필리핀은 마르코스라는 지도자를 잘못 만나 오늘날의 위치로 전락하였고, 부둣가의 한적한 마을 정도였던 싱가포르는 리콴유라는 지도자로 인해 세계 최고수준의 국가로 발돋움한 예가 있습니다. 여러 가지 이유가 있겠지만 가장 큰 차이는 부패한 지도자와 청렴한 지도자의 차이였습니다. 지도자는 도덕적으로 떳떳하고 약점이 없어야 합니다.

즉 도덕성이 큰 힘입니다. 이는 제시한 비전을 실현시키기 위한 강한 정책을 펼 수 있는 추진력이 됩니다. 청렴은 자치단체장으로서 성공할 수 있는 근본이며, 덕의 근원입니다. 청렴 없이 쌓아 올린 공적은 바람만 불면 넘어지는 사상누각으로서 모든 공직자는 물론 단체장에게는 더더욱 요구되는 덕목입니다.

주민들에 의해 선출된 단체장이 개인적 욕심을 채우기 위해 비리에 연루된 사건이 종종 있었습니다. 이는 개인적으로 뿐만 아니라 지역주민에게도 안타까운 일입니다. 우수한 인재를 잃게 되고 지역주민은 단체장을 잘못 뽑았다는 자책을 해야 하며, 무엇보다 지역주민의 희망을 꺾고 발전적 노력에 찬물을 끼얹는 꼴이 됩니다. 이는 단체장이 청렴의 덕목을 갖지 못했기 때문입니다.

하지만 너무 위만 맑다고 해서 최선은 아닙니다. 단체장은 맑다고 해도 단체장이 모르는 사이에 아래가 썩을 수 있으며 썩게 만드는 경우도 있습니다. 그랬을 때 더 큰 문제가 일어납니다. 역대 새로운 정부가 탄생하여 개혁의 기치를 내걸었을 때 가장 먼저 공직의 부정부패 척결을 위해 칼을 휘둘렀지만 성과는 별로 없었습니다. 최고의 지도자만 청렴결백을 강조하여 아래가 썩는 것을 막지 못했기 때문입니다.

부정부패는 공직사회에만 있는 것이 아닙니다. 예를 들어 몇 년 전에 언론에 보도된 제약사와 병원 간의 수천억에 달하는 리베이트와 같이 공직사회 이외에도 정치, 경제, 사회 전반에 걸쳐 부정부패가 발현될 수 있고, 이를 막지 못하면 지역사회의 민주질서 및 시장경제질서를 해치는 여러 폐해가 나타나고 공직사회도 깨끗해 질 수 없습니다.

부정부패를 척결할 수 있는 가장 좋은 방법은 첫째, 지도자가 청렴을 솔선수범해야 하며, 둘째, 단체장은 아래가 썩지 않게 법과 제도를 시스템화하여 관리해야 하고, 셋째, 행정조직뿐만 아니라 지역사회에서의 부정부패 척결에도 노력을 기울여야 합니다.

Ⅲ. 지방정부의 물적 역량

지방정부의 인적 역량에 더하여 물적 역량에 대한 분석은 다음과 같다.

물적 역량은 재정능력, 절차적 능력, 정보화의 세 가지 요인으로 구성되어 있다. 먼저 지방정부의 재정능력은 건전성과 효율성 두 변수로 구성되어 있다.

1. 재정 역량

1) 분석방법

지방정부의 재정 역량을 측정하기 위하여 행자부의 재정분석지표를 활용하지만 이 지표들에 대한 한계점이 있다. 즉 개별지표는 문제가 없더라도, 종합하였을 경우 나타나는 통계적 한계와 예산회계제도 및 재정통계기반의 특성에 따른 한계 등 구조적인 문제를 내포하고 있다는 것이다(임성일 외, 2004).

본 연구에서는 이러한 지표특성의 한계점을 극복하기 위하여 각 평가지표들에 대하여 먼저 표준화 작업을 실시하였다. 이는 척도가 동일한 경우라 하더라도 지표 간 단위의 상이로 인해 상호비교가 어려운바, 각 지표를 1차적으로 표준화점수로 변환하였다. 또한 표준화 점수를 활용하기 위해서는 해당 지표 값에 대해 대상 집단이 정규분포(normal distribution)를 이룬다는 가정이 있어야 하는데, 본 연구의 대상인 광역 16개, 기초 234개 단체로서 중심극한정리(central limit theorem)에 따라 지표 값에 대해 어느 정도 정규분포를 이룰 것으로 판단된다.

$$Z_{ij} = \frac{X_{ij} - X_i}{\sigma_i}$$

단, Z_{ij}: j 지방정부의 변수 i의 표준화점수

X_{ij}: j 지방정부의 변수 i

X_i: i 변수의 평균

σ_i: i 변수의 표준편차

또한 지표의 표준화 점수 결과를 종합평점으로 환산하기 위해서는 각 지표별 평가 등급구간의 설정과 함께 평가 점수 범위를 설정해야 한다. 평

가점수의 범위 설정에 있어서 가장 중요한 점은 기본점수를 부여할 것인가의 문제이다. 지방재정평가 결과를 종합점수로 환산하기 위하여 각 지표별 평가점수에 대한 기본점수 부여의 방법으로 곽채기(2000)는 기본점수를 부여할 경우 평가결과가 뚜렷하게 차등화되기 어렵다는 점을 지적하고 평가스케일을 0~100(%)로 설정하는 것이 합리적이라고 판단하고 있다. 또한 지방행정연구원(2004)은 원자료를 Z-score로 표준화(정규분포, 평균이 0이고 표준편차가 1)한 후, 다시 T값(50+10*Z)으로 환산하는 방법을 사용하였다. 곽채기(2000)의 분석방법이 지방정부를 상대적으로 비교하는 데 있어서는 보다 합리적이기는 하지만 광역지방정부의 경우 16개밖에 되지 않고 극단적으로 0점(%)을 받는 지방정부가 발생하는 한계가 있다. 따라서 본 분석에서는 지방행정연구원(2004)의 점수화방식을 원용 및 보완하여 분석하였다.

$$Tj = 50 + (\text{표준편차} \times Z \ \text{score})$$

단, T_j: j 지방정부의 표준화 점수 z의 T점수

50: 평균(0~100점의 평균)

2) 지방정부 재정 건전성

(1) 특별시·광역시 및 도

광역정부에 대한 재정건전성을 살펴본 결과 [표 4-21]에서와 같이 대구광역시가 평균 56.44로 1위를 차지하였다. 광주광역시(53.99), 울산광역시(53.63) 등이 그 다음 순으로 나타났다. 지방재정의 자립도를 기준으로 보면 서울시가 1위 이지만 전체 건전성 면에서는 낮은 결과가 나타났다. 각 지표별 평균값들을 보면 비슷하게 나타났으나 세입세출충당비율의 점수가 다소 높게 나타났다.

(2) 시

시는 수원시가 전체 평균 59.34로 1위를 차지하였으며, 전주시(59.03), 구미시(58.55), 용인시와 청주시(58.31), 포항시(57.43), 안산시(56.72), 안양시(56.04) 순으로 나타났다.

[표 4-21] 특별시, 광역시 및 도의 재정 건전성(상위 5개)

단 체 명	자 주 성		안 전 성			건전성 평 균	건전성 순 위	전체 순위
	재 정 자립도	재정력 지수	경상수지 비율	세입세출 충당비율	지 방 채 상환비율			
대구시	58.13	57.24	52.91	44.28	69.61	56.44	1	1
광주시	53.35	51.99	48.38	48.94	66.99	53.93	2	10
울산시	56.85	55.68	46.50	51.68	57.45	53.63	3	2
부산시	58.62	57.08	43.22	45.93	60.79	53.13	4	15
대전시	58.32	55.46	46.50	43.46	55.30	51.81	5	3
전체평균	50.00	50.00	50.00	50.00	50.00	50.00		

[표 4-22] 시의 재정 건전성(상위 10개 시)

단 체 명	자 주 성		안 전 성			건전성 평균	건전성 순위	전체 순위
	재 정 자립도	재정력 지수	경상수지 비율	세일세출 충당비율	지방채상 환비율			
수원시	67.70	87.23	41.66	48.94	51.18	59.34	1	3
전주시	57.28	57.50	58.62	55.99	65.76	59.03	2	1
구미시	69.00	64.44	46.37	47.18	65.76	58.55	3	13
용인시	67.70	101.44	21.87	54.22	46.33	58.31	4	2
청주시	67.05	65.10	48.25	45.41	65.76	58.31	4	28
포항시	63.14	60.80	45.43	47.18	70.62	57.43	6	26
안산시	70.30	81.62	36.00	54.22	41.47	56.72	7	4
안양시	71.60	73.69	44.48	48.94	41.47	56.04	8	11
광양시	60.54	55.52	50.14	57.75	56.04	56.00	9	14
김포시	56.63	61.80	39.77	55.99	65.76	55.99	10	20
전체평균	53.23	55.72	43.65	51.16	55.22	51.79		

(3) 군

군은 [표 4-23]에서와 같이 당진군이 54.97로 1위로 나타났다. 그 뒤로

남제주군(53.15), 서천군(52.90), 북제주군(52.90), 완도군(51.83), 진천군(52.71), 철원군(51.29), 함평군(51.28)으로 나타났다.

[표 4-23] 군의 재정 건전성(상위 10개 군)

단 체 명	자 주 성		안 전 성			건전성 평균	건전성 순위	전체 순위
	재 정 자립도	재정력 지수	경상수지 비율	세입세출 충당비율	지방채상 환비율			
당진군	49.47	49.57	42.60	57.75	75.48	54.97	1	2
남제주군	40.36	45.94	44.48	59.51	75.48	53.15	2	4
서천군	42.97	43.96	42.60	59.51	75.48	52.90	3	3
북제주군	44.92	47.26	50.14	61.27	60.90	52.90	4	9
완도군	39.06	41.97	51.08	61.27	65.76	51.83	5	18
진천군	51.43	46.60	45.43	54.22	60.90	51.72	6	11
철원군	40.36	43.63	45.43	61.27	65.76	51.29	7	19
함평군	40.36	41.97	50.14	63.04	60.90	51.28	8	30
홍성군	43.62	44.62	42.60	59.51	65.76	51.22	9	17
부여군	42.97	44.29	50.14	55.99	60.90	50.86	10	73
전체평균	42.56	43.93	46.18	54.84	51.18	47.74		

(4) 자 치 구

기초정부 중 자치구는 [표 4-24]에서와 같이 서울시 강남구(63.52)의 재정 건전성이 제일 높은 것으로 나타났다. 다음으로 대구광역시의 중구(60.94), 서울시의 중구(60.47), 대구시의 서구(59.41), 광주시의 광산구(57.09), 부산시의 중구(56.74), 광주시의 동구(56.29), 서울시의 서초구(55.74), 대구시의 북구(55.50), 대전시의 서구(55.05) 순으로 나타났다.

3) 지방정부 재정 효율성

(1) 특별시·광역시 및 도

광역자치단체에 대한 재정 효율성을 살펴본 결과 [표 4-25]에서와 같이

[표 4-24] 자치구의 재정 건전성(상위 10개 자치구)

단 체 명	자 주 성		안 전 성			건전성 평균	건전성 순위	전체 순위
	재 정 자립도	재정력 지수	경상수지 비율	세입세출 충당비율	지방채상 환비율			
서울 강남구	89.18	101.44	52.02	38.37	36.61	63.52	1	1
대구 중구	63.79	47.26	86.89	50.70	56.04	60.94	2	6
서울 중구	87.23	86.57	62.39	29.56	36.61	60.47	3	5
대구 서구	55.98	42.97	81.23	55.99	60.90	59.41	4	30
광주 광산구	49.47	49.57	70.87	59.51	56.04	57.09	5	14
부산 중구	57.94	50.23	72.75	41.89	60.90	56.74	6	25
광주 동구	50.13	50.56	71.81	57.75	51.18	56.29	7	35
서울 서초구	89.83	75.34	61.44	15.46	36.61	55.74	8	40
대구 북구	52.73	44.95	70.87	57.75	51.18	55.50	9	17
대전 서구	54.68	47.26	58.62	48.94	65.76	55.05	10	21
전체평균	56.09	51.48	62.19	42.36	42.54	50.93		

[표 4-25] 특별시, 광역시 및 도의 재정 효율성(상위 5개)

단 체 명	생 산 성			노 력 성		효율성 평균	효율성 순위	전체 순위
	재정계획 운영비율	세입예산 반영비율	투자비 비율	자체수입 증감율	경상경비 증감율			
울산시	79.75	47.93	44.13	55.20	53.43	56.09	1	2
충청남도	44.17	58.06	60.01	73.18	42.66	55.62	2	5
전라남도	51.35	55.96	61.59	48.96	53.43	54.26	3	7
경기도	54.07	61.90	39.76	54.07	59.20	53.80	4	4
대구시	48.74	55.61	39.66	53.03	70.22	53.45	5	1
전체평균	50.00	50.00	50.00	50.00	50.00	50.00		

울산시(56.09)가 1위로 나타났다. 다음으로 충청남도(55.62), 전라남도(54.26), 경기도(53.80), 대구시(53.45), 경상북도(53.42) 등으로 나타났다.

(2) 시

시에 대한 재정 효율성을 살펴본 결과 [표 4-26]에서 보는 바와 같이 전주시(67.10)가 1위로 나타났다. 다음으로 아산시(59.62), 용인시(59.33), 삼척시(58.01), 강릉시(57.93), 양산시(57.65), 동해시(56.91) 순으로 나타났다.

[표 4-26] 시의 재정 효율성(상위 10개 시)

단 체 명	생 산 성			노 력 성		효율성 평균	효율성 순위	전체 순위
	재정계획 운영비율	세입예산 반영비율	투자비 비율	자체수입 증감율	경상경비 증감율			
전주시	59.66	66.04	46.10	104.74	58.95	67.10	1	1
아산시	60.54	60.67	52.52	64.52	59.85	59.62	2	8
용인시	67.99	47.25	57.11	66.24	58.05	59.33	3	2
삼척시	52.66	41.88	67.19	76.59	51.74	58.01	4	17
강릉시	43.90	63.35	64.44	59.92	58.05	57.93	5	7
양산시	48.71	74.09	54.35	53.03	58.05	57.65	6	5
동해시	56.60	52.62	58.94	61.07	55.34	56.91	7	6
광주시	64.48	44.56	55.27	57.63	58.05	56.00	8	9
안성시	49.59	60.67	59.86	54.18	53.54	55.57	9	21
포천시	75.43	47.25	52.52	44.99	56.24	55.29	10	25
전체평균	49.53	50.77	52.79	49.90	50.18	50.60		

(3) 군

군에 대한 재정 효율성을 살펴본 결과 [표 4-27]에서와 같이 양양군이 평균 62.16으로 1위로 나타났으며 다음으로 무주군(60.56), 함양군(59.07), 금산군(58.08), 연기군(57.04). 영동군(56.40), 울진군(56.15), 강원도 고성군(56.06), 서천군(55.86), 하동군(55.56) 순으로 나타났다.

[표 4-27] 군의 재정 효율성(상위 10개 군)

단 체 명	생 산 성			노 력 성		효율성 평균	효율성 순위	전체 순위
	재정계획 운영비율	세입예산 반영비율	투자비 비율	자체수입 증감율	경상경비 증감율			
양양군	45.65	60.67	69.94	84.63	49.93	62.16	1	1
무주군	41.27	57.98	68.11	78.31	57.15	60.56	2	5
함양군	51.34	52.62	69.94	69.69	51.74	59.07	3	20
금산군	46.09	79.46	58.02	54.18	52.64	58.08	4	6
연기군	56.60	76.77	49.77	53.03	49.03	57.04	5	7
영동군	46.96	60.67	62.61	58.20	53.54	56.40	6	10
울진군	50.03	49.93	61.69	61.07	58.05	56.15	7	78
고성군(강원)	48.71	52.62	69.94	58.20	50.84	56.06	8	35
서천군	60.54	66.04	54.35	48.43	49.93	55.86	9	3
하동군	48.28	52.62	64.44	61.65	50.84	55.56	10	31
전체평균	46.90	53.82	56.46	50.63	49.94	51.55		

(4) 자 치 구

자치구에 대한 재정 효율성을 살펴본 결과 [표 4-28]과 같이 대전광역시 동구가 평균 60.74로 1위로 나타났으며, 다음으로 대전광역시 유성구(56.46), 서울시의 강북구(55.24), 광주광역시의 남구(55.15), 부산광역시의 해운대구(52.95), 인천광역시의 중구(51.79), 울산광역시의 동구(51.53), 부산광역시의 서구(51.26), 서울시의 구로구(50.98), 울산광역시의 북구(50.97) 순으로 나타났다.

4) 재정 역량: 종합

지방정부별로 재정 역량을 살펴보면 다음 [표 4-29]와 같다. 광역자치단체의 경우 대구광역시, 울산광역시, 대전광역시 순으로 재정 역량이 높은 것으로 나타났다. 서울시는 효율성 부문에서 최하위 분석결과가 나타나 전체적으로 재정 역량에서 최하위에 머물렀다.

[표 4-28] 자치구의 재정 효율성(상위 10개 자치구)

단 체 명	생 산 성			노 력 성		효율성 평균	효율성 순위	전체 순위
	재정계획 운영비율	세입예산 반영비율	투사비 비율	사체수입 증감율	경상경비 증감율			
대전 동구	57.47	74.09	47.02	74.29	50.84	60.74	1	2
대전 유성구	50.03	63.35	45.18	65.67	58.05	56.46	2	3
서울 강북구	93.39	44.56	36.01	49.58	52.64	55.24	3	15
광주 남구	50.03	79.46	50.69	43.84	51.74	55.15	4	4
부산해운대구	69.30	49.93	46.10	44.99	54.44	52.95	5	11
인천 중구	48.71	52.62	40.60	67.97	49.03	51.79	6	12
울산 동구	71.49	49.93	37.85	48.43	49.93	51.53	7	7
부산 서구	56.60	52.62	49.77	45.56	51.74	51.26	8	28
서울 구로구	82.00	47.25	33.26	47.86	44.53	50.98	9	32
울산 북구	57.47	44.56	45.18	49.58	58.05	50.97	10	8
전체평균	54.79	44.13	38.39	49.29	49.87	47.29		

[표 4-29] 광역자치단체 재정 역량(상위 5개)

광역자치단체	건전성 부문	효율성 부문	재정역량	순 위
대구광역시	2.82	2.67	2.75	1
울산광역시	2.68	2.80	2.74	2
대전광역시	2.59	2.65	2.62	3
경기도	2.53	2.69	2.61	4
충청남도	2.36	2.78	2.57	5
전체평균	2.50	2.50	2.50	

시의 재정 역량을 종합적으로 살펴보면 [표 4-30]과 같이 전라북도 전주시의 재정 역량이 가장 좋은 것으로 나타났으며, 다음으로 경기도 용인시, 경기도 수원시, 경기도 안산시, 경상남도 양산시 순으로 나타났다.

[표 4-30] 시의 재정 역량(상위 10개 시)

광역자치단체	시	건전성 부문	효율성 부문	재정역량	순 위
전라북도	전주시	2.95	3.36	3.15	1
경기도	용인시	2.92	2.97	2.94	2
경기도	수원시	2.97	2.62	2.79	3
경기도	안산시	2.84	2.73	2.78	4
경상남도	양산시	2.67	2.88	2.78	5
강원도	동해시	2.67	2.85	2.76	6
강원도	강릉시	2.59	2.90	2.75	7
충청남도	아산시	2.49	2.98	2.73	8
경기도	광주시	2.67	2.80	2.73	9
경기도	남양주시	2.66	2.74	2.70	10
전체평균		2.59	2.53	2.56	

83개 군의 재정 역량을 종합적으로 분석하면 [표 4-31]과 같이 강원도

[표 4-31] 군 재정역량(상위 10개 군)

광역자치단체	군	건전성 부문	효율성 부문	재정역량	순 위
강원도	양양군	2.44	3.11	2.77	1
충청남도	당진군	2.75	2.74	2.74	2
충청남도	서천군	2.65	2.79	2.72	3
제주도	남제주군	2.66	2.75	2.71	4
전라북도	무주군	2.34	3.03	2.69	5
충청남도	금산군	2.45	2.90	2.68	6
충청남도	연기군	2.41	2.85	2.63	7
제주도	북제주군	2.65	2.58	2.61	8
충청북도	영동군	2.39	2.82	2.61	9
충청북도	진천군	2.59	2.59	2.59	10
전체평균		2.38	2.58	2.48	

양양군이 가장 높은 것으로 나타났고, 그 다음으로 충청남도 당진군과 서천군이 그 뒤를 잇고 있으며, 제주도의 남제주군과 전라북도 무주군이 상위 5개 군에 포함되는 것으로 나타났다.

자치구의 경우 [표 4-32]에서와 같이 74개 자치구 가운데 서울시 강남구의 재정 역량이 가장 높은 것으로 나타났다. 다음으로 대전광역시 동구와 유성구, 광주광역시 남구, 울산광역시 울주군의 재정 역량이 높게 나타났다.

[표 4-32] 자치구의 재정 역량(상위 10개 자치구)

광역자치단체	자 치 구	건전성 부문	효율성 부문	재정역량	순 위
서울특별시	강남구	3.18	2.43	2.80	1
대전광역시	동 구	2.37	3.04	2.70	2
대전광역시	유성구	2.49	2.82	2.66	3
광주광역시	남 구	2.53	2.76	2.65	4
울산광역시	울주군	2.50	2.76	2.63	5
서울특별시	중 구	3.02	2.19	2.60	6
대구광역시	중 구	3.05	2.16	2.60	7
울산광역시	동 구	2.61	2.58	2.59	8
울산광역시	북 구	2.62	2.55	2.58	9
부산광역시	강서구	2.66	2.51	2.58	10
전체평균		2.54	2.38	2.46	

2. 절차적 역량

물적 역량의 두 번째 요인은 절차적 능력이다. 절차적 능력은 의사결정의 신속성과 절차의 민주성으로 측정된다. 의사결정의 신속성은 기안담당자로부터 최종결정권자에게 이르는 결정과정의 신속성을 의미하며, 절차의 민주성은 정책결정시 이해당사자 및 부하직원의 의견을 수렴하고 반영하는 정도를 의미한다. [그림 4-17]에서 보는 바와 같이 지방정부의 의사결정의 신속성은 59점 정도이며, 절차의 민주성은 약 58점으로 매우 낮은 수준이라 하겠다. 따라서 종합적인 절차적 능력은 58점 정도로 보다 신속한 의사결정을 추구하면서도, 이해당사자 및 부하직원의 의견이 정책결정시 반영될 수 있는 제도적 장치의 마련이 필요하다고 하겠다.

[그림 4-17] 지방자치단체의 절차적 능력

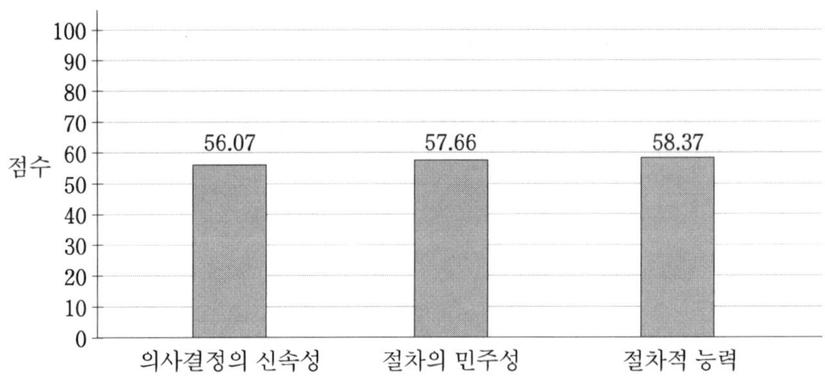

절차적 역량을 살펴보면 광역정부의 경우 경기도, 충청북도의 절차적 능력이 가장 높은 것으로 나타났다([표 4-33] 참조).

[표 4-33] 광역정부의 절차적 역량(상위 5개)

순 위	광 역	의사결정의 신속성-결재의 신속성	절차의 민주성-의견수렴	절차적 능력
1	경기도	4.33	4.17	4.25
1	충청북도	4.50	4.00	4.25
3	서울특별시	4.17	4.17	4.17
4	부산광역시	4.00	4.00	4.00
4	제주도	4.25	3.75	4.00
전체평균		3.97	3.67	3.82

시의 경우 [표 4-34]에서와 같이 경기도 파주시, 경기도 군포시, 경기도

과천시, 경기도 안성시와 전라북도 김제시의 절차적 능력이 높은 것으로 나타났다.

[표 4-34] 시의 절차적 능력(상위 10개 시)

순 위	광 역	시	의사결정의 신속성-결재의 신속성	절차의 민주성-의견수렴	절차적 능력
1	경기도	파주시	5.00	5.00	5.00
2	경기도	군포시	5.00	4.50	4.75
3	경기도	과천시	5.00	4.00	4.50
4	경기도	안성시	5.00	4.00	4.50
5	전라북도	김제시	5.00	4.00	4.50
6	제주도	서귀포시	5.00	4.00	4.50
7	경상남도	진해시	4.67	3.92	4.29
8	전라남도	나주시	4.17	4.42	4.29
9	전라북도	익산시	4.50	4.00	4.25
10	경상북도	안동시	4.17	4.33	4.25
전체평균			3.67	3.54	3.60

군의 경우 [표 4-35]에서와 같이 전라남도 구례군, 전라남도 강진군, 전라남도 함평군의 절차적 능력이 높게 나타났다.

자치구의 절차적 능력은 [표 4-36]에서와 같이 인천광역시의 강화군, 부산광역시의 동래구, 부산광역시의 수영구, 서울특별시의 용산구, 부산광역시의 중구가 높은 것으로 나타났다.

종합적으로 절차적 능력을 광역정부와 기초정부로 나누어서 살펴보면 광역정부의 절차적 능력이 기초정부의 절차적 능력보다 더 높은 것으로 나타났다. 의사결정의 신속성과 절차의 민주성 측면에서 광역정부가 기초정부보다 더 우수한 절차적 능력을 가지고 있는 것으로 나타났다. 기초정부의 경우 큰 차이는 없지만 자치구가 시나 군보다 조금 더 나은 절차적 능력을 지니고 있는 것으로 나타났다([표 4-37] 참조).

[표 4-35] 군의 절차적 능력(상위 10개 군)

순 위	광 역	군	의사결정의 신속성-결재의 신속성	절차의 민주성-의견수렴	절차적 능력
1	전라남도	구례군	5.00	5.00	5.00
2	전라남도	강진군	4.42	4.42	4.42
3	전라남도	함평군	4.25	4.33	4.29
4	전라남도	고흥군	4.00	4.33	4.17
5	경상북도	청도군	4.25	4.00	4.13
6	전라남도	화순군	3.83	4.33	4.08
7	경상남도	거창군	4.25	3.88	4.06
8	경상북도	의성군	4.08	4.00	4.04
9	강원도	양양군	4.00	4.00	4.00
10	강원도	횡성군	4.00	4.00	4.00
전체평균			3.66	3.57	3.61

[표 4-36] 자치구의 절차적 능력(상위 10개 자치구)

순 위	광 역	자치구	의사결정의 신속성-결재의 신속성	절차의 민주성-의견수렴	절차적 능력
1	부산광역시	동래구	5.00	4.00	4.50
2	부산광역시	수영구	4.50	4.25	4.38
3	서울특별시	용산구	4.11	4.44	4.28
4	부산광역시	중 구	4.50	4.00	4.25
5	부산광역시	서 구	4.08	4.33	4.21
6	대구광역시	북 구	4.08	4.17	4.13
7	서울특별시	구로구	4.44	3.78	4.11
8	서울특별시	금천구	4.08	4.08	4.08
9	부산광역시	강서구	4.17	4.00	4.08
10	서울특별시	강서구	4.00	4.00	4.00
전체평균			3.75	3.59	3.67

[표 4-37] 절차적 능력 비교

	의사결정의 신속성-결재의 신속성	절차의 민주성-의견수렴	절차적 능력
광 역	3.97	3.67	3.82
시	3.67	3.54	3.60
군	3.66	3.57	3.61
자치구	3.75	3.59	3.67
전체평균	3.76	3.59	3.68

3. 정보화 역량

물적 역량을 구성하는 마지막 요인은 정보화이다. 정보화는 두 가지 변수로 구성되어 있는데, 하나는 전자정부의 구축 및 활성화 의지이고, 다른 하나는 전자정부를 통한 시민참여 확대 의지이다.

[그림 4-18]에서 보는 바와 같이, 지방정부의 전자정부 구축 및 활성화 의지는 74점 정도이고, 전자정부를 통한 시민참여 확대 의지는 72점 정도이다.

[그림 4-18] 지방정부의 정보화 능력

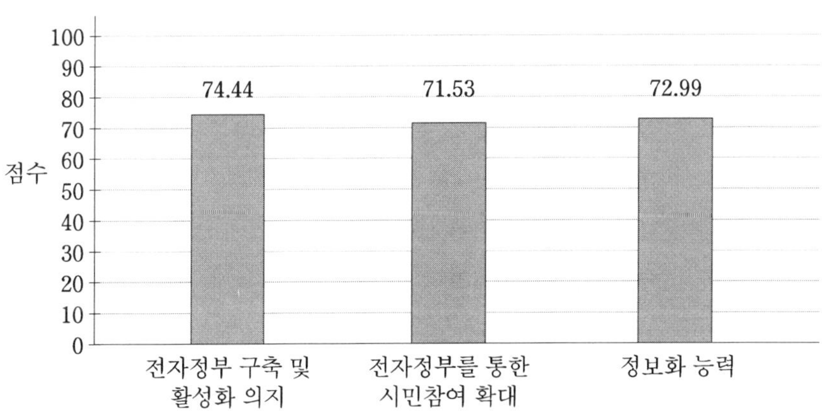

지방정부의 종합적인 정보화 능력은 73점 정도로, 보통보다 약간 높은 수준이라 하겠다.

광역정부의 정보화 능력을 살펴보면 서울시의 정보화 능력이 가장 높은 것으로 나타났으며, 그 뒤를 인천광역시가 뒤따르고 있다([표 4-38] 참조).

서울시와 인천광역시는 80점 이상의 수준을 지니고 있는 것으로 나타났으며, 그 뒤를 이어 경상남도와 경기도는 70점대 수준의 정보화 능력을 가지고 있는 것으로 나타났다.

[표 4-38] 광역정부의 정보화 능력(상위 5개)

순위	광역정부	전자공공관리	전자대민서비스	전자민주주의			정보화 능력
		전자정부 구축 및 활성화 의지	전자대민 서비스 시스템 구축 수준	전자정부를 통한 시민참여 확대 의지	전자 민주주의 시스템 구축 수준	전자민주주의 지수	
1	서울시	4.77	4.17	4.65	2.27	3.46	4.10
2	인천광역시	4.92	3.53	4.92	3.09	4.01	4.05
3	경상남도	5.00	2.71	5.00	3.18	4.09	3.76
4	경기도	4.32	3.30	4.39	2.45	3.42	3.61
5	충청남도	4.12	2.98	4.05	2.82	3.44	3.43
전체평균		4.25	3.12	4.11	2.46	3.29	3.47

71개 시의 정보화 능력을 분석한 결과 [표 4-39]와 같이 경상북도 구미시의 정보화 능력이 가장 높은 것으로 나타났다. 그 다음으로 경상남도 창원시, 경기도 군포시, 경상북도 문경시, 경상남도 통영시 순으로 나타났다.

[표 4-39] 시의 정보화 능력(상위 10개 시)

순위	광역	시	전자공공 관리	전자대민 서비스	전자민주주의			정보화 능력
			전자정부 구축 및 활성화 의지	전자대민 서비스 시스템 구축 수준	전자 정부를 통한 시민참여 확대 의지	전자 민주주의 시스템 구축 수준	전자 민주주의 지수	
1	경상북도	구미시	4.81	2.71	4.78	2.91	3.84	3.63
2	경상남도	창원시	4.52	3.26	4.50	2.00	3.25	3.58
3	경기도	군포시	5.00	2.29	4.92	1.91	3.41	3.37
4	경상북도	문경시	4.43	2.75	4.46	2.00	3.23	3.35
5	경상남도	통영시	4.00	2.94	4.30	2.36	3.33	3.34
6	전라남도	순천시	4.05	2.89	4.17	2.27	3.22	3.30
7	전라남도	나주시	4.67	2.61	5.00	1.09	3.05	3.29
8	경기도	파주시	4.83	2.20	4.60	2.27	3.44	3.29
9	전라남도	광양시	4.19	2.80	4.00	2.36	3.18	3.29
10	경기도	의왕시	3.14	3.76	3.07	2.45	2.76	3.27
전체평균			3.92	2.23	3.75	1.54	2.65	2.81

74개 군의 정보화 능력을 분석하여 보면 경기도 연천군이 가장 높은 것으로 나타났다(표 4-40 참조). 경기도 연천군의 경우 전자정부 구축 및 활성화 의지는 다른 군에 비하여 상대적으로 낮으나 전자 공공서비스 시스템 구축 수준이 상대적으로 높은 것으로 나타났다. 연천군의 뒤를 이어 전라남도 담양군과 구례군 그리고 강원도 고성군과 양양군의 정보화 능력이 높은 것으로 나타났다. 이들 4개 군은 전자정부 구축 및 활성화 의지와 전자정부를 통한 시민참여 확대 의지는 높지만 정보시스템 구축 수준은 낮은 것으로 나타났다. 이는 해당 군의 재정 역량과 관련되는 것으로 보인다.

[표 4-40] 군의 정보화 능력(상위 10개 군)

순위	광 역	군	전자 공공관리	전자대민 서비스	전자민주주의			정보화 능력
			전자정부 구축 및 활성화 의지	전자대민 서비스 시스템 구축 수준	전자정부를 통한 시민참여 확대 의지	전자민주주의 시스템 구축 수준	전자 민주주의	
1	경기도	연천군	3.92	3.53	3.81	2.55	3.18	3.52
2	전라남도	담양군	4.49	2.84	4.28	1.82	3.05	3.34
3	전라남도	구례군	4.92	2.34	4.66	1.64	3.15	3.28
4	강원도	고성군	4.96	2.66	5.00	0.27	2.64	3.25
5	강원도	양양군	4.37	2.84	3.96	1.64	2.80	3.23
6	전라남도	장성군	4.27	2.66	4.78	1.36	3.07	3.21
7	경기도	양평군	4.00	2.52	3.42	3.18	3.30	3.16
8	충청남도	홍성군	4.22	2.43	4.22	2.00	3.11	3.12
9	전라남도	영광군	4.26	2.57	4.04	1.55	2.79	3.08
10	경상북도	봉화군	3.39	2.98	3.46	2.36	2.91	3.06
전체평균			3.85	2.11	3.69	1.18	2.44	2.67

67개 자치구의 정보화 능력을 분석하여 [표 4-41]에서와 같이 보면 서울시 강남구가 가장 높은 것으로 나타났다. 뒤를 이어 서울시 영등포구, 구로구, 서초구, 강동구 순이다.

종합적으로 정보화 능력을 광역정부와 기초정부로 나누어 비교하여 보면 광역정부의 정보화 능력이 기초정부보다 상당히 높은 것으로 나타났다. 전자정부 구축 및 활성화 의지와 전자정부를 통한 시민참여 확대 의지 등 정보화 의지·태도 부분에서 뿐만 아니라 전자 공공서비스 제공 정보 시스템과 전자민주주의 정보 시스템 수준에서도 광역정부가 기초정부보다 상당히 높은 것으로 나타났다. 기초정부의 경우 자치구의 정보화 능력이 시나 군보다 높은 것으로 나타났는데, 특히 정보 시스템 구축에서 자치구가 시나 군보다 더 잘 되어 있는 것으로 나타났다([표 4-42] 참조).

[표 4-41] 자치구의 정보화 능력(10개 상위 자치구)

순위	광 역	시	전자 공공관리	전자대민 서비스	전자민주주의			정보화 능력
			전자정부 구축 및 활성화 의지	전자대민 서비스 시스템 구축 수준	전자정부를 통한 시민참여 확대 의지	전자민주주의 시스템 구축 수준	전자 민주주의 지수	
1	서울특별시	강남구	4.77	4.27	4.77	3.27	4.02	4.32
2	서울특별시	영등포구	4.81	3.76	4.68	2.82	3.75	4.03
3	서울특별시	구로구	4.71	3.62	4.71	3.00	3.86	3.98
4	서울특별시	서초구	4.36	3.85	4.47	2.73	3.60	3.90
5	서울특별시	강동구	4.39	3.62	4.24	3.45	3.85	3.90
6	서울특별시	성북구	4.67	3.67	3.87	3.18	3.53	3.88
7	서울특별시	종로구	4.26	3.67	4.32	3.27	3.79	3.86
8	서울특별시	마포구	4.57	3.62	4.42	2.64	3.53	3.84
9	서울특별시	중랑구	4.63	3.53	4.57	2.45	3.51	3.81
10	서울특별시	노원구	4.72	3.72	3.48	2.45	2.97	3.73
전체평균			3.85	2.98	3.77	1.91	2.84	3.16

[표 4-42] 정보화 능력 비교

	전자공공관리	전자대민서비스	전자민주주의			정보화 능력
	전자정부 구축 및 활성화 의지	전자대민서비스 시스템 구축 수준	전자정부를 통한 시민참여 확대 의지	전자민주주의 시스템 구축 수준	전자 민주주의 지수	
광역	4.25	3.12	4.11	2.46	3.29	3.47
시	3.92	2.23	3.75	1.54	2.65	2.81
군	3.85	2.11	3.69	1.18	2.44	2.67
자치구	3.85	2.98	3.77	1.91	2.84	3.16
평균	3.97	2.61	3.83	1.77	2.81	3.03

Ⅳ. 지방정부의 내부 역량 종합

자치단체별 혁신역량을 종합하면 다음 [표 4-43]과 같다. 먼저 광역정부의 경우 충청북도와 인천광역시, 그리고 경기도의 혁신역량이 높은 것으로 나타났다.

[표 4-43] 광역정부의 혁신역량(상위 5개)

광역정부	인적 역량	물적 역량	지방정부 역량	순위
충청북도	4.71	3.13	4.45	1
인천광역시	4.72	3.01	4.43	2
경기도	4.55	3.26	4.33	3
서울특별시	4.41	3.05	4.19	4
부산광역시	4.37	2.96	4.13	5
전체평균	4.22	3.04	4.02	

시의 경우 [표 4-44]와 같이 전라남도 나주시, 경상남도 양산시, 경상북도 구미시, 경기도 군포시 등의 혁신역량이 높은 것으로 나타났다. 이들 시들은 비록 물적 역량은 낮으나 인적 역량이 높아 혁신역량이 높은 시로 나타났다.

군의 경우 [표 4-45]와 같이 전라남도 구례군과 화순군, 그리고 강원도 고성군의 혁신역량이 높은 것으로 나타났다. 이들 역시 인적 역량이 우수한 단체들이라 할 수 있다.

[표 4-44] 시의 혁신역량(상위 10개 시)

광역자치단체	시	인적 역량	물적 역량	지방정부 역량	순위
전라남도	나주시	4.90	3.15	4.61	1
경상남도	양산시	4.89	3.09	4.59	2
경상북도	구미시	4.82	3.22	4.55	3
경기도	군포시	4.79	3.33	4.55	4
경상남도	진주시	4.79	3.08	4.51	5
경기도	안성시	4.74	3.28	4.50	6
경상북도	안동시	4.67	3.02	4.40	7
경상남도	김해시	4.63	3.19	4.39	8
전라북도	김제시	4.64	3.11	4.39	9
경상남도	창원시	4.59	2.98	4.32	10
전체평균		4.04	2.91	3.85	

[표 4-45] 군의 혁신역량(상위 10개 군)

광역자치단체	군	인적 역량	물적 역량	지방정부 역량	순위
인천광역시	강화군	4.91	3.39	4.66	1
전라남도	구례군	4.80	3.38	4.56	2
전라남도	화순군	4.77	3.05	4.48	3
강원도	고성군	4.75	2.92	4.44	4
경상북도	청도군	4.67	3.04	4.40	5
전라남도	함평군	4.65	3.13	4.39	6
전라남도	강진군	4.59	3.06	4.33	7
경상북도	군위군	4.59	2.99	4.32	8
강원도	횡성군	4.59	2.95	4.32	9
경상북도	의성군	4.58	2.93	4.31	10
전체평균		4.03	2.85	3.83	

자치구의 경우 [표 4-46]과 같이 인천광역시 강화군, 대구광역시 동구, 서울특별시 구로구, 서울특별시 영등포구, 대구광역시 수성구 등의 혁신역량이 높은 것으로 나타났다.

[표 4-46] 자치구의 혁신역량(10개 상위 자치구)

광역자치단체	자치구	인적 역량	물적 역량	지방정부 역량	순위
대구광역시	동 구	4.89	2.98	4.57	1
서울특별시	구로구	4.64	3.22	4.41	2
서울특별시	영등포구	4.57	3.12	4.33	3
대구광역시	수성구	4.53	2.98	4.27	4
서울특별시	성북구	4.54	2.89	4.26	5
부산광역시	서구	4.45	3.11	4.22	6
부산광역시	사상구	4.45	3.03	4.21	7
서울특별시	서초구	4.44	3.05	4.21	8
광주광역시	남구	4.38	3.07	4.16	9
인천광역시	남구	4.39	2.98	4.15	10
전체평균		4.04	2.94	3.86	

V. 지방정부의 외부 역량

지방정부의 혁신 역량으로 외부 역량은 내부 역량 만큼이나 중요하다. 지방정부의 외부 역량이 지방정부 혁신에 중요한 영향요인이 됨을 지적한 연구는 과거부터 있어 왔지만(Hawkins, 1980; Burgess, 1975; ODPM, 2003) 실질적으로 외부 역량 측면을 관심 있게 고려한 연구는 많지 않다. 이에 이하에서는 지방정부의 정책혁신에 있어 지방정부 외부에 존재하는 다양한 외부 세력들의 참여를 통한 아이디어 제공과 압력행위, 구조적 기반들이 영향을 미칠 수 있음에 주목하여 외부 역량을 지방정부 혁신역량의 중요한 부분으로 포함하여 논의하고자 한다. 이를 위해 지방정부 외부 역량에 대한 분석을 수행하고자 한다.

지방정부의 외부 역량에는 시민사회 조직 부문으로 양적 부문에서는 시민단체의 수, 분야별 다양성, 회원 수, 정책 활동량, 재정기반 등의 측면과 함께 시민단체 활동의 질적 측면을 나타내는 의사소통 능력, 전문성, 홍보 능력, 여론수렴 능력 등으로 나누어 볼 수 있다. 한편 지방정부의 구조적 요인으로는 정치·문화·경제·사회적 요인들이 중요하게 작용할 것으로 본다. 다만 시민단체의 재정기반이나 정책 활동량, 회원 수 등 시민단체 역량의 양적 측면에 대한 주요 지표의 대부분에 있어서 우리나라의 통계적 자료를 쉽게 구할 수 없고, 지역별로 비교할 수 있는 신뢰할만한 데이터가 미비되어 있는 까닭에 시민단체 수만을 대표적으로 평가하고자 한다. 한편 시민단체의 질적 측면은 지방자치단체장이 평가하는 시민단체의 역량을 통해 살펴보고자 한다.

1. 시민집단

지방정부가 주민들의 의사를 중심으로 운영되는 정치체제라는 점에서 시민들의 역량은 매우 중요하다. 이는 FAUI에서 시민의 혁신역량을 혁신역량 요소 중 하나로 포함하고 있는 이유이기도 하다. 여기에서는 시민의 역량을 측정함에 있어 시민 개인의 활동도 중요하지만 시민단체가 보다 조직적으로 활동하여 혁신역량에 영향을 미칠 수 있음에 주목하여 시민단체를 중심으로 분석한다.

다만 전술한 바와 같이 시민단체의 재정기반이나 정책적 활동량, 회원 가입률 등 시민단체의 많은 양적 역량 지표들에 있어서 타당성을 지닌 데이터의 미비로 인해 시민단체 수의 지표를 대표적으로 평가하고자 한다. 지역별 시민단체 수의 자료는 행정안전부에 등록된 지역 시민단체의 등록지 주소를 중심으로 파악하였다.

1) 시민단체 역량의 양적 측면 — 시민단체 수

시민단체는 국가와 시장에 대응하여 시민과 시민사회의 자치권력을 옹호하고 시민의 권익대변과 정책변화를 추진하며, 시민을 직접적인 대상으로 하여 사회서비스를 제공하는 기능을 한다(O'Connell, 1994). 또한 지역사회에 사회적 자본 형성, 경제적 역할을 하며(Borris, 1999), 시민의 정치적 참여, 가치와 신념의 실현, 사회사업을 창출하는 기능을 한다(Frumkin, 2002). 즉 시민단체는 지역사회에 있어 정보제공, 국가 및 시장의 감시자, 이슈 생산, 사회 서비스 제공, 사회적 자본 생산, 정책적 대안 제시, 개혁선도자의 역할을 한다는 점에서 시민단체의 지역별 존립 여부, 분야별 다양성, 재정적 안정성, 상근직 직원 및 시민의 회원가입률 등 양적 측면은 주요한 시민사회 역량으로 기능하게 된다.

이처럼 시민단체의 양적 측면이 지방정부의 주요 외부 역량으로 작용할 수 있다는 점에서 지역별 시민단체의 수를 평가하였다. 기초지방정부를 중심으로 한 전체 234개 지역에 평균적으로 19.53개의 시민단체가 있었다([표 4-47] 참조). 하지만 지역별 편차는 상당히 큰 것으로 나타났다. 지역 내에 시민단체가 전혀 존재하지 않는 지역이 두 군데 있었고, 가장 많이 분포된 지역은 152개가 분포하고 있는 곳도 있었다. 지역 내에 시민단체 수가 100개가 넘는 곳은 전북 전주시, 경기 수원시, 제주시, 서울 종로구, 충북 청주시 등이었다. 반면 시민단체가 존재하지 않거나 1개 뿐인 지역은 충북 증평군, 전북 신안군, 전남 함평군, 전남 진도군, 충남 계룡시, 강원 영월군 등이었다([표 4-48] 참조).

[표 4-47] 지역 시민단체 수

N	234
평 균	19.53
표준편차	22.747
최소값	0
최대값	152

[표 4-48] 지역 시민단체 수의 분포

		빈 도	퍼센트	누적퍼센트
시민단체 수 범위	0-9개	97	41.5	41.5
	10-19개	63	26.9	68.4
	20-29개	30	12.8	81.2
	30-39개	15	6.4	87.6
	40-49개	11	4.7	92.3
	50-59개	7	3.0	95.3
	60-69개	3	1.3	96.6
	80-89개	2	.9	97.4
	90-99개	1	.4	97.9
	100-109개	2	.9	98.7
	120-129개	1	.4	99.1
	140-149개	1	.4	99.6
	150-159개	1	.4	100.0
	합 계	234	100.0	

2) 시민단체 역량의 질적 측면

시민단체 역량의 질적 측면은 시민단체의 의사소통 능력, 전문성, 홍보능력, 여론수렴능력, 업무처리의 투명성, 부패방지 및 시정노력, 혁신의지, 시민요구 파악능력, 시민요구를 해결할 대안제시 능력 등으로 평가된다. 시민단체의 질적 역량은 지방자치단체장을 중심으로 한 시민단체 평가 설문을 중심으로 점수화하였다. 평가결과는 다음 [표 4-49]와 같다.

대다수의 지표에서 시민단체의 역량을 보통 수준 정도인 것으로 평가하고 있다. 다만 상대적으로 상대에게 명확한 의견을 전달하는 능력이나 부패방지 및 시정노력, 시민요구의 파악능력 측면에서 높은 점수를 받고 있다. 한편 시민요구를 해결할 대안 제시 능력, 여론수렴능력 등은 낮은 편으로 평가받고 있으며, 특히 시민단체의 전문성 부족에 대해서는 다른 측면에 비

[표 4-49] 시민단체의 질적 측면 역량 평가 결과

시민단체의 질적 역량 측정 지표	점 수
상대에게 명확한 의견을 전달하는 능력	3.34
전문성	2.99
홍보능력	3.11
여론수렴능력	3.06
업무처리의 투명성	3.15
부패방지 및 시정노력	3.30
혁신의지	3.28
시민요구 파악능력	3.21
시민요구를 해결 할 대안 제시 능력	3.05

(1: 매우 없음, 2: 약간 없음, 3: 보통, 4: 약간 많음, 5: 매우 많음)

해 가장 부정적이었다. 전문성이나 시민요구를 해결할 대안제시 능력 등은 지방자치단체장이 시민단체에 갖는 일반적인 문제의식 및 불신의 이유 등으로 작용하고 있는 것으로 보인다.

2. 구조적 요인

지방정부의 외부 혁신 역량으로서 FAUI는 구조적 요인을 제시하였다. 정치·문화·경제·사회적 부문의 역량을 분석하면 다음과 같다.

1) 정치적 요인

(1) 정치관심도

지방정부 주민들의 정치적 관심을 나타내는 대표적인 지표가 투표에 대한 참여율이다. 지역별로 시민들의 정치적 관심도의 차이를 비교하고 지역 역량을 관측하기 위해 총선과 지방선거에 대한 투표 참여율을 분석한다.

가. 총선투표율

총선에 대한 투표참여는 평균 71.36%의 참여율을 나타냈다. 가장 높은 투표 참여율을 보인 지역은 전북 장수군, 광주 서구, 전남 곡성군, 전남 담양군, 광주 광산구, 전남 보성군, 광주시 등의 순으로 전라남북도 지역에서 높은 순위를 차지하고 있었다. 한편 충남 아산시, 강원 속초시, 충남 보령시, 충남 태안군, 대전 동구 등 충청남도 지역은 가장 투표율이 낮은 지역이었다([표 4-50] 참조).

[표 4-50] 총선투표율 분포

	빈 도	퍼센트	누적퍼센트
60-69.9%	94	37.9	37.9
70-79.9%	153	61.7	99.6
80-89.9%	1	.4	100.0
합 계	248	100.0	

나. 지방선거 투표율

지방자치단체장과 지방의회 의원을 선출하는 지방선거에 대한 지역 주민의 참여율 역시 지역 시민의 역량으로 기능할 수 있다. 왜냐하면 지역 시민의 지방자치 및 지방정부 정책에 대한 관심과 적극적인 참여 능력을 반영하기 때문이다.

지방선거에 대한 투표참여율을 분석한 결과 평균은 57.01%로 총선에 대한 참여에 비하여 상대적으로 상당히 낮은 수준인 것으로 나타났다. 이는 중앙정치에 대한 관심에 비해 상대적으로 지방정치에 대한 관심은 낮은 편인 것으로 볼 수 있다([표 4-51] 참조).

지역별로 투표율의 분포는 40% 대에 가장 많이 몰려 있긴 하나(35.1%), 다양한 분포를 보이고 있어 지역별 투표참여율의 격차는 비교적 큰 편이다([표 4-52] 참조). 투표율이 가장 높은 지역은 경북 울릉군, 경남 의령군, 전남 곡성군, 전남 진도군 등이고, 상대적으로 가장 낮은 투표율을 나타내는 지역은 인천 계양군, 부산 사상군, 인천 서구, 경기 안산시, 인천 남구 등이다.

[표 4-51] 지방선거 참여율

N	248
평 균	57.011
표준편차	13.3089
최소값	35.3
최대값	87.0

[표 4-52] 지방선거 투표율 분포

	빈 도	퍼센트	누적퍼센트
30-39.9%	18	7.3	7.3
40-49.9%	87	35.1	42.3
50-59.9%	43	17.3	59.7
60-69.9%	41	16.5	76.2
70-79.9%	54	21.8	98.0
80-89.9%	5	2.0	100.0
합 계	248	100.0	

다. 자치단체장의 득표율 정도

지방자치단체장의 득표율은 지방정부 정책을 운영함에 있어 주민의 지원을 전제한다는 점에서 단체장의 주요한 기반으로 작용할 수 있다. 득표율이 높으면 단체장이 보다 혁신적이고 획기적인 정책을 추진하는 데 있어 주민의 반대에 직면할 가능성이 적을 수 있다는 점에서 단체장의 혁신정책 추진에 대한 정치적 측면의 역량으로 기능할 수 있다.

지방정부 주민들의 지지 기반으로 기능하는 득표율 수준을 분석한 결과 평균 54.43%로 나타났다([표 4-53] 참조). 그러나 지역별 편차는 상당히 크게 나타나는데, 가장 적은 지지를 받고 당선된 지역은 24.2%인 반면, 12개의 지역에서는 100%의 지지도로 단체장이 당선되는 사례도 보인다([표 4-54] 참조). 100%의 득표율을 보인 지역은 부산 금정구, 부산 동래구, 부산 사상구, 부산 서구, 부산 수영구, 대구 달서구, 광주 광산구, 강원 정선군, 충북 괴산군, 경북 군위군, 남제주군, 제주시 등이다.

[표 4-53] 자치단체장의 득표율 수준

N	248
평 균	54.431
표준편차	15.2417
최소값	24.2
최대값	100.0

[표 4-54] 자치단체장의 득표율 분포

	빈 도	퍼센트	누적퍼센트
20-29%	4	1.8	1.8
30-39%	24	10.5	12.3
40-49%	48	21.1	33.3
50-59%	93	40.8	74.1
60-69%	28	12.3	86.4
70-79%	16	7.0	93.4
80-89%	3	1.3	94.7
100%	12	5.3	100.0
합 계	228	100.0	

라. 정치적 요인의 종합

지방정부 외부 역량 중 정치적 요인의 특성을 종합적으로 비교하기 위해 정치적 역량 요인인 총선투표율, 지방선거투표율, 단체장 득표율을 Z score로 표준화하여 종합적으로 비교하였다.

① **기초지방정부 간 정치적 요인비교**(234개 지역)

각종 선거에 대한 참여 및 투표율이 1, 2차 산업을 중심으로 한 지역에서 보다 높게 나타난다는 점에서 정치적 측면의 구조적 역량에서는 중소도시를 비롯한 대도시가 하위권에 위치하는 특성들을 보인다. 이에 군 지역이 상위권에 포진하고 있는 특성을 보인다.

이러한 측면들을 분석해 보기 위해 이하에서는 시, 군, 자치구를 그룹별로 나누어 비교하였다.

② **시 지역 간 비교**(77개 지역)

시 지역의 정치적 요인을 표준화하여 비교한 결과는 아래 [표 4-55]와 같다. 시 지역 간 정치적 요인 점수의 비교에서 제주시, 남원시, 사천시, 상주시, 나주시 등이 높게 나타났고, 반면 속초시, 청주시, 오산시, 안산시, 시흥시 등이 낮은 점수를 지닌 것으로 나타났다.

[표 4-55] 시 지역의 정치적 요인 표준화 점수(10개 상위 시)

순 위	시	정치적 요인 Z score
1	제주시	1.49
2	남원시	1.45
3	사천시	1.26
4	상주시	1.19
5	나주시	1.1
6	문경시	0.86
7	밀양시	0.85
8	영천시	0.84
9	진해시	0.83
10	김천시	0.74

③ **군 지역간 비교**(89개 지역)

상대적으로 정치요인의 점수가 높았던 군 지역 간 비교 결과는 [표 4-56]과 같다. 군위군, 구례군, 무안군, 곡성군, 함평군 등에서 투표에 대한 각

[표 4-56] 군 지역 정치적 요인 표준화 점수

순 위	군	정치점수
1	군위군	1.21
2	구례군	1.05
3	무안군	1
4	곡성군	0.98
5	함평군	0.89
6	남제주군	0.86
7	장흥군	0.79
8	보성군	0.77
9	임실군	0.72
10	하동군	0.72

종 참여가 높게 나타났고, 금산군, 태안군, 칠곡군, 당진군 등이 낮은 측면에 포함되었다.

④ **자치구 지역간 비교**(68개 지역)

한편 자치구 지역간 정치적 요인 점수를 비교한 결과는 [표 4-57]과 같

[표 4-57] 자치구 지역 정치적 요인 표준화 점수

순 위	자 치 구	정치요인점수
1	광주 광산구	1.66
2	울산 북구	1.19
3	광주 서구	1
4	부산 동래구	0.97
5	광주 동구	0.84
6	서울 서초구	0.63
7	광주 남구	0.6
8	부산 금정구	0.59
9	부산 강서구	0.53
10	부산 수영구	0.49

다. 자치구 지역에서는 광주 광산구, 울산 북구, 광주 서구, 부산 동래구, 광주 동구 등 광주 지역에서 우위를 보였고, 반면 대전 동구, 대전 대덕구, 인천 부평구, 인천 남동구, 인천 서구 등 대전과 인천 지역에서 낮은 점수를 보였다.

(2) 중앙정당의 영향력

중앙정당은 지방정부 외부에서 지방정부의 정책 전반에 영향을 미치는 주요 매개집단이다. 지방정부가 중앙정당과의 긴밀한 교류를 통한 연계성 정도에 따라 지역사회의 혁신 방향 및 내용이 영향을 받을 수 있다는 점에서 이에 대한 고려가 필요하다.

지방자치단체장을 상대로 중앙정당의 영향력을 설문한 결과 [표 4-58]에서와 같이 47.1% 이상이 보통이라고 응답하였으며, 그 다음으로 대체로 강한 편이라고 응답한 경우가 32.7%로 대략 80% 정도가 중앙정당의 영향력이 보통 수준 이상인 것으로 인지하고 있었다. 이러한 점에서 지방정부의 정책은 중앙정당의 정책적 지향성이나 노선으로부터 자유로울 수는 없는 것을 유추해 볼 수 있다.

[표 4-58] 중앙정당의 영향력에 대한 응답 분포

설문 내용		빈 도	비 중
중앙정당의 영향력	매우 약함	2	1.9
	대체로 약함	9	8.7
	보 통	49	47.1
	대체로 강함	34	32.7
	매우 강함	8	7.7
	모르겠다/해당없음	2	1.9
	합 계	104	100.0

2) 문화적 요인

(1) 문화시설

가. 박 물 관

지역 내 문화 인프라의 구비 정도 역시 지방정부의 외부역량을 평가하는 준거가 된다. 문화 시설로서 먼저 지역 내 박물관의 수를 비교하였다. 그

[표 4-59] 지역별 박물관 수의 기초통계량

N	234
평 균	1.21
표준편차	1.885
분 산	3.554
최소값	0
최대값	18

[표 4-60] 지역별 박물관 수의 분포

구 분	빈 도	퍼센트	누적퍼센트
0개	110	47.0	47.0
1개	60	25.6	72.6
2개	26	11.1	83.8
3개	13	5.6	89.3
4개	16	6.8	96.2
5개	2	.9	97.0
6개	4	1.7	98.7
7개	1	.4	99.1
8개	1	.4	99.6
18개	1	.4	100.0
합계	234	100.0	

결과 지역 내 평균 1.21개의 박물관이 구비되어 있었는데([표 4-59] 참조), 박물관의 지역적 분포에 있어서는 지역 간 집중도가 심한 편이었다. 110개의 기초지방정부에서는 박물관이 전혀 설립되어 있지 않은 반면, 많이 분포된 곳은 18개까지 한 지역에 집중되어 있었다. 가장 많은 지역은 서울 종로구이고, 두 번째는 8개의 박물관이 설립되어 있는 경기 용인시였으며, 그 다음이 충남 천안시, 서울 성북구, 서울 용산구, 서울 중구, 경북 안동시로 박

[표 4-61] 지역 내 근린공원 수의 기초통계량

N	234
평 균	12.86
표준편차	17.626
분 산	310.680
최소값	0
최대값	150

[표 4-62] 근린공원의 지역별 분포 수

구 분	빈 도	퍼센트	퍼센트	누적퍼센트
0개	5	2.1	2.1	2.1
1-10개	147	62.8	62.8	65.0
11-20개	46	19.7	19.7	84.6
21-30개	16	6.8	6.8	91.5
31-40개	7	3.0	3.0	94.4
41-50개	6	2.6	2.6	97.0
51-60개	1	.4	.4	97.4
61-70개	2	.9	.9	98.3
81-90개	1	.4	.4	98.7
101-110개	2	.9	.9	99.6
150개	1	.4	.4	100.0
합계	234	100.0	100.0	

물관 등의 문화적 시설이 수도권 지역 및 대도시에 집중되어 있는 형태를 보인다([표 4-60] 참조).

나. 근린공원

지방정부 주민들의 복지, 편의시설인 근린공원의 분포를 지역별로 종합해 본 결과 평균 12.86개가 있는 것으로 나타났다([표 4-61] 참조). 다만 지역 내 근린공원이 전혀 조성되어 있지 않은 지역이 다섯 지역이 있었고, 지역 내에 150개가 설치되어 있는 지역에 이르기까지 지역 내 근린공원의 구비 정도에 있어 격차가 컸다([표 4-62] 참조).

근린공원이 가장 많이 설치된 지역은 순서대로 대구 달서구, 울산 울주군, 울산 남구, 대구 수성구, 울산 중구, 대구 북구 등이다.

다. 근린공원 면적

앞에서 논의한 근린공원의 수적 측면과 함께 면적 측면을 비교한 결과이다([표 4-63] 참조). 평균 0.36㎢의 크기를 지니지만 가장 넓은 지역은 4.69㎢로 공원 크기에 있어서도 지역 간 격차를 나타낸다([표 4-64] 참조).

근린공원의 면적 측면에서 가장 넓은 지역은 경기 고양시, 경기 성남시, 부산 부산진구, 대구 남구, 경기 안산시, 광주 북구, 대구 달서구 등의 순을 나타냈다. 공원의 면적 측면에서는 근린공원의 수적 측면이 나타내는 순위와 이질적인 차이를 보이고 있었다.

[표 4-63] 근린공원 면적의 기초통계량

N	204
평 균	.3576
표준편차	.63855
분 산	.408
최소값	.00
최대값	4.69

[표 4-64] 근린공원의 면적별 분포

구 분	빈 도	퍼센트	누적퍼센트
0	15	7.4	7.4
0.01-0.19㎢	109	53.4	60.8
0.20-0.39㎢	26	12.7	73.5
0.40-0.59㎢	19	9.3	82.8
0.60-0.69㎢	11	5.4	88.2
0.80-0.99㎢	6	2.9	91.2
1.00-1.19㎢	3	1.5	92.6
1.20-1.39㎢	2	1.0	93.6
1.40-1.59㎢	2	1.0	94.6
1.60-1.79㎢	2	1.0	95.6
1.80-1.99㎢	3	1.5	97.1
2.00-2.19㎢	2	1.0	98.0
2.60-2.79㎢	1	.5	98.5
3.40-3.59㎢	1	.5	99.0
3.40-3.59㎢	1	.5	99.5
4.69㎢	1	.5	100.0
합 계	204	100.0	

라. 문화시설의 종합적 비교

문화시설로서 대표적으로 박물관, 근린공원, 근린공원 면적 등의 양적 측면을 중심으로 종합적으로 비교하고자 한다. 이들의 수치를 Z점수로 표준화하여 지역 간 비교를 한 결과는 다음과 같다.

① **기초지방정부 간 문화적 요인 비교**(234개 지역)

지역 주민들의 문화시설 및 주거 환경으로 작용하는 근린공원, 박물관 등의 시설 구비를 종합적으로 비교한 결과 대구 달서구, 경기 고양시, 서울 종로구, 경기 성남시, 충북 청주시 등이 상위를 차지하고 있었다. 한편 전북 무주군, 경기 포천시, 전남구례군, 전북 장수군, 경북 고창군 등은 문화시설

측면에서 보다 열위에 속한 지역들이다.

② **시 지역 간 비교**(77개 지역)

시 지역 간 비교에서는 [표 4-65]와 같이 경기 고양시, 충북 청주시, 경기 성남시, 경기 안산시, 충남 천안시 등이 우수한 것으로 나타났다.

[표 4-65] 시 지역 문화적 요인 표준화 점수 분석 결과

순위	시	문화적 요인 Z 점수
1	고양시	2.84
2	청주시	2.15
3	성남시	1.83
4	안산시	1.5
5	천안시	1.44
6	김해시	1.06
7	용인시	1.04
8	원주시	0.89
9	안동시	0.85
10	수원시	0.82

③ **군 지역간 비교**(89개 지역)

군 지역 중에서는 부산 기장군, 대구 달성군, 인천 강화군, 인천 옹진군 등 박물관과 유적지가 많은 지역 등이 높은 편으로 나타났다([표 4-66] 참조).

④ **자치구 지역간 비교**(68개 지역)

자치구 중에서는 근린공원수가 가장 많았던 대구 달서구, 그리고 서울 종로구, 부산진구, 대구 남구, 광주 북구 등이 문화적 역량이 높은 편이있다([표 4-67] 참조).

[표 4-66] 군의 문화적 요인 표준화 점수 분석 결과

순 위	자 치 군	문화요인 Z점수
1	부산기장군	2.51
2	대구달성군	1.97
3	인천강화군	1.7
4	인천옹진군	1
5	울산울주군	0.97
6	가평군	0.86
7	양평군	0.85
8	여주군	0.52
9	연천군	0.38
10	고성군	0.27

[표 4-67] 자치구의 지역 문화적 요인 표준화 점수 분석 결과

순 위	자 치 구	문화요인 점수
1	대구달서구	2.33
2	서울종로구	2.02
3	부산부산진구	1.48
4	대구남구	1.35
5	인천 계양구	1.18
6	광주북구	1.15
7	서울송파구	1.05
8	울산남구	0.92
9	대전서구	0.91
10	서울강남구	0.85

(2) 지역 언론매체 수

지역 언론매체는 지방정부의 정책과정에 주요한 참여집단이자 매개집단의 하나이다. 지역 언론은 여론을 중앙부처나 관련 기관·단체에 신속하고 효과적으로 전달하고, 지역발전을 가로막는 장애요인을 발굴해 내고, 그 해결을 위한 대안을 제시하는 역할을 한다(김중석, 2004: 52). 언론매체는 자신의 견해나 주의·주장을 직접 반영시키기도 하는데 이는 참여민주주의의 또 다른 방식으로 작용하게 된다.

지역 언론은 지역사회의 정체성을 확보하고 지역 내 비전을 제시하는 역할을 하며, 지역사회 주민에게 참여의 창을 제공하는 한편 지역 이슈를 생각하게 하는 계기를 마련해 줌으로써 지역 공동체를 회복시키는 기능을 한다(김민남, 2003: 8-10). 이처럼 지역 언론은 지역사회의 문제와 과제들을 제기하고, 그 현상들을 올바르게 진단하며, 그에 대한 해결방안의 논의들을 정리하거나 수집하여 제시 및 전파하는 역할을 수행한다. 이러한 관점에서 지역 언론매체는 혁신적 대안을 소개 및 제시하거나, 시민사회 내 각종 기술과 정보 및 여론들을 결집하여 전달하는 지역 거버넌스의 추동자 역할을 하고 지역시민사회를 성장·성숙시키는 역할을 담당한다. 이러한 기능들은 지방정부의 정책 결정자와 시민들로 하여금 보다 용이하게 정책혁신에 대한 정보와 시민사회의 입장에 대해 주지하게 한다. 종국적으로 지역 언론매체의 존재와 그 활동 가능성은 지방정부의 정책혁신 발생가능성을 높이며, 혁신적 안건을 지역 내 그리고 지역 외부로 빠른 속도로 확산시키는 역할을 수행할 수 있다는 점에서 주요한 외부역량에 해당한다(김혜정, 2006: 311-312).

지방정부의 지역 언론매체의 양적 측면 및 지역 간 분포를 분석한 결과는 다음과 같다. 즉 지방정부에는 평균적으로 8.49개의 방송사, 신문사, 잡지 및 케이블 TV 등의 언론매체가 존재하고 있었다([표 4-68] 참조). 70%가 10개 미만이 활동하는 것으로 나타났지만 최대 64개의 매체가 있는 지역도 존재하였다. 경남 창원시, 강원 춘천시, 경남 진해시, 전남 화순군 등이 언론매체가 많은 순서였다([표 4-69] 참조).

[표 4-68] 지역 언론매체 수의 기초통계량

N	234
평 균	8.49
표준편차	8.248
분 산	68.036
최소값	0
최대값	64

[표 4-69] 지역 언론매체 수의 분포

구 분	빈 도	퍼 센 트	누적퍼센트
0개	8	3.4	3.4
1-5개	89	38.0	41.5
6-10개	77	32.9	74.4
11-15개	31	13.2	87.6
16-20개	13	5.6	93.2
21-25개	9	3.8	97.0
26-30개	3	1.3	98.3
31-35개	1	.4	98.7
46-50개	1	.4	99.1
56-60개	1	.4	99.6
64개	1	.4	100.0
합계	234	100.0	

3) 경제적 요인 — 도시정부경영기반 분야

(1) 금융기관 수

지역 내 도시 경영기반으로서 금융기관은 지역개발을 위한 각종 산업시설 및 인구의 유치와 흡수에 중요한 요인이 된다는 점에서 지방정부의 외부역량 중 경제적 측면을 구성하게 된다. 금융기관의 유치량 및 지역별 분포를 분석한 결과 지역 내에 평균 27.82개의 금융기관이 존재하였다([표 4-70]

[표 4-70] 금융기관 수의 기초통계량

N	234
평 균	27.82
표준편차	39.521
분 산	1561.913
최소값	0
최대값	325

[표 4-71] 금융기관 수의 지역별 분포

구 분	빈도	퍼센트	누적퍼센트
0개	3	1.3	1.3
1-10개	100	42.7	44.0
11-20개	37	15.8	59.8
21-30개	23	9.8	69.7
31-40개	17	7.3	76.9
41-50개	13	5.6	82.5
51-60개	6	2.6	85.0
61-70개	14	6.0	91.0
71-80개	8	3.4	94.4
81-90개	3	1.3	95.7
91-100개	1	.4	96.2
101-110개	1	.4	96.6
121-130개	2	.9	97.4
146개	1	.4	97.9
151-160개	2	.9	98.7
198개	1	.4	99.1
246개	1	.4	99.6
325개	1	.4	100.0
합계	234	100.0	

참조). 그러나 지역별 금융시설의 차이는 상당히 크다([표 4-71] 참조). 세 개

지역에서는 은행을 비롯한 각종 금융기관이 전혀 입지하지 않은 반면 가장 많이 분포한 지역은 총 325개가 존재하였다. 지역별로는 서울 강남구가 325개로 가장 많고, 서울 중구가 246개, 서울 서초구가 198개, 서울 영등포가 160개, 서울 종로구가 156개로, 예측할 수 있는 바와 같이 서울시내에 많은 금융시설들이 입지하고 있었다. 서울 시내 여타 자치구들 역시 모두 상위권에 포진하고 있는 상태로 서울, 수도권과 군소 도시 간 금융시설 격차가 매우 큰 것으로 나타났다.

(2) 전문직 종사자 수

지역 내 전문직 종사자의 수는 주민의 사회경제적 계급을 반영할 뿐만 아니라 지역 전체의 경제 사회적 기술을 좌우하는 만큼 중요한 외부 역량으로 작용한다. Verba & Nye(1972)의 표준사회경제모형이 제시하는 바와 같이, 지역 시민의 능력은 사회 경제적 능력을 좌우하며, 또한 정책적 견해 및 참여 능력 등을 좌우한다는 측면에서 지역사회의 주요 역량으로 작용할 수 있다.

지역 간 전문직 종사자 수의 차이를 비교하기 위하여 지역 인구 대비 전문직 종사자가 차지하는 비중을 계산하였다. 그 결과 평균 2.82%를 나타냈고([표 4-72] 참조), 가장 작은 지역은 0.75%, 가장 많은 지역은 10.06%를 차지하는 등 지역 간 격차를 보여주고 있다. 대부분의 지역들은 1-4% 미만대에 분포하고 있었다([표 4-73] 참조).

[표 4-72] 지역내 전문직 종사자 비율의 기초통계량(단위: %)

N	232
평 균	2.8207
표준편차	1.48091
분 산	2.193
최소값	.75
최대값	10.06

[표 4-73] 지역 내 전문직 종사자 비율의 분포

구 분	빈 도	퍼센트	누적퍼센트
0-0.99%	5	2.2	2.2
1.00-1.99%	74	31.9	34.1
2.00-2.99%	76	32.8	66.8
3.00-3.99%	33	14.2	81.0
4.00-4.99%	27	11.6	92.7
5.00-5.99%	11	4.7	97.4
6.00-6.99%	2	.9	98.3
7.00-7.99%	1	.4	98.7
8.00-8.99%	1	.4	99.1
9.00-9.99%	1	.4	99.6
10.00-10.99%	1	.4	100.0
합계	232	100.0	

전문직 종사자 비율이 가장 높은 지역은 서초구, 강남구, 대전 유성구, 경기 과천시, 송파구, 마포구, 동작구 등의 순서로 전문직 종사자 역시 서울, 수도권 지역 및 대전 지역에 집중되어 있는 것으로 나타났다.

(3) 경제적 요인의 종합

경제적 요인을 종합적으로 검토하기 위해 금융기관 수와 전문직 종사자 수의 표준화 점수를 분석하였다. 이들을 종합한 점수의 지역 간 비교결과는 다음과 같다.

① **기초지방정부 간 경제적 요인 비교**(234개 지역)

지방정부 외부의 경제 구조적 특성에서 서울 강남구, 서초구, 성남시, 송파구, 수원시, 고양시, 중구, 영등포구, 노원구 등이 상위권을 점유하고 있다. 반면 전북 장수군, 경북 영양군, 경북 울릉군, 강원 화천군, 경북 봉화군 등은 경제적 측면에서 하위군에 속하여 군 지역과 대도시 간 경제적 격차를 나타낸다.

② **시 지역 간 비교**(77개 지역)

지역의 유사수준 간 분석을 위해 시 지역 간 점수 비교를 한 결과 경기 성남시, 수원시, 고양시, 부천시 등 서울을 제외한 지역에서는 경기도 지역의 시들이 우위를 점하고 있었다([표 4-74] 참조). 이는 경제적 기반시설 및 전문 인력 등이 대거 수도권 지역에 몰려 있음을 나타낸다. 반면 전남 나주시, 강원 태백시, 강원 삼척시, 전북 김제시, 경북 문경시 등은 경제적 시설이나 인적 자원이 충분히 확보되지 않은 지역으로 나타났다.

[표 4-74] 시의 지역 경제적 요인 표준화 점수 분석 결과

순위	시	경제요인
1	성남시	3.91
2	수원시	3.43
3	고양시	3.08
4	부천시	2.14
5	전주시	1.98
6	안양시	1.62
7	청주시	1.61
8	창원시	1.29
9	용인시	1.12
10	안산시	1.06

③ **군 지역간 비교**(89개 지역)

군 지역에서는 [표 4-75]에서와 같이 경기 가평군, 경기 양평군, 대구 달성군 등이 상대적으로 좋은 경제적 여건을 지닌 것으로 나타났다.

④ **자치구 지역간 비교**(68개 지역)

자치구에서는 인천계양구가 가장 높으며 이어서 서울시의 자치구들이 상위권을 점유하고 있다([표 4-76] 참조). 서울시 자치구 중에서는 서울 금천구, 강북구, 도봉구, 중랑구 등이 상대적으로 점수가 낮았다. 한편 부산 강서구, 인천 동구, 울산 북구, 울산 동구, 인천 중구 등이 열위 지역에 속하였다.

[표 4-75] 군 지역 경제적 요인 표준화 점수 분석 결과

순 위	군	경제요인점수
1	가평군	2.26
2	양평군	1.94
3	대구 달성군	1.52
4	여주군	1.5
5	홍성군	1.45
6	당진군	1.14
7	칠곡군	1.08
8	울산 울주군	1.07
9	연천군	0.8
10	예산군	0.65

[표 4-76] 자치구 지역 경제적 요인 표준화 점수 분석 결과(상위 10개 자치구)

순 위	자치구	경제요인 점수
1	인천 계양구	6.16
2	서울 강남구	4.29
3	서울 서초구	2.5
4	서울 송파구	2.21
5	서울 영등포구	1.39
6	서울 중구	1.37
7	서울 노원구	1.11
8	대전 서구	0.89
9	서울 양천구	0.71
10	서울 마포구	0.71

4) 사회적 요인

사회적 요인에는 지역 시민의 교육수준, 인구구성 비율, 빈곤정도, 교육

기관 등이 포함된다.

(1) **교육수준**(학력 분포)

교육은 시민의 정책적 참여 역량에 영향을 미치게 된다. 이는 대부분의 국가에서 교육수준이 올라갈수록 시민참여의 수준도 올라간다는 점에서 찾아 볼 수 있다(정광호, 2003 재인용: 422; Verba, Nye and Kim, 1978). 시민이 자신의 정책적 견해를 가지고 이를 적절한 방법으로 실현시키기 위한 다양한 참여제도를 활용할 수 있고, 필요한 정보를 스스로 획득할 수 있도록 하는 데 교육은 중요한 영향을 미치기 때문이다(김혜정, 2006: 196). 이와 같이 교육이 시민참여 역량에 미치는 영향은 소위 지식확대이론이나 인지적 기술향상이론으로 설명할 수 있다. 즉 개인의 교육수준이 높아질수록 보다 많은 지식과 인지적 기술을 습득할 수 있는 것이다. 그리고 이러한 교육의 효과는 정치·경제·사회·문화에 대한 정보와 지식의 축적을 통하여 활발한 정치참여의 기반을 제공하게 되는 것이다(정광호, 2003: 425).

이러한 측면에서 지역 시민의 교육수준, 특히 고학력 비율은 중요한 외부 역량으로 작용할 여지가 크다. 시민의 역량으로 전환되어 자신이 속한 지방정부의 정책혁신에 영향을 미치는 기반이 될 수 있기 때문이다.

고학력의 기준을 어디로 잡는가에 따라, 즉 대학졸업 이상으로 할 것인지, 대학원 졸업 이상으로 할 것인지에 따라 지역 간 순위는 차이가 난다. 다만 순위의 차이는 그다지 크지 않고 순위권 내에 유사한 지역들이 약간의 변동만을 지닌다는 점에서 고학력 기준설정의 차이가 가져오는 결과의 격차는 그다지 크지 않은 편이다. 대학 졸업을 기준으로 지역을 비교하면 가장 고학력비율이 높은 지역은 경기 과천시, 서초구, 강남구, 송파구, 경기 고양시, 노원구, 동작구, 양천구의 순이다. 대학원 졸업을 기준으로 했을 때는 1위가 대전 유성구로 지역적 특색이 반영된 것으로 보이며, 그 다음이 서초구, 과천시, 강남구, 송파구, 대전 서구, 용산구, 종로구, 양천구, 동작구의 순이다. 고학력 수준은 과학기술자가 밀집되어 있는 대전 유성구나 직업적 특색이 반영되는 과천시를 제외하고는 대부분 서울에서 고학력수준이 비교적 높은 것으로 나타났다.

(2) 인구구성비율(30, 40 대 인구비율과 50, 60대 인구비율, 자치단체별 인구 수)

인구 구성 중 30, 40대 인구는 경제활동이 가장 활발한 시기이다. 지역 내 인구 구성의 연령비가 어떻게 구성되는가에 따라 지역의 산업구조 형성에 영향을 미치게 된다. 즉 지역 내 인구가 노령 인구에 대비하여 젊은 층으로 더 많이 구성될수록 지역의 3, 4차 산업 부문의 유입 및 성장이 보다 원활해질 가능성이 높다. 이러한 점에서 지역 인구에서 50-60대 인구 대비 30-40 대 인구의 구성 비율을 외부 역량의 하나로 분석하고자 한다.

[표 4-77]에서 보이는 바와 같이 평균 1.94를 보이고 있고 30-40대 인구구성비가 가장 적은 지역은 전북 순창군, 전북 임실군, 경남 의령군, 전남 신안군 등이다. 반면 가장 높은 지역은 5.71의 비율을 보인 울산 북구이고, 그 다음으로 경남 창원시, 인천 연수구, 울산 동구, 경기 시흥시, 안산시, 대전 유성구 등이다.

[표 4-77] 50-60대 인구 대비 30-40대 인구구성비

N	232
평 균	1.9404
표준편차	1.00825
분 산	1.017
최소값	.67
최대값	5.71

(3) 빈곤정도

지역 사회의 빈곤 정도는 지방정부의 세수의 차이를 가져오고 복지예산의 수요를 증가시킨다는 점에서 지방정부의 경제력을 좌우하는 지표로 작용할 수 있다. 지역의 빈곤정도를 파악하기 위해 지역 내 인구 대비 생활보호대상자가 차지하는 비율을 비교하였다.

그 결과 [표 4-78]에서와 같이 평균 4.05%의 생활보호대상자가 존재하는데, 빈곤자가 적은 지역은 0.57%, 생활보호대상자 비율이 높은 지역은 16.24%를 차지하고 있었다([표 4-79] 참조). 생활보호대상자의 비중이 가장 적은 지역은 서울 송파구, 서초구, 대전 유성구, 도봉구, 대전 서구, 경기 의왕시, 경기 김포시, 광진구, 강동구, 성북구, 양천구 등의 순이었다. 서울 및 경기권 지역 내에 빈곤율이 적게 분포하고, 반면 농·어업을 기반으로 하는 군 지역의 빈곤율은 상대적으로 높은 편이었다.

[표 4-78] 지역 내 생활보호대상자 비율

(단위: %)

N	234
평 균	4.0514293
표준편차	2.75637153
분 산	7.598
최소값	.57054
최대값	16.24286

[표 4-79] 생활보호대상자 비율의 지역별 분포

	빈 도	퍼센트	누적퍼센트
0-1.99%	62	26.6	26.6
2.00-3.99%	78	33.5	60.1
4.00-5.99%	48	20.6	80.7
6.00-7.99%	18	7.7	88.4
8.00-9.99%	20	8.6	97.0
10.00-11.99%	5	2.1	99.1
12.00-12.99%	1	.4	99.6
13.00-13.99%	1	.4	100.0
합 계	233	100.0	

(4) **교육기관**(전문대이상 대학 수)

지역 내 산·학·연의 연계의 전제조건이 되고, 교육여건으로 작용하는 교육기관의 지역 내 구비 정도는 지역사회의 역량을 좌우하게 될 것이다. 이에 여기서는 전문대 이상 대학 수를 중심으로 지역 간 차이를 비교하였다. 지역별로 평균 1.62개의 전문대학 및 대학들이 있는 것으로 나타났다([표 4-80] 참조). 지역별 분포로 보았을 때 지역 내에 고등 교육기관(전문대 이상)이 전혀 없는 지역이 87 곳이나 되었고, 반면 가장 많은 지역은 총 17개가 위치하고 있었다([표 4-81] 참조). 교육기관이 가장 많은 지역은 충남 천안시이고, 그 다음이 대구 경산시로 11개가 설립되어 있고, 그 다음으로 전북 전주시, 경기 용인시, 서울 서대문구, 서울 성북구 등의 순이었고, 서울 노원구, 부산 남구, 대전 동구, 강원 춘천시, 경남 진주시 등이 6개의 동수를 지니는 지역이다.

(5) 사회적 요인의 종합

사회적 요인에는 교육수준(대학졸업 이상), 교육기관(전문대 이상 대학 수) 등 사회적 시설을 중심으로 표준화 점수로 종합하여 비교하고자 한다.

① **기초지방정부 간 사회적 요인 비교**(234개 지역)

기초지방정부를 종합적으로 비교한 결과 충남 천안시, 전북 전주시, 경기 성남시, 서울 노원구, 강남구, 경북 경산시, 경기 수원시, 서울 서대문구, 성북구, 송파구 등이 높은 점수를 지니고 있었다.

[표 4-80] 전문대학 이상 교육기관의 지역 내 수

N	234
평 균	1.62
표준편차	2.184
분 산	4.768
최소값	0
최대값	17

[표 4-81] 전문대학 이상 교육기관의 지역별 분포

	빈 도	퍼센트	누적퍼센트
0개	87	37.2	37.2
1개	65	27.8	65.0
2개	27	11.5	76.5
3개	18	7.7	84.2
4개	14	6.0	90.2
5개	12	5.1	95.3
6개	5	2.1	97.4
7개	2	.9	98.3
9개	1	.4	98.7
10개	1	.4	99.1
11개	1	.4	99.6
17개(천안)	1	.4	100.0
합계	234	100.0	

② **시 지역 간 사회적 요인 비교**(77개 지역)

시 지역을 대상으로 비교한 결과 충남 천안시, 경기 과천시, 전북 전주시, 경북 경산시, 경기 성남시, 경기 용인시, 고양시 등 비교적 지역규모가 큰 지역에 교육수준 및 교육시설이 잘 구비되어 있었다. 반면 경남 통영시, 전북 정읍시, 경기 양주시, 경북 문경시, 경남 사천시, 충남 논산시 등은 교육기반이 하위에 속하는 것으로 나타났다([표 4-82] 참조).

③ **군의 지역간**(89개 지역) **비교**

군 지역에서는 [표 4-83]에서 보는 바와 같이 울산 울주군, 충남 홍성군, 경북 칠곡군, 전북 완주군 등이 높은 순위를 지닌 반면, 전남 신안군, 전남 고흥군, 충북 괴산군, 경북 성주군, 전북 장수군, 전남 함평군, 전남 보성군 등 전라도 지역의 교육 여건의 어려움을 나타낸다.

[표 4-82] 시의 사회적 요인 표준화 점수 분석 결과(상위 10개 시)

순 위	시	사회적 요인 표준화 점수
1	천안시	2.64
2	과천시	2.42
3	전주시	1.89
4	경산시	1.53
5	성남시	1.23
6	용인시	1.2
7	고양시	1.11
8	안양시	1.02
9	춘천시	0.87
10	수원시	0.78

[표 4-83] 군의 사회적 요인 표준화 점수 분석 결과

순 위	군	사회요인 Z 점수
1	울산 울주군	2.12
2	홍성군	2.09
3	칠곡군	1.86
4	완주군	1.39
5	영동군	1.23
6	부산 기장군	0.97
7	양구군	0.93
8	영암군	0.92
9	양평군	0.86
10	화천군	0.76

④ **자치구 지역간 사회적 요인 비교**(68개 지역)

자치구간 교육수준은 [표 4-84]에서와 같이 역시 서울시 자치구들이 높은 점수를 차지하고 있었고, 이와 함께 부산 남구, 광주 북구, 대전 동구, 대

구 남구 등 일부 지역들이 높은 점수들을 나타냈다.

[표 4-84] 자치구의 사회적 요인 표준화 점수 분석 결과

순 위	자 치 구	사회적 요인 표준화 점수
1	인천 계양구	3.38
2	서울 서대문구	1.77
3	서울 노원구	1.71
4	서울 서초구	1.7
5	서울 강남구	1.29
6	서울 성북구	1.25
7	대전 유성구	1.23
8	서울 종로구	0.85
9	부산 남구	0.8
10	광주 북구	0.75

Ⅵ. 지방정부의 정책혁신

지방정부의 정책혁신은 앞에서 설정한 혁신의 유형에 따라 분석을 실시한다. 내부/외부 지향 및 혁신의 가치(효율성, 민주성, 형평성)에 따른 혁신정책의 분류에 따라, 지방정부의 정책혁신 수준을 분석한 결과가 [표 4-85]에 나타나 있다.

먼저 내부지향이면서 효율성을 추구하는 정책혁신 17개 가운데, 다면평가제(87.778점)는 많은 지방정부가 지속적인 개선을 통해 그 성과를 확인하는 단계에 있다. 응답 지방정부의 49.1%가 지속적인 개선을 통한 성과 확인 단계에 있고, 44.4%의 지방정부는 지속적인 개선을 통한 활용도 개선 단계에 있다. 6.5%의 지방정부만이 신규 개발 운영하는 단계 이하의 수준에 있다.

[표 4-85] 지방정부의 정책혁신 평가

	내부지향	외부지향
효율	· 책임운영기관제(25.24점) · 팀제(29.346점) · BSC(16.666점) · 직무성과계약제(19.808점) · 목표관리제(70.566점) · 탄력근무제(16.822점) · 다면평가제(87.778점) · 성과급제(72.778점) · 자치단체간 업무위탁(31.81점) · 민영화/민간위탁(65.66점) · 성과관리시스템(28.148점) · 정책품질관리시스템(23.148점) · BPR을 통한 핵심업무 개선 (39.038점) · 재정운용의 효율성 제고 (69.814점) · 업무중심 지식관리 시스템 (41.682점) · 주요사안 기록관리 업무개선 (64.26점) · 개방형 직위제도*(23.238점)	· 행정모니터 제도(78.302점) · 지역 담당제(51.924점)
민주	· PCRM(36.416점) · 주민참여를 통한 행정서비스 개선(77.222점) · 고객중시 서비스 전달체계 개선 (77.57점) · 개방형 직위제도*(23.238점) · 공무원 직장협의회(80.74점)	· 조례제정개폐청구권(42.5점) · 정보공개제도(84.86점) · 주민감사청구제도(60.37점) · 주민투표제도(47.548점) · 주민소환제도(23.62점) · 주민소송제도(27.428점) · 주민자치위원회(83.926점) · 옴부즈만 제도(55.094점) · 민원제도 개선(83.888점) · 온라인 정보공개방(83.396점) · 주민평가제(52.452점) · 개방형 직위제도*(23.238점) · 정책단계별 갈등관리시스템 (35.472점) · 행정서비스 현장제(85.982점)
형평	· 남녀평등 인사관리제도(74.906점) · 평가 공정성 제고(83.364점)	· 자원봉사 등 공익활동 지원 (84.672점)

또한 성과급제(72.778점), 목표관리제(70.566점), 재정운용의 효율성 제고(69.814점), 민영화/민간위탁(65.66점), 주요 사안 기록관리 업무 개선(64.26점) 등의 정책혁신은 많은 지방정부에서 지속적인 개선을 통해 그 정책 및 제도의 활용도를 개선하는 단계에 있다. 그러나 책임운영기관제(25.24점), 팀제(29.346점), BSC(16.666점), 직무성과계약제(19.808점), 탄력근무제(16.822점), 자치단체 간 업무위탁(31.81점), 성과관리시스템(28.148점), 정책품질관리시스템(23.148점), BPR을 통한 핵심업무 개선(39.038점), 업무중심 지식관리시스템(41.682점), 개방형 직위제도(23.238점) 등의 정책혁신은 많은 지방정부에서 아직 미실행인 단계이다.

다음으로 내부지향이면서 민주성을 추구하는 정책혁신 6가지 가운데, 공무원 직장협의회(80.74점)는 평균적으로 지속적인 개선을 통해 성과를 확인하는 단계에 접어들었다고 할 수 있다. 기관의 39.8%가 성과 확인 단계에 있다고 응답하였으며, 43.5%의 응답 지방정부는 지속적인 개선을 통해 그 활용도를 개선하고 있는 단계라고 응답하였다. 또한 주민참여를 통한 행정서비스 개선(77.222점)과 고객중시 서비스 전달체계 개선(77.57점) 등은 지속적인 개선을 통해 그 활용도를 개선하는 단계에 있다. 그러나 PCRM(36.416점)과 개방형 직위제도(23.238점)는 아직은 매우 미흡한 수준에 머물러 있다.

마지막으로 내부지향이면서 형평성을 추구하는 정책혁신은 상당한 수준에 있다고 할 수 있겠다. 평가의 공정성 제고를 위한 정책 및 제도(83.364점)는 이미 성과를 확인하는 단계에 있다고 할 수 있으며, 남녀평등 인사관리제도(74.906점)는 지속적인 개선을 통해 그 활용도를 개선하는 단계에 있다고 하겠다.

외부지향이면서 효율성을 추구하는 정책혁신으로 행정모니터 제도와 지역 담당제를 들 수 있다. 행정모니터 제도(78.302점)는 지속적인 개선을 통해 그 활용도를 개선하는 단계에서, 조만간 그 성과를 확인하는 단계로 접어들 것으로 평가된다. 그러나 지역 담당제(51.924점)는 일반적으로 많은 지방정부가 현재 신규 개발하여 운영하는 단계에 있다고 하겠다.

외부지향이며 민주성을 추구하는 정책혁신 14개 가운데 행정서비스 헌장제(85.982점), 정보공개제도(84.86점), 주민자치위원회(83.926점), 민원제도 개선(83.888점), 온라인 정보공개방(83.396점) 등은 지속적인 개선을 통해 혁신의 성과를 확인하는 단계에 있다고 하겠다. 한편 주민감사청구제도(60.37점)는 많은 지방정부가 신규 개발하여 운영을 하고 있고, 일부 지방정부에서 그 활용을 개선하고자 하는 노력을 하고 있다. 또한 주민평가제(52.452점), 옴부즈만제도(55.094점), 주민투표제도(47.548점), 조례제정개폐청구권(42.5점) 등의 제도는 많은 지방정부가 현재 신규 개발하여 운영하고 있는 혁신정책인 것으로 나타났다. 마지막으로 정책단계별 갈등관리시스템(35.472점), 주민소송제도(27.428점), 주민소환제도(23.62점)는 채택을 준비중에 있거나 채택하여 곧 실행하려고 하는 지방정부가 대부분으로 나타났다.

마지막으로 외부지향이면서 형평성을 추구하는 자원봉사 등 공익활동 지원(84.672점)은 많은 지방정부에서 그 성과를 확인하는 단계에 있다. 즉 응답 지방정부 가운데 46.7%가 지속적인 개선을 통해 그 성과를 확인하는 단계에 있다고 응답하였으며, 39.3%의 지방정부는 그 활용도를 개선하는 단계에 있다고 응답하였다.

내부/외부 지향과 정책혁신의 추구 가치인 효율성, 민주성, 형평성에 따라 현재 지방정부의 정책혁신 수준을 분석하였다. 이를 종합 정리하면 [표 4-86]에서 보는 바와 같이 다면평가제, 공무원 직장협의회, 행정서비스 헌장제, 정보공개제도, 주민자치위원회, 민원제도 개선, 온라인 정보공개방, 자원봉사 등 공익활동 지원 등의 정책혁신은 이제 많은 지방정부에서 그 성과를 확인하는 단계에 있다. 또한 성과급제, 목표관리제, 재정운용의 효율성 제고, 민영화·민간위탁, 주요 사안 기록관리 업무 개선, 주민참여를 통한 행정서비스 개선, 고객 중시 서비스 전달체계 개선, 행정모니터 제도, 수민감사청구제도 등은 지속적인 개선을 통해 그 활용도를 개선하는 단계에 있는 것으로 분석되었다. 그러나 업무중심 지식관리시스템, 지역담당제, 주민평가제, 옴부즈만제도, 주민투표제도, 조례제정개폐청구권, 책임운영기관제, 팀제, 자치단체 간 업무위탁, 성과관리시스템, 정책품질관리시스템, BPR을 통한 핵심업무 개선, 업무중심 지식관리시스템, 개방형 직위제도, PCRM, 정책단계별 갈등관리시스템, 주민소송제도, 주민소환제도, BSC, 직무성과계약제, 탄력근무제 등은 앞으로 많은 발전을 이루어야 할 정책혁신으로 분류된다.

[표 4-86] 지방정부 정책혁신 단계별 분류

단 계	혁 신 정 책
지속 개선 통한 성과 확인 단계	다면평가제, 공무원 직장협의회, 행정서비스 헌장제, 정보공개제도, 주민자치위원회, 민원제도 개선, 온라인 정보공개방, 자원봉사 등 공익활동 지원
지속 개선 통한 활용도 개선 단계	성과급제, 목표관리제, 재정운용의 효율성 제고, 민영화·민간위탁, 주요 사안 기록관리 업무 개선, 주민참여를 통한 행정서비스 개선, 고객 중시 서비스 전달체계 개선, 행정모니터 제도, 주민감사청구제도
신규 개발 운영 단계	업무 중심 지식관리시스템, 지역담당제, 주민평가제, 옴부즈만 제도, 주민투표제도, 조례제정개폐청구권
채택했으나 미실행 단계	책임운영기관제, 팀제, 자치단체 간 업무위탁, 성과관리시스템, 정책품질관리시스템, BPR을 통한 핵심업무 개선, 업무중심 지식관리시스템, 개방형 직위제도, PCRM, 정책단계별 갈등관리시스템, 주민소송제도, 주민소환제도
도입 준비 단계	BSC, 직무성과계약제, 탄력근무제

정책혁신은 기본적으로 효율성, 민주성, 형평성을 추구하고 있다. 현재 지방정부의 정책혁신이 이러한 혁신가치를 달성하는 데 어느 정도나 기여하고 있는지를 분석하여 보면 [표 4-87]과 같다. 남녀평등 인사관리제도, 자원봉사 등 공익활동 지원, 평가 공정성 제고 등 형평성을 추구하는 정책혁신은 상당한 수준에 있다고 하겠다. 그러나 지방정부 내부의 효율성과 민주성을 증진시키고자 하는 많은 정책혁신들은 아직은 그 성과가 가시적이지 않은 것으로 나타났다. 현재 대부분의 정책들이 채택되어 실행 초기 단계에 있는 경우가 대부분이다. 외부지향의 효율성과 민주성을 추구하는 정책혁신들은 이보다는 조금 더 진전된 수준에 있는 것으로 나타났다.

[표 4-87] 지방정부의 정책혁신 단계별 분류

	내부지향	외부지향
효 율	42.694점	65.113점
민 주	53.056점	56.412점
형 평	79.135점	84.672점

지금까지는 지방정부의 정책혁신 수준을 일반적으로 살펴보았다. 지방정부별 정책혁신의 수준을 분석하여 보면 다음과 같다. 지방정부의 정책혁신의 평균 수준은 52.571점으로 아직은 매우 미흡한 상태라 할 수 있다. 약 3.7%의 지방정부가 80점 이상의 수준에 있고, 약 24.07%의 지방정부가 60점 이상의 수준에 있다. 또한 16.67%의 지방정부는 40점 이하의 수준으로 혁신의 수준이 매우 낮은 상태이다.

지방정부별로 혁신의 수준이 우수한 곳으로는 광역정부로는 충청남도, 서울시([표 4-88] 참조), 기초정부로는 서울시 용산구와 부산 북구, 경상북도

[표 4-88] 광역정부의 정책혁신 평가

광역정부	효율성 혁신정책	민주성 혁신정책	형평성 혁신정책	지방정부 혁신정책	순 위
충청남도	4.22	4.80	4.67	4.56	1
서울시	3.83	3.73	5.00	4.19	2
경기도	3.48	3.73	5.00	4.07	3
경상북도	2.91	3.47	5.00	3.79	4
전라남도	3.74	3.53	4.00	3.76	5
인천광역시	3.26	3.53	4.33	3.71	6
충청북도	3.43	3.00	4.67	3.70	7
대구광역시	3.09	3.53	4.00	3.54	8
전라북도	3.04	2.67	4.33	3.35	9
제주도	2.48	2.93	4.00	3.14	10

영주시와 의성군, 전라남도 나주시와 담양군 등이고, 중간 정도의 자치단체로는 서울시 마포구, 대구시 달성구, 경기도 하남시, 충청남도 계룡시, 경상북도 안동시 등을 꼽을 수 있다([표 4-89], [표 4-90], [표 4-91] 참조). 마지막으로 혁신의 수준이 낮은 자치단체로 부산시 기장군, 충청남도 옥천군, 전라북도 부안군, 전라남도 장성군 등으로 나타났다.

[표 4-89] 시의 정책혁신 평가

광역정부	시	효율성 혁신정책	민주성 혁신정책	형평성 혁신정책	지방정부 혁신정책	순 위
전라남도	나주시	4.00	4.40	5.00	4.47	1
경상북도	영주시	3.87	3.53	5.00	4.13	2
경상남도	창원시	3.00	4.53	4.33	3.96	3
전라남도	목포시	4.13	3.73	4.00	3.95	4
경기도	의왕시	3.00	3.67	5.00	3.89	5
충청남도	아산시	3.13	3.47	5.00	3.87	6
강원도	춘천시	3.04	3.67	4.67	3.79	7
전라남도	여수시	3.30	3.33	4.00	3.55	8
경기도	양주시	2.65	3.93	4.00	3.53	9
경상남도	김해시	2.96	2.87	4.67	3.50	10

몇몇 우수한 시를 보면 김해시의 경우 행정정보 공개 제도화 및 확대(2007년 3월 26일 도입), 자원봉사 등 공익활동 지원(2001년 11월 8일 도입), 평가(다면평가) 공정성 제고(2003년 3월 도입), 공무원 직장협의회(1999년 3월 4일 도입), 남녀평등 인사관리제도(1998년 3월), 다면평가제(2003년 3월 도입), 성과급제(2005년 3월 도입), 민영화/민간위탁(1995년 5월 15일 도입), 서비스헌장제(2000년 10월 14일 도입), 주민자치위원회(2003년 6월 7일 도입), 행정모니터 제도(2001년 3월 3일 도입), 민원제도 개선(2005년 5월), 온라인 정보 공개방(2005년 5월 20일 도입) 등을 도입하여 지속적으로 개선하여 현재는 그 성과가 나타나고 있는 단계에까지 이르고 있다. 뿐만 아니라 성과관리시스

[표 4-90] 군의 정책혁신 평가

광역자치단체	구	효율성 혁신정책	민주성 혁신정책	형평성 혁신징책	지방정부 혁신정책	순 위
경상북도	의성군	3.48	4.00	5.00	4.16	1
전라남도	담양군	3.74	3.67	4.33	3.91	2
전라남도	영광군	3.17	3.93	4.33	3.81	3
전라남도	고흥군	2.78	3.33	5.00	3.71	4
경기도	연천군	2.91	3.40	4.67	3.66	5
강원도	고성군	2.83	4.00	4.00	3.61	6
전라북도	고창군	2.87	2.93	5.00	3.60	7
전라북도	무주군	3.04	3.27	4.00	3.44	8
충청북도	단양군	2.70	2.93	4.67	3.43	9
전라남도	완도군	2.22	3.67	4.33	3.41	10

[표 4-91] 자치구 혁신정책 평가

광역자치단체	자치구	효율성 혁신정책	민주성 혁신정책	형평성 혁신정책	지방정부 혁신정책	순 위
서울특별시	용산구	4.96	4.93	5.00	4.96	1
부산광역시	북구	4.91	4.20	5.00	4.70	2
서울특별시	송파구	4.04	4.53	5.00	4.53	3
서울특별시	금천구	3.61	4.00	5.00	4.20	4
서울특별시	강동구	5.04	3.40	4.00	4.15	5
대구광역시	북 구	3.57	3.53	5.00	4.03	6
부산광역시	강서구	3.09	3.87	5.00	3.98	7
대구광역시	남 구	3.43	3.20	5.00	3.88	8
서울특별시	강남구	3.35	3.47	4.67	3.83	9
서울특별시	서대문구	3.17	3.13	5.00	3.77	10

템(2007년 3월 30일 도입), 정책품질관리시스템(1996년 7월 1일 도입), BPR을

통한 핵심업무 개선(2007년 6월 15일), 재정운용의 효율성 제고(2007년 1월 15일), 업무 중심 지식관리시스템(2007년 1월 31일 도입), 주요 사안 기록관리 업무개선(2005년 11월 20일 도입), 조례제정개폐청구권(2007년 5월 7일), 주민감사청구제도(2000년 4월 15일) 등은 현재 그 활용도가 개선되어 조만간 성과로 이어질 수 있는 단계에까지 이르고 있다.

지방정부 혁신을 종합적으로 이해하기 위하여 지방정부 혁신에 대한 지방자치단체 공무원들의 평가를 살펴보는 것이 필요하다. 이들의 의견을 종합하면 크게 다음과 같이 정리하여 볼 수 있겠다. 설문조사에서 지방정부 혁신에 대한 의견을 종합하면 [표 4-92]와 같다.

첫째, 효율성 측면이다. 지방정부 혁신이 진행되면서 지나치게 효율성만 강조한 나머지 실적 위주로 변질되어 가는 경향이 있다는 문제가 제기되고 있으며 이에 따라 지방행정혁신의 본래의 의미가 퇴색되어가고 있다는 의견이 있다. 특히 최근의 행정안전부의 혁신시스템은 업무의 효율성을 추구하여 지역 간 특색을 고려하지 않아 지역행정평준화를 지향한다는 경향이 있다는 문제점이 지적되고 있다.

둘째, 예산부족의 문제이다. 지방행정 혁신을 위해 다양한 정책을 추진하고자 함에도 불구하고 상대적으로 재정자립도가 약한 지방정부는 과감한 예산투자에 한계가 있기 때문에 지역발전 및 주민 서비스 등 자치행정에 많은 어려움이 있다.

마지막으로 지역격차 문제인데 지방의 특성이나 지방정부 간의 격차를 무시한 업무처리는 붕어빵 자치단체를 양성한다는 의견이 제기되고 있으며, 지방정부혁신 평가를 위해 일률적인 잣대에 의해 자치단체를 독려하고 평가·관리하는 것은 분명 지방자치에 있어서 분권의 원칙을 벗어나는 것이라는 문제점이 지적되었다.

[표 4-92] 현재 진행중인 지방정부 혁신에 대한 응답자의 의견

소 속	지 위	현재 지방정부 혁신에 대한 의견
서울 강남	실·국장	큰 정부만을 고집하던 때에서 벗어나면서 너무 효율만 강조하는 정책을 시행하는 것 같다.
서울 도봉	혁신분권 담당관	현행 제도 하에서는 지방자치 단체장의 가치관에 좌우될 수밖에 없는 실정임.
서울 마포	실·국장	우리 공직자는 이해와 갈등의 조정자로서 맡은 바 책무와 업무에 최선을 다하고 있음.
부산 강서구	실·국장	지방의회로 인하여 행정의 효율성이 지극히 불균형을 이루고 있다.
부산 중구청	실·국장	지방자치단체의 지역적 여건으로 공공용지의 확보, 재정의 부족 등으로 지역발전 및 주민 서비스에 자치행정에 많은 어려움이 있으며 지역에 따라 인구의 지속적 감소로 발전전망이 불투명함.
대구 남구	부단체장	지방자치 단체가 수행할 수 있는 예산이 부족, 지역 발전을 할 수 없는 걸림돌이 됨/지방자치 단체가 수행할 수 있는 예산이 부족, 지역 발전을 할 수 없는 걸림돌이 됨/주민들의 의견이 너무 개인 이익에 치중하여 모든 문제 해결(개인 간 민원 등)에 금전으로의 해결을 요함/초중고등학교 학생 수요를 교육청에서 판단, 학교증설을 해야 되나 사전대비가 이뤄지지 못하고 있음. 지역발전을 학교 학생 수요 때문에 장애가 되어서는 안되겠음.
광주 동구	실·국장	일부 시민단체 활동의 공정성(관청을 향한 선동적 집회 다반사-보이지 않는 곳에서의 시민의식 개혁 등 외면)
경기도 양주	실·국장	일률적인 잣대에 따라 독려하고 평가하고 관리하는 것은 분명 지방자치, 분권의 원칙을 벗어나는 실정임.
강원도 강릉시	혁신분권 담당관	현재 지방행정혁신은 참여정부 스케줄에 맞추어서 추진하다 보니 지나치게 실적 위주로 변질되는 경향이 있으며, 일 따로 혁신 따로라는 말이 나올 정도로 본래의 의미가 퇴색되어 가고 있음. 또한 지방의 특성과 자치단체 간의 격차를 무시한 붕어빵 자치단체를 만들어 가고 있음.

강원도 고성군	혁신분권 담당관	재정자립도가 약한 자치단체가 상대적으로 예산투자 등 과감한 추진이 어려움.
충남 서천군	실·국장	지자체 실시 이후 지방자치단체는 이미 경쟁체제에 들어섰음. 단지 아직 세련되지 못하고 제도적·재정적 한계로 인해서 큰 성과를 보이지 않지만 일부에서는 이미 중앙정부와 기업을 넘어서고 있음. 최근 행안부의 혁신시스템은 이러한 지방의 경쟁력을 하향 평준화하고 특성을 무시하고 있음.
경북 칠곡군	혁신분권 담당관	급변하는 주변환경에 능동적으로 대처해 나가기 위해 자기개발 및 자세의 변화가 절실히 요구된다고 생각하나, 단체장 및 간부들의 의지가 아직까지 매우 미약하여 안타깝다.
제주도 제주시	혁신분권 담당관	행정적 절차 및 실적 등 내부적 요소에 대한 평가는 제발 No. 지방행정의 궁극적 목표는 주민만족도 제고. 혁신평가로 인해 목표와 수단간의 전도현상이 발생하는 것이 현실. 진정한 지방발전을 위해서는 이러한 점을 시정 개선해야 함.
서울 강남	실·국장	정부는 기업이 아니라 시민을 보호해 주는 것이라는 것을 잊지 않고 혁신이란 업무를 수행하였으면 한다.
서울 도봉구	혁신분권 담당관	임기내 가시적인 업무성과를 기대할 수 밖에 없어 장기적인 정책수립 등에 제약성이 많음.
인천 계양	실·국장	지방의원들의 자질부족으로 인한 피해가 많아 각종 제도 개선이 필요. 일관성 있는 중앙정부 방침이 필요.
강원 정선군	혁신분권 담당관	BSC나 성과관리시스템은 공동체 의식이 강한 지방이나 종합행정기관에 일괄 운영하는 것은 무리가 있음.
충남 태안군	혁신분권 담당관	혁신팀에서 일을 하려고 계획해도 예산을 세워주지 않고 인정감을 주지 않으면 혁신주체부터 피로감을 느끼게 됨. 또한 민원, 인사, 정보공개, 갈등관리 등은 소위 파워부서에서 추진하여 혁신과 다소 거리가 먼 느낌.
전북 군산시	혁신분권 담당관	자치단체장과 국장급 이상 간부 공무원들에게 혁신역량 강화교육을 상하반기 년 2회 이상 주기적으로 실시할 필요가 없음.

전북 부안군	실·국장	혁신은 정부가 바뀔 때마다 부르짖는 하나의 정책으로 별 효과를 기대할 수 없는 정책이다
경북 청도	부단체장	지방분권 정책이 구체화하기도 전에 8개 첨단업종에 대한 대기업 수도권 공장 신·증설 허용은 수도권 과밀화와 지방 경제 침체 가속화라는 양극화를 심화시킬것이며, 또한 수도권 기업의 지방이전 및 신규투자기피와 함께 비수도권 기업과 협력업체 등의 수도권 역이주 등이 우려되므로 철회되어야 함.

Ⅶ. 지방정부의 역량과 정책혁신의 관계

앞에서는 각 지방정부의 역량의 수준과 정책혁신의 성과를 분석하였다. 이 장에서는 역량이 정책혁신의 성과에 어떤 영향을 미치는가를 분석하고자 설문조사의 자료를 바탕으로 회귀분석을 실시하였다.

먼저, [표 4-93]에서 보는 바와 같이 정책혁신과 지방정부의 역량간에는 긍정적인 상관관계(.34)가 존재하고 있다. 정책혁신은 인적역량과는 약 0.22 정도의 긍정적인 상관관계가 존재하는 반면 물적 역량과는 조금 더 강한 약 0.38 정도의 긍정적인 상관관계가 존재한다. 특이한 점은 재정의 건전성과 효율성과 같은 재정능력과 정책혁신 간의 상관관계는 95% 신뢰수준에서 통계적으로 유의미한 관계가 없다는 것이다. 이러한 상관관계분석 결과 정책혁신은 각 지방정부의 재정능력보다는 업무능력과 의지/태도와 같은 인적 역량과 더 강한 관계를 가지고 있다는 점을 알 수 있다. 이를 통해 지방정부의 혁신을 이루이내기 위해서는 인적 역량의 제고가 중요함을 유추할 수 있다.

다음으로, 인적 역량의 구성요소 가운데 8개의 변수로 구성된 업무능력과 정책혁신 성과의 관계를 분석하였다. [표 4-93]에서 보는 바와 같이, 업무능력을 구성하고 있는 8개의 변수 가운데 전문성과 리더십이 정책혁신의 성과에 95%의 신뢰수준에서 통계적으로 유의미한 영향을 미치고 있는 것으

[표 4-93] 정책혁신과 역량 요소간의 상관관계분석 결과

		정책혁신	업무능력	의지/태도	인적역량	재정능력	절차적능력	정보화능력	물적역량	역량
정책혁신	피어슨 상관계수	1	.223(**)	.218(**)	.221(**)	−.027	.318(**)	.386(**)	.375(**)	.336(**)
	유의수준	.	.003	.004	.003	.723	.000	.000	.000	.000
	사례 수	176	175	175	175	176	174	172	172	172
업무능력	피어슨 상관계수	.223(**)	1	.963(**)	.979(**)	−.097	.521(**)	.551(**)	.598(**)	.882(**)
	유의수준	.003	.	.000	.000	.145	.000	.000	.000	.000
	사례 수	175	229	229	229	229	228	224	224	221
의지/태도	피어슨 상관계수	.218(**)	.963(**)	1	.998(**)	−.090	.553(**)	.552(**)	.622(**)	.936(**)
	유의수준	.004	.000	.	.000	.174	.000	.000	.000	.000
	사례 수	175	229	229	229	229	228	224	224	221
인적역량	피어슨 상관계수	.221(**)	.979(**)	.998(**)	1	−.092	.550(**)	.557(**)	.622(**)	.934(**)
	유의수준	.003	.000	.000	.	.164	.000	.000	.000	.000
	사례 수	175	229	229	229	229	228	224	224	221
재정능력	피어슨 상관계수	−.027	−.097	−.090	−.092	1	−.069	−.144(*)	.315(**)	.006
	유의수준	.723	.145	.174	.164	.	.301	.031	.000	.932
	사례 수	176	229	229	229	250	229	224	225	221
절차적능력	피어슨 상관계수	.318(**)	.521(**)	.553(**)	.550(**)	−.069	1	.382(**)	.849(**)	.667(**)
	유의수준	.000	.000	.000	.000	.301	.	.000	.000	.000
	사례 수	174	228	228	228	229	229	224	225	221
정보화능력	피어슨 상관계수	.386(**)	.551(**)	.552(**)	.557(**)	−.144(*)	.382(**)	1	.602(**)	.560(**)
	유의수준	.000	.000	.000	.000	.031	.000	.	.000	.000
	사례 수	172	224	224	224	224	224	224	224	221
물적역량	피어슨 상관계수	.375(**)	.598(**)	.622(**)	.622(**)	.315(**)	.849(**)	.602(**)	1	.711(**)
	유의수준	.000	.000	.000	.000	.000	.000	.000	.	.000
	사례 수	172	224	224	224	225	225	224	225	221
역량	피어슨 상관계수	.336(**)	.882(**)	.936(**)	.934(**)	.006	.667(**)	.560(**)	.711(**)	1
	유의수준	.000	.000	.000	.000	.932	.000	.000	.000	.
	사례 수	172	221	221	221	221	221	221	221	221

[표 4-94] 인적 역량과 정책혁신의 회귀분석 결과

요	변 수	회귀계수	표준화된 회귀계수	t값	유의수준
업무능력	상 수	−1.098		−1.258	.210
	전문성	1.208	.335	3.156	.002
	문제해결능력	−.087	−.026	−.175	.861
	의사소통능력	−.231	−.075	−.522	.602
	조정·통합능력	.268	.088	.468	.641
	자원확보능력	.122	.041	.234	.816
	업무추진력	−.159	−.046	−.286	.775
	홍보능력	.182	.059	.401	.689
	리더십	.923	.312	2.208	.029
	R^2=.408				
의지·태도	상 수	−1.745		−.2490	.014
	도덕성	.326	.100	.925	.356
	혁신성향	2.067	.674	5.836	.000
	시민지향성	−.120	−.038	−.296	.768
	R^2=.525				

로 나타났다. 즉, 지방정부가 지니고 있는 전문성 및 리더십의 정도가 성공적인 정책혁신 수행에 중요한 요인이라 하겠다. 정책혁신의 성과에 대한 업무능력 변수 8개를 사용한 모형의 설명력은 40.8%이다.

업무능력에 더하여 인적 역량의 또 다른 구성요소인 의지·태도가 정책혁신의 성과에 미치는 영향을 분석한 결과 도덕성, 혁신성향, 시민지향성의 세 변수 가운데 혁신성향이 95% 신뢰수준에서 통계적으로 유의미한 영향을 미치고 있는 것으로 나타났다. 세 변수의 설명력은 52.5%이다.

종합적으로 지방정부의 인적 역량이 정책혁신의 성과에 미치는 영향을 분석한 결과 인적 역량을 구성하는 두 요인 가운데 업무능력요인에서는 전문성과 리더십이, 그리고 의지·태도에서는 혁신성향이 유의미한 영향을 미치는 것으로 나타났다. 실증분석 결과에서는 이 세 변수가 정책혁신을 성공적으로 수행하는 데 중요한 변수로 나타났는데, 앞에서 살펴 본 인적 역량의 수준과 정책혁신 성과를 분석한 결과를 살펴 볼 때, 우리나라 지방정부의 정책혁신을 뿌리내리기 위해서는 현재 부족한 전문성과 혁신성향의 제고와 함께 지방정부의 리더십 강화가 중요하다고 할 수 있다.

리더십 강화와 관련해서 특히 지방자치단체장의 주도적 역할 강화가 강조될 필요가 있다고 본다. 우리나라 지방정부는 이른바 강시장 형태의 기관구성을 기축으로 하고 있기 때문이다.

[표 4-95]는 물적 역량과 정책혁신 성과간의 회귀분석 결과를 보여주고 있다. 결과에서 보는 바와 같이 물적 역량을 구성하고 있는 세 가지 요인인 재정능력, 절차적 능력, 정보화 능력 가운데 절차적 능력과 정보화 능력 등 두 요인이 95% 신뢰수준에서 통계적으로 유의미한 영향을 미치는 것으로 나타났다. 한편 재정능력은 95% 신뢰수준에서 정책혁신의 성과에 통계적으로 유의미한 영향을 주지 않는 것으로 나타났다. 즉, 지방정부 정책혁신의 성과는 각 지방정부의 재정 수준보다는 지방정부가 수립한 절차적 능력과 정보화능력에 의해 더 큰 영향을 받는 것으로 나타났다.

[표 4-95] 물적 역량과 정책혁신의 회귀분석 결과

요 인	회귀계수	표준화된 회귀계수	t값	유의수준
상 수	.034		.040	.968
재정능력	.155	.040	.569	.570
절차적능력	.353	.225	3.103	.002
정보화능력	.455	.326	4.464	.000
R2 = .196				

이상의 결과를 종합하여 볼 때, 지방정부 정책혁신의 성과는 지방정부의 역량과 긍정적인 상관관계를 가지고 있으며 인적 역량과 물적 역량 모두 정책혁신의 성과와 관계가 있다고 하겠다. 그러나 지방정부의 역량을 구성하는 구체적인 요인을 살펴보면 지방정부의 인적 역량을 구성하는 업무능력

에서는 전문성과 리더십이 정책혁신의 성과에 큰 영향을 미치고 의지/태도 중에서는 혁신성향이 강한 영향력을 가지고 있는 것으로 나타났다. 또한, 물적 역량 가운데에서는 절차적 능력과 정보화 능력이 정책혁신의 성과에 의미가 있는 것으로 나타난 반면 각 지방정부의 재정능력은 정책혁신의 성과에 큰 영향은 주지 않는 것으로 나타났다. 즉, 지방정부의 정책혁신은 각 지방정부의 재정수준보다는 지방정부가 어느 정도의 혁신의지를 가지고 전문성과 리더십을 발휘하고 절차적 능력과 정보화 능력을 제고하느냐에 달려있다고 할 수 있다.

제 5 장

지방정부의 역량강화

Ⅰ. 지방정부의 역량강화 방안
Ⅱ. 지방정부의 재정 역량강화 방안
Ⅲ. 지방정부의 혁신과 시민사회의 역량강화

Ⅰ. 지방정부의 역량 강화 방안

1. 제도적 측면에서의 역량강화 방안
2. 인적자원관리 측면에서의 개선 방안
3. 교육훈련 측면에서의 개선 방안
4. 조직의 유연성 측면에서의 개선 방안
5. 성과관리 측면에서의 개선 방안
6. 지방재정의 건전성 및 효율성 증대 방안
7. 조직 운영면에서의 개선 방안
8. 혁신의지 측면에서의 개선 방안
9. 기타 개선 방안

Ⅱ. 지방정부의 재정 역량 강화방안

1. 지방정부 재정 역량의 개념과 수준
2. 지방자치단체 재정 역량의 측정지표 구성
3. 지방 재정 역량의 실태분석
4. 지방 재정 역량의 강화 방안

Ⅲ. 지방정부의 혁신과 시민사회의 역량강화

1. 지방혁신과 시민사회 강화의 중요성
2. 시민사회와 시민역량
3. 시민역량의 예비조건: 시민사회의 지방정부에 대한 견해
4. 시민사회의 자체역량: 조직화와 참여의 정도 및 양상
5. 지방정부의 시민역량 집적장치
6. 자발성과 이해관계 결합의 난제(難題)

제 5 장 지방정부의 역량강화

Ⅰ. 지방정부의 역량강화 방안

지방정부의 역량과 정책혁신에 대하여 살펴보겠다. 지방정부의 역량을 강화하기 위한 방안을 지방자치단체 공무원의 의견과 분석의 결과를 바탕으로 제시하면 다음과 같다.

1. 제도적 측면에서의 역량강화 방안

첫째, 지역적 특성을 고려한 제도적 장치 마련이 중요하다. 지방정부의 자치권을 확대하고 자율성을 증대시켜 중앙정부 위주의 밀어붙이기 식 혁신보다는 지역의 특색에 맞는 행정을 할 수 있도록 자율성이 부여되어야 하며, 자치단체별 자립도가 상호간 형평을 유지할 수 있도록 재조정하는 제도적 장치가 마련되어야 한다.

둘째, 통합시스템 구축이 필요하다. 지방공통혁신과제를 추진함에 있어서 공동의 시스템을 구축한다면 업무의 효율성이 증대될 것이며, 이에 대해서 중앙정부의 지원이 필요하다.

셋째, 재정적 지원이 필요하다. 재정자립도가 상대적으로 약한 지방자치단체에 대해서는 중앙정부의 충분한 재정적 지원이 뒷받침되어, 각종 시스템 도입, 교육, 주민 서비스에 있어서 혁신이 이루어질 수 있도록 해야 한다.

넷째, 행정혁신 추진기구의 강화이다. 이는 재정적·인적 지원의 강화는 물론 실질적으로 혁신을 추진하고 프로그램을 개발할 수 있는 기반을 조성하는 것이다.

다섯째, 전자정부의 구축이다. 전자정부 혁신을 위해 기본적 업무의 표준화와 업무처리를 원활히 하기 위한 관련 업무정보 DB가 필요하다.

2. 인적자원관리 측면에서의 개선 방안

첫째, 자치단체장의 리더십을 강화하는 것이 중요하다. 지방자치단체의 단체장은 지역 발전과 지방정부 혁신의 촉진자 역할을 담당할 수 있도록 각계 각층의 의견을 수렴하고 갈등을 조정할 수 있는 리더십을 갖춘 자가 선출되어야 할 것이다.

둘째, 인사제도의 투명성이다. 공무원 인사에 있어서 외부 전문가가 참여하는 인사위원회를 구성하도록 하고, 위원회의 결정에 따라 인사가 이루어짐으로써 인사의 과정이 투명하고 공정하게 진행되도록 하여야 할 것이다.

셋째, 인사제도의 전문성이다. 지방 공무원 충원 시 계약직, 정무직을 확대하여 공직 인사의 전문성을 향상시켜야 할 것이며, 더불어 인사와 관련한 성과관리 시스템을 구축하여 공무원 인사제도의 전문성을 증대시킬 수 있도록 해야 할 것이다.

넷째, 탄력적 인사제도의 구축이 필요하다. 무조건적인 감축이나 증원보다는 내부인력의 조정을 통한 인사제도 혁신이 필요할 것이며 업무 특성에 따라 수평적 인사관리가 조직의 활성화에 기여할 수도 있을 것이다. 즉 T자형 인사관리제도 도입이 필요하다. 또한 업무량에 비례한 인력을 충원, 배치하도록 하여 적재 적소에 인력을 활용할 수 있도록 해야 할 것이다.

다섯째, 인사와 성과관리 시스템의 연결이다. 공무원 개인에 대한 공정하고 형평성 있는 성과의 평가와 함께, 성과가 우수한 공무원에게 인사상의 인센티브가 제공되도록 할 때 효율적 인적자원관리가 가능할 것이다.

여섯째, 지역의 특수성을 반영하는 인사관리 시스템의 구축이다. 획일적인 조직, 기구 억제보다는 인구 증가, 업무량에 비례한 인력의 충원과 조직 개편이 필요하며, 유능한 지역의 인재를 지방정부로 유인하기 위한 장치가 마련되어야 할 것이다.

3. 교육훈련 측면에서의 개선 방안

첫째로, 지방자치단체의 역량을 강화하기 위해서는 지속적이고 체계적인 교육기회의 확대가 필요하다. 즉, 혁신업무에 대한 지속적 노력이 필요하며, 이를 뒷받침해 줄 수 있도록 새로운 변화에 적응할 수 있는 체계적인 교육이 꾸준하게 이루어져야 할 것이다. 이의 실행을 위해서는 기관장의 의지가 중요한 결정요인이 될 것이며, 혁신역량의 강화를 위해 전 직원을 대상으로 정기적인 교육을 하는 것 역시 한 방안이 될 것이다.

둘째, 사례 중심의 교육이 필요하다. 지역 특성에 맞는 행정 혁신이 이루어지기 위하여 국내·외 현장 학습을 통해서 다양한 사례를 익히도록 해야 하며, 각종 사례 발표와 학습을 통해서 당해 지방자치단체에 최적의 모델을 찾을 수 있도록 해야 한다.

셋째, 맞춤형 교육이 이루어져야 한다. 일률적 교육 시간의 배정이나 강화를 지양하고 혁신 업무 성과를 위해 자치단체별로 여건에 맞는 자체 교육을 실시하며, 담당 업무에 따른 맞춤형 교육을 실시하며 창의적인 마인드를 가진 인력을 육성할 수 있도록 해야 할 것이다.

넷째, 학습조직의 활성화이다. 공식적 교육시간을 통해서만 학습이 이루어지는 것이 아니라, 조직구성원들 스스로 학습동아리를 운영하게 하고 이를 지원해 줌으로써, 공무원 개인이 각자의 업무와 관련된 문제해결능력의 향상을 이룰 수 있도록 하여야 할 것이다.

4. 조직의 유연성 측면에서의 개선 방안

조직의 유연성을 강화하기 위하여 먼저, 지방정부의 자율성 및 재량권의 확대가 필요하다. 기존의 중앙정부의 로드맵에 의해 일률적으로 강제시행되는 혁신 프로그램이 아니라, 지방 자치단체 스스로 혁신을 추진할 수 있도록 하는 자율적 시스템을 구축해야 하며, 이에 대한 권한과 재원을 중앙정부가 적극적, 포괄적으로 지방에 이양하여야 할 것이다.

지방정부의 재량권 확대는 인사, 조직, 예산 등 지방행정의 영역을 망라하여 포괄적으로 이루어져야 하며, 끊임없이 변화하는 행정 환경에 능동적으로 대응할 수 있는 업무 환경을 조성하여 지방 행정 분야의 혁신을 달성할 수 있도록 실질적 업무 이양이 동반되어야 할 것이다.

둘째, 중앙정부와 지방정부의 조화가 필요하다. 중앙정부에서 보다 거시적인 혁신목표를 제시하고 지방 정부의 자체 여건에 따라 선택과 집중이 가능하도록 배려하고, 권장하여 중앙, 지방정부 간의 조화를 이룰 수 있도록 해야 할 것이다. 중앙정부의 주도적 혁신 요구는 업무의 효율성을 향상시킬 수 있을지 모르나 또 다른 부작용을 야기할 수 있을 것이므로 상황에 적합한 행정 업무 추진을 할 수 있도록 재량권이 확대된다면 실천 중심의 행정목표를 달성할 수 있을 것이다.

셋째, 원활한 의사소통이 이루어지는 조직문화가 정착되어야 한다. 조직 간, 조직원 상하 간에 의사전달이 원활하게 이루어지도록 의사소통의 통로가 잘 구축되어야 할 것이다. 혁신은 기존의 답습을 지양하고 새로운 사고와 행동을 학습해 나가는 과정이기 때문에 기존의 업무처리 방식에 익숙한 상급자보다는 하위직 공무원의 의견에 귀 기울이는 것도 하나의 방법이 될 수 있을 것이다. 기존의 계층제에 입각하여 획일적인 의사결정체제에서 업무를 처리하는 방식보다는, 의사결정과정을 보다 간소화함으로써 신속하고 원활한 의사소통문화를 만든다면 지방행정의 정책혁신에 일조할 것이다.

마지막으로 다양한 조직구조의 활용이 제고되어야 한다. 전통적·경직적인 피라미드 형태의 계층제 조직구조에서 탈피하여 다양한 조직구조 형태를 취하는 것은 공직 사회에 유연성을 부여할 것이며, 자율적·개방적인 조직문화를 만들어 갈 수 있을 것이라 기대된다.

5. 성과관리 측면에서의 개선 방안

첫째, 타당한 성과관리 시스템의 구축이 필요하다. 각기 다른 업무에 대한 공정한 성과 평가가 이루어지기 위해서는 질적인 성과지표 뿐만 아니라 계량화가 가능한 양적 지표도 동시에 고려되는 성과시스템이 도입되어 운영되어야 한다. 이를 위해서는 포괄성, 공정성, 난이도 분류 등을 고려하여 타당한 성과평가 지표가 우선적으로 개발되어야 하며, 지방자치단체의 특수성을 고려하여 일괄적·일률적인 적용보다는 지역의 사정을 고려한 탄력적·효율적 운용이 요구된다. 이러한 성과관리 시스템은 업무 성과의 검증을 위해 조직구성원 누구나 공감할 수 있는 시스템이어야 하며 관리자에 의한 주관적 평가 방법은 배제되어야 한다.

둘째, 동기부여(인센티브제, 포상, 후생 복지의 강화) 제도의 확립이다. 더 나은 성과를 위하여 구성원의 창의적·능동적인 근무의욕을 고취시킬 수 있도록 동기부여하는 것이 지방공무원 성과관리의 중요한 핵심이 될 것이다. 특히 직급이나 연공서열을 타파할 능력과 성과 중심의 인센티브제의 정착이 필요하다. 성과에 대한 정당한 인센티브제는 공무원에게 혁신적 마인드를 촉진할 수 있으므로 혁신 우수공무원에 대한 인사고과 반영이나 다양한 포상제를 실시하는 등의 좀 더 적극적인 인센티브제의 도입이 불가피하다. 또한 성과가 우수한 공무원에 대해서는 파격적인 후생 복지 서비스를 제공하여 충분한 보상이 되도록 함으로써 공무원의 근무의욕을 고취시킬 수 있도록 해야 한다.

셋째, 객관적 평가제도의 확립이 필요하다. 지방자치단체에 의한 자체적 성과측정은 자치단체의 규모나 지역별 여건 등에 따른 환경이 모두 상이하므로 천편일률적·일반적 평가에 의한 성과측정에는 큰 의미가 없다. 따라서 중앙정부에 의한 객관적이고도 타당한 평가제도의 확립이 요구된다.

넷째, 공정한 업무성과의 평가-인사-인센티브 간의 유기적 연계이다. 성과 평가가 공무원들의 사기를 떨어뜨리고 평가지표위주의 업무추진을 하게 하는 등의 부작용을 극복하기 위해 단순한 산출(output) 중심이 아니라, 영향

(outcome) 중심의 평가가 되고, 이것이 경제적 보상은 물론 공무원 개인의 사회적 욕구와 지역주민의 체감만족도를 높일 수 있도록 하여야 할 것이다.

6. 지방재정의 건전성 및 효율성 증대 방안

지방자치의 실시에 따라 지방재정의 규모는 급격히 성장[1]하고 있는데, 이에 대한 지방재정의 건전성과 효율성이 확보되어야 한다. 즉 지방재정 운영의 효율성과 책임성을 높이기 위해서는 지방정부가 자치 환경의 변화와 새로운 주민의 수요 등을 반영할 수 있도록 세출구조 조정을 추진하고 수익자 부담 등의 시장원리를 확대·적용하며, 민간부문과의 경쟁 또는 협력체를 강화하는 등 지방정부운영에 있어서 민간기업의 경영기법을 도입하여야 한다(임성일, 2006).

지방정부의 재정건전성은 지방자치단체의 재정운영의 성과를 제고하는데 그 목적이 있다. 이러한 목적을 효과적으로 달성하기 위해서는 지방자치단체에게 금전적·비금전적 인센티브와 패널티를 제공하는 것이 필요하다. 즉, 우수한 자치단체에는 금전적·비금전적 인센티브를 제공하고, 부진한 자치단체에 대해서는 패널티를 가하는 것이 필요하다(곽채기, 2004). 결과에 따라 산정되는 전체 종합점수를 기준으로 우수 자치단체로 선정된 자치단체와 각 평가영역별로 우수 자치단체로 선정된 자치단체에 대해서는 특별교부금의 일부를 할애하여 금전적 인센티브를 차등적으로 제공하는 방안을 고려해 볼 수 있을 것이다.

재정건전성이 우수한 자치단체에게는 지방재정운영의 자율권을 적극적으로 부여할 필요가 있다. 즉, 우수 자치단체로 선정된 자치단체의 경우에는 지방재정을 효율적으로 운영할 수 있는 자치역량을 충분히 확보하고 있는 것으로 볼 수 있기 때문에, 지방재정 운영의 자율권을 다른 자치단체에 비

1) 지방재정은 고도경제성장에 따른 재정수입 증대와 지방분권 정책에 힘입어 지방재정의 총 규모(일반+특별회계)가 순계기준으로 1990년 22조 9000억 원에서 2005년 107조 원으로 15년간 무려 4.7배 급증했다고 밝혔다(임성일, 2006).

해 더욱 폭넓게 보장하는 방안을 검토해 볼 수 있을 것이다.

한편, 결과가 부진한 자치단체에 대해서는 지방교부세를 지원하는 과정에서 이에 대한 부(-)의 인센티브를 제공하거나, 재정운영상의 규정 위반 등에 대한 적극적인 사후 조치를 할 필요가 있다.

지방정부의 재정 효율성을 높이기 위해서는 무엇보다도 지방정부가 재정을 운영하는 데 있어서 책임성을 확보해야 한다. 이를 위해서는 지방재정운영을 종래의 타율성, 독점성, 권력성, 경직성, 획일성 등에서 탈피하여 자율성, 경쟁성, 탈권력성, 탄력성 등을 가지고 운영해야 한다(곽채기, 2000).

또한 지방정부의 재정적인 안정성을 위하여 단기적인 계획보다는 장기적인 비전을 가지고 운영하여야 한다. 즉, 중·장기적인 재정계획을 통하여 지역주민의 부담을 완화할 수 있으며, 안정된 자원배분을 수행할 수 있도록 하여야 한다. 중·장기지방 재정계획과 투융자심사는 주요사업에 대한 투자효과를 분석하고 또한 우선순위를 결정한 후에 재원을 적정하게 배분해야 한다. 이를 위하여 예산편성 전에 주요사업에 대한 시민의 의견을 충분히 수렴해야 할 것이다. 즉 홈페이지를 통하여 관련 정보의 제공과 설문조사, 기타 공청회 및 간담회 등을 통해 시민들의 의견을 충분히 수렴하는 '참여형 예산편성제도'를 시행해야 한다. 또한 지방재정운영의 성과가 시민들에 의해서 통제될 수 있도록 해야 한다.

시민들의 참여도 중요하지만 무엇보다도 지방의회의 역할이 중요하다. 시민들의 참여를 적극적으로 유도하는 것도 좋지만 이에 앞서 지방정부를 견제하고 평가해야 하는 지방의회 의원들이 지방정부 재정에 대한 지속적인 관심을 가질 필요가 있다.

지방정부 재정 역량을 분석하기 위해서는 행정자치부의 지방재정분석제도에 활용되고 있는 10개의 지표들을 활용하였다. 각 지표들은 의미를 가질 수 있으나 지방정부의 환경이 급변하는 상황 속에서 지표에 대한 보완과 개발이 지속적으로 이루어져야 할 것이다. 추가적인 측정지표와 분석기법 등의 과학화가 이루어져야 한다.

지방정부 공무원들의 의견조사 결과를 종합하여 보면 대체로 지방자치단체의 자주재원 확충과 중앙정부의 재정적 지원 확대로 지방정부의 재정능력 개선방안을 정리할 수 있다.

첫째, 지방정부의 자주재원 확충이다. 지방자치제의 실시로 명목적인 지방재원은 증가하고 있으나 각종 지방 사업의 실시로 지방정부의 재정력은 한층 강화되어야 할 필요성이 있다. 자주재원의 확보를 위해 국세와 지방세의 세목을 조정하는 방안이 있으며, 이 밖에도 세수확보를 위한 다양한 지원 대책이 필요하다. 지방정부의 재정자립도 수준을 끌어올림으로써 실질적 의미의 지방자치의 기반을 마련하고 아울러 지방행정 혁신을 도모할 수 있을 것이다.

둘째, 중앙정부의 재정적 지원 확대이다. 시간이 흐를수록 지방자치단체별 재정자립도의 격차는 더욱 크게 벌어지고 있기 때문에 재정자립도가 비교적 약한 자치단체에서는 사업 중도 포기나 행정 서비스 제공에 있어서 많은 한계에 부딪히고 있는 실정이다. 중앙정부에서는 열악한 자치단체에 대해 지방교부세 통합과 같은 국비보조금을 확대지원하여 재정적으로 안정되게 하여야 하며, 국세의 지방세 이양비율을 증가시켜 지방세수확대를 바탕으로 안정적인 지방자치단체 행정운영이 가능하도록 해야 할 것이다. 중앙정부의 권한이양에 앞서 그에 상응하는 재정력이 확보될 때 실질적인 지방자치가 이루어질 수 있는 것이다.

7. 조직 운영면에서의 개선 방안

조직 운영에 있어서도 조직 내부의 화합과 행정 환경 변화에 적절하게 대응할 수 있도록, 위로부터의 강제적·형식적 명령체계보다는 하위직에게 많은 권한을 주는 하의상달식 조직 운영을 고려할 필요가 있다. 이를 위해서는 최고책임자의 역할도 중요하지만 중간관리층의 역할과 책임이 현재보다 강조되어야 한다. 업무와 사업의 성격에 따라 전통적 관료제 조직을 벗어난 새로운 형태의 조직방식이 유리하다면(팀제, 매트릭스 조직 등) 이를 적극 활용하는 방안도 강구되어야 한다. 또한 개인 간, 조직 간 부분적으로 경

쟁 시스템을 도입하여 지방 행정의 발전에 기여할 수 있도록 전략적 프로그램이 활용되어야 할 것이다

또한 시·군의 경우 혁신담당조직이 한시적·임시적 기구로 운영되고 있기 때문에 혁신에 대한 중요성을 대부분 인식하지 못하고 있다. 따라서 각 시·군의 혁신 담당 조직의 정규조직화가 요구된다. 정규조직화된 혁신조직은 자치단체 공무원에게 혁신의 중요성, 책임성을 고취시킬 수 있을 것이다. 더불어 현재 세분화되어 있는 업무 간 관련성을 토대로 부서별 통합화를 추진한다면 조직 혁신을 통하여 업무성과를 증진시킬 수 있을 것으로 기대된다.

8. 혁신의지 측면에서의 개선 방안

지방자치단체 공무원들의 혁신의지 함양을 위해서는 무엇보다 중요한 것이 자치단체장의 의지라 할 수 있다. 지방자치단체가 가진 역량이 바로 단체장의 확고한 의지와 밀접한 연관성을 가지고 있기 때문에 자치단체장은 스스로 확고한 의지를 가지고 각종 교육을 통해 혁신적 경영마인드, 비전을 제시하여 이의 계속적 관리에 힘써야 할 것이다. 단체장의 확고한 의지와 혁신전략이 밑바탕이 되어야 지방행정의 혁신이 의도한 대로 이루어질 수 있을 것다. 더불어 이러한 의지를 실행에 옮길 수 있는 단체장의 리더십이 관건이 될 것이다. 이에 정해진 목표를 달성할 수 있도록 공무원들의 강력한 추진의지도 밑바탕이 되어야 한다. 기존의 폐쇄적, 자기중심적 사고 등으로 대표되는 부정적인 관료제적 사고에서 주민 친화적 행정이 될 수 있도록 서비스를 제공하는 것도 하나의 방법이 될 수 있다. 또한 지방 행정의 혁신은 단체장과, 간부의 의지도 중요한 요인이 되지만 고객인 주민의 적극적 협조와 참여, 솔선한 의식개혁이 뒷받침되어야 한다.

따라서 단체장, 공무원, 주민 모두가 위기의식을 가지고 변화하지 않으면 도태될 수밖에 없다는 마음가짐을 가지고 혁신하고자 노력할 때, 충분히 혁신 성과를 이룩해 낼 수 있을 것이라 생각된다.

9. 기타 개선 방안

정부부문의 개혁과 혁신은 시대를 막론하고 지속적으로 추진되어야 할 분야이므로 지방정부는 장기적·단기적 시야를 가지고 지방의 특성에 맞게 지속적으로 추진해야 한다. 지방행정은 지역 주민의 삶의 질과 가장 밀접하게 관련이 있는 분야이므로 지방 행정의 혁신이야말로 주민의 이익과 삶의 질 향상에 가장 큰 영향을 미칠 수 있다. 따라서 지방행정의 끊임없는 혁신은 지역주민에게 다양하고 질 높은 행정서비스를 제공하고 자치단체의 발전에 기여할 것이다.

또한 지방행정 혁신이 일회성으로 끝나지 않고 정권이 바뀌더라도 지속적으로 추진될 수 있도록 제도적·법적 장치가 마련되어야 한다. 장기적 관점에서 도시, 농촌 등의 자치단체 간의 특성과 격차를 고려하여 선택적 혁신과제를 추진할 때 지역격차를 해소하고 지역 균형발전을 도모할 수 있을 것이다. 또한 중앙정부의 줄 세우기 문화와 같은 답습은 없어져야 할 것이며, 창의적 아이디어를 촉진하기 위해 수평적 조직문화를 형성해야 한다. 양성평등의식의 확산 또한 행정 혁신의 기본바탕이 되는 노력이 될 수 있을 것이다.

혁신은 지역의 장점을 극대화하고 한계를 극소화하여 미래지향적인 자치단체를 도모함으로써 격차를 해소하고 지역 발전에 원동력이 된다. 실제 고객인 주민이 피부로 느낄 수 있는 추진이 필요하며 서면심사보다는 주민들의 혁신체감도 비중을 상향 조정해야 할 것이다.

Ⅱ. 지방정부의 재정 역량강화 방안

지난 1991년 지방자치제의 도입을 앞두고 논의되었던 때를 제외하고는 요즈음과 같이 지방분권과 중앙·지방 간 재원배분에 대한 논의가 활발했던 적이 없었던 것 같다. 왜냐하면 노무현 대통령의 「참여정부」 출범에 따라

"지방분권과 국가균형발전"이 10대 국정과제로 선정되고 지방분권의 추진을 위해 "획기적인 지방재정의 확충과 건전성 확보"가 그 요체임을 천명하였기 때문이다. 동시에 그 방안의 일환으로 지방소비세의 도입과 기타 재정분권을 위한 각종 조치를 취할 것을 밝히고 추진하여, 실제 어느 정도 가시적인 성과가 나타나기도 하였다.

하지만 이러한 국가의 정책의지 표명에도 불구하고, 구체적인 실천방안의 제시에 있어서는 중앙과 지방 간에 상당한 견해 차이가 존재하고 있는 것이 또한 현실이다.[2] 왜냐하면 중앙정부는 지방분권을 강조하면서도 재정문제에 있어서만큼은 지역 간 재정격차와 균형발전을 위해서 세입의 효율성을 강조하는 집권화(centralization)의 논리를 강조하는 반면, 지방은 무엇보다도 자주재원의 확충이 지방재정의 취약성을 극복하고 지방자치와 분권화의 실현을 위한 핵심임을 인식하여 민주성과 형평성을 강조하는 분권(decentralization)의 장점을 강조하고 있어 양자간의 합의와 조정이 결코 쉽지만은 않다. 또한 이러한 논의의 밑바탕에는 조세와 재정권한이 지방으로 이전되었을 경우, 이에 따른 자치단체의 역량이 부족하여 자칫 재원의 낭비로 이어지지는 않을까 하는 우려가 깔려 있다. 실제 이러한 우려는 중앙정부만이 아니라, 일부 지방정부와 지방행정 관련 전문가들에게도 만연되어 있는 것이 사실이다.

그러면 과연 자치단체의 재정 역량은 무엇인지, 무엇을 기준으로 어떻게 파악할 수 있는지, 실제로 어느 자치단체가 다른 자치단체보다 재정역량이 상대적으로 더 낫고 못하다는 평가를 할 수 있는지, 이러한 의문에 대한 답을 구하고자 시도되었다. 이와 동시에 지방자치단체의 재정 역량을 강화하기 위해서는 어떠한 수단이 있으며, 이를 여하히 달성할 것인가에 대한 논의도 함께 시도하고자 한다.

---

2) 동아일보 2003년 2월 12일자 "국세 지방세 전환 반대" 기사 내용 참조. 실제로 "정부혁신·지방분권위원회"와 "국가균형발전위원회" 간에도 재정분권을 위한 재정수단에 대해서는 이견이 있었으며, 결국 국가균형발전특별회계의 신설을 통해 지방양여금은 폐지되었고, "정부혁신·지방분권위원회"의 재정세제팀과 지방분권팀 간에도 지방소비세의 도입방안에 대해서 이견이 존재하였던 것으로 알려져 있다.

1. 지방정부 재정 역량의 개념과 수준

1) 재정 역량의 개념

우선 역량(competency)의 개념은 1973년 Harvard 대학의 심리학자인 David McClelland에 의해 제기되었는데(최길수, 2004), 영어로는 'competency', 'capability' 또는 'capacity' 등이 사용되고 있으며, 학자에 따라서는 용어를 구분하여 사용하기도 한다.[3]

역량의 사전적 의미는 '일을 해낼 수 있는 능력 또는 그 능력의 정도"를 말하는데, 주로 개인이 조직 내에서 성과를 내는 데 필요한 능력이나 특성으로 이해하고 있다. 이러한 역량개념이 Sparrow(1996)에 의해, 조직역량, 관리역량, 개인역량으로 유형화되어 확대되었고, Parry(1996) 역시 역량을 개인의 내적 특성뿐만 아니라 측정가능하고 훈련과 개발에 의해 향상될 수 있는 관련 지식과 기술, 그리고 특성이 통합된 형태로 정의하고 있다(소순창, 2006: 120).

역량에 관한 국내 연구(최봉기외, 1993; 김병국·권오철, 1999)에서도 역량을 개인의 내적 특성뿐만 아니라 조직 차원의 능력과 의지로 파악하여 개인의 능력 등 인적 역량과 조직의 전반적 자원과 능력을 의미하는 물적 역량으로 구분하고 있다.

초기의 자치역량 연구(최봉기 외, 1993)에서는 자치역량을 구조적 역량, 기능적 역량, 환경적 역량으로 구분하고, 구조적 역량에 조직과 재정 및 권력(자치권)을 포함시켰다. 결국 재정 역량은 대부분 지방정부의 재정력을 의미하는 것으로 예시하였다. 즉 ① 재정자립도, ② 세입구조분석에 의한 지방재정력 측정지표, ③ 세출구조분석에 의한 지방재정력 지표, ④ 재정의 견실성과 탄력성에 의한 지방재정력 지표 등 4가지로 구분하고, 각각의 경우 하위지표를 제시하였다.

결국 재정력과 재정 역량의 차이와 유사점에 대한 명쾌한 해답은 제시

3) 예를 들면 Makell(1996: 6) 등은 capabilities는 지역이나 정부의 역량으로 보는 대신, competence는 기업의 역량을 의미하는 것으로 구분한다(김정홍, 2003: 102-103). 그러나 우리나라에서는 지방정부의 역량을 주로 capacity로 이해하고 있다(최영출, 2003; 최길수, 2004).

하지 못하고 있으며, 재정 역량을 강화하기 위해서는 재정자립도를 제고해야 하는데, 재정자립도가 가지고 있는 문제를 고려하여 세입과 세출구조분석에 의한 재정력 지표를 총체적으로 고려하여야만 재정 역량을 제대로 파악할 수 있다고 주장하였다. 또한 지방정부의 자치권을 권력적 역량으로 재분류하면서, 자치재정권을 언급하고 있다. 자치재정권을 "지방자치단체가 자기사무를 수행하는 데 필요한 경비를 충당하기 위하여 중앙정부의 간섭을 받지 않고 자주적으로 그 재원을 조달·관리하는 권한을 의미한다"고 정의하면서, 자치재정권에 자치단체의 독자적인 예산편성권과 자치단체가 국가와의 관계에서 적정한 사무배분을 기초로 하여 적정한 경비부담의 구분이나 재원배분을 보장받을 권리, 조례에 의한 자주적 과세권, 자주적 기채권, 자치단체의 재산관리권 등을 포함시키고 있다.

이러한 역량 관련 연구와는 별개로 재정력에 대해서는 과거에도 많은 논의와 연구가 있었다. 예를 들어 재정력(fiscal capacity)[4] 또는 재정능력을 "지방자치단체가 그 기능을 수행하는 데 필요한 재원을 얼마나 가지고 있는가를 의미"한다고 정의하기도 하였고(유훈, 1995: 93), fiscal capacity를 잠재세입한도로 규정하여 각 자치단체의 세입은 각 자치단체를 구성하는 지역사회의 경제적 능력과 그 변화에 의해 좌우되는데, 가장 기본적인 경제능력은 세입잠재력(revenue potential) 또는 지역경제력이며, 이 지역경제력을 결정하는 주요 요소가 소득, 인구, 노동 및 산업구조, 고용상태, 생산성 및 자본의 집약도 등이다. 이러한 지역경제력이 결정되면, 이것을 기반으로 공권력주체가 재정권력에 의해 세입을 확보할 수 있는 구체적인 방안을 마련하는데, 이것이 바로 세입기반 또는 세입기초(revenue base)이다. 즉 각종 조세의 직접적인 과세기초와 세외수입의 재원기초가 이 단계이며, 다음은 자치단체가 확보할 수 있는 가상적인 적정세입상한선, 즉 잠재세입한도를 세입기초에 의해 추계하게 되며, 이러한 잠재세입한도와 실제세입(actual revenue)을 비교함으로써 자치단체의 세입확보수준을 측정할 수 있게 된다(오연천, 1993: 424-426).

---

4) fiscal capacity를 오연천 교수는 잠재세입한도(潛在歲入限度)로 번역하여 사용하기도 하나(오연천, 1993), 유훈 교수는 재정능력으로 사용하고 있다(유훈, 1995).

[그림 5-1] 세입분석모형의 제 개념

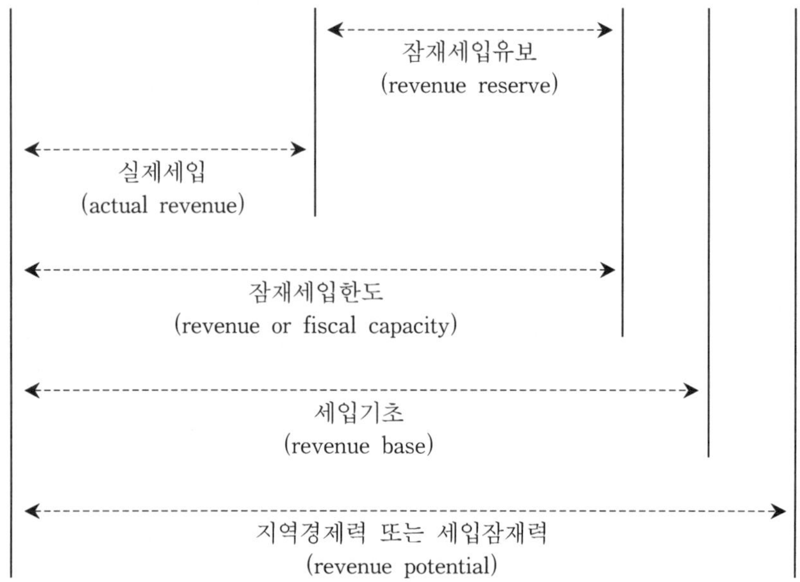

자료: 오연천(1993).

또한 재정 역량을 주로 지역혁신을 위한 수단적·도구적 차원에서 파악하기도 하는데, 지방정부의 혁신역량을 내부역량과 외부역량으로 구분하고, 내부역량은 다시 인적 역량과 물적 역량으로 구분하면서, 물적 역량에 재정 역량과 조직구조 역량이 포함되는 것으로 이해하기도 한다(소순창, 2006: 122).

이 연구에서는 재정 역량을 건전성과 경제적 효율성으로 구분하고, 세입이 얼마나 안정적으로 확보되는가하는 안정성과 지출에 필요한 예산을 충분히 확보하고 있는지를 건전성으로 보고, 일정한 재정효과를 얻기 위해 최소의 비용을 투입하는 방식과 주어진 투자로 최대의 효과를 추구하는 방식을 경제적 효율성으로 파악하고자 하였다. 또한 이를 측정하기 위해서는 각 자치단체의 재정자립도를 파악하고, 현 지방세의 수준에 대한 설문조사를 실시하였으며, 경제적 효율성은 성과주의 예산, 복식부기제도, 비용편익분석시스템, 민간위탁, 중기지방재정제도 등이 갖는 경제적 효율성을 단체장들이 평가하게 하였다.

연구결과 재정 역량의 건전성은 통계연보를 이용하여 재정자립도를 파악하고, 250개 자치단체 중 137개 단체장의 응답결과, 지방세수 규모를 증대해야 한다는 응답이 66.4%로 높게 나타났고, 감액에는 대부분 반대하였다. 경제적 효율성이 가장 높은 제도로는 중기지방재정제도로 47.7%가 긍정적으로 응답하였으며, 복식부기와 비용편익분석시스템에 대해서는 아예 모른다는 응답이 40% 이상으로 매우 높게 나타났다.

이러한 연구결과를 종합해 볼 때, 재정 역량을 "각 지방자치단체가 당해 지역주민들이 요구하는 공공서비스와 재화를 자율적으로 공급하고, 이에 대해 책임질 수 있는 재정적 능력"이라고 정의할 수 있다. 이러한 정의는 자치단체 세입측면에서의 자율성과 세출측면에서의 책임성을 동시에 확보할 수 있는 능력을 의미하며, 이에 덧붙여 단순한 자치단체의 재정상태와 재정여건만을 의미하기보다는 단체장의 의지와 주민들의 적극적인 자세 등 무형의 잠재역량도 포함하는 것으로 이해할 수 있다.

2) 재정 역량 개념의 수준

원래 역량이라는 개념이 개별 자치단체나 기업 또는 개인을 대상으로 하지만, 지방자치단체의 재정 역량이라면 지방재정의 특징인 집합 또는 총계개념이 무시될 수 없다.

즉 지방재정은 모든 자치단체의 재정활동이기 때문에 재정역량이라고 하면, 먼저 중앙정부의 재정역량과 대비되는 지방재정 전체의 역량을 고려할 수 있다.

또한 개별 자치단체 간의 재정 역량이 차이가 발생하기 때문에 자치단체 수준의 재정 역량이 있을 수 있다. 물론 이와 관련하여 우리나라는 2계층제(two-tiered system)를 적용하고 있기 때문에 광역자치단체와 기초자치단체로 구분하여 재정 역량을 비교할 수도 있다.

따라서 각 자치단체의 조직수준에서도 재정 역량을 구분할 수도 있지만, 지방정부의 실·과·소 등이 별개로 사업을 집행하거나 운용하는 것이 아니기 때문에 조직별 재정 역량은 고려하지 않아도 되며, 결국 재정 역량은 두 가지 수준에서 논의하고 측정할 수 있다고 하겠다.

2. 지방자치단체 재정 역량의 측정지표 구성

1) 선행연구 검토

초기 자치역량연구에서 제안한 재정 역량의 측정지표들을 파악하면, 우선 첫 번째 지방재정자립도는 워낙 일반적이어서 재론의 필요가 없지만, 의미와 지표에 대해서는 논란이 있었다. 즉 재정자립도가 지방재정의 세출측면을 전혀 고려하지 않는다는 점과 함께, 그 당시는 지방채수입이 세외수입에 포함되어 있어 채무부담이 클수록 재정자립도가 커지는 모순이 있었고, 자치단체의 입장에서 보면 재정자립도가 낮다고 하여 자체사업을 중단해야 하는 문제는 전혀 없었으며, 세출의 용도를 제약하지 않는 일반재원[5]인 지방교부세를 통해 필요한 재정수요는 어느 정도 충족되고 있다는 점이다. 두 번째 세입구조와 관련된 하위지표는, 주민 1인당 지방세부담지수 또는 자주재원지수, 자주재원비율 또는 일반재원비율, 세입의 계속성 또는 안정성 지수, 지방채수입비율, 납세의무자비율, 세수증가율, 지방세징수율, 세수확보노력지수, 잠재적 재정력지수 등이었다. 세 번째 세출구조와 관련된 지표는 주민 1인당 경비지수 및 투자지수, 경상적 경비비율, 의무적 경비비율 및 공채비 비율, 투자적 경비비율 등을 제시하고 있다. 네 번째 재정의 건실성과 탄력성의 하위지표는 실질수지비율, 경상수지비율, 기능배분비율에 대한 재원배분비율 등을 들고 있다(최봉기 외, 1993: 15).

또한 재정력을 평가하기 위한 측정지표는 용도에 따라 매우 다양한데, 그 중의 한 연구는 세입지표, 세출지표, 운영상태지표, 채무지표 등으로 구

5) 자금의 사용용도에 대한 제약을 기준으로, 이를 비도(費途)라고 하는데 이에 대한 제약이 있으면 특정재원, 이에 대한 제약이 없어 자치단체의 세출에 대한 자율권과 재량권이 인정되면 일반재원이라고 구분한다. 이와 관련하여 세입의 경우 자치단체가 주민들에게서 자체적으로 조달하는 재원은 자주재원(自主財源)이라고 하며, 중앙정부나 상급 자치단체로부터 지원받는 재원은 이전재원(移轉財源) 또는 의존재원(依存財源)이라고 한다.

[표 5-1] 재정력 측정지표

영 역	대 상	지표산출방법
재정 규모에 관한 지표	재정규모	세입총계＝세출총계
	1인당 재정규모	자치단체의 재정규모/자치단체의 인구 수
	표준재정규모	자치단체의 독립지방세＋지방교부세
	1인당 표준재정규모	자치단체의 표준재정규모/자치단체의 인구수
재정력 일반에 관한 지표	재정력 지수	(t년도 기준재정수입액/t년도 기준재정수요액＋t－1년도 기준재정수입액/t－1년도 기준재정수요액＋t－2년도 기준재정수입액/t－2년도 기준재정수요액)÷3
	당해년도 건전성지수	(지방세수입＋지방교부세＋세외수입)÷자치단체의 세출총액
	자치단체의 건전성 지수	(t년도의 건전성 지수＋t－1년도의 건전성 지수＋t－2년도의 건전성 지수)÷3
	당해년도 책임재정지수	지방세수입＋세외수입/경상적 경비
	책임재정지수	(t년도의 책임재정지수＋t－1년도의 책임재정지수＋t－2년도의 책임재정지수)÷3
수입에 관한 지표	1인당 소득에 대한 지방세비율	지역사회의 1인당 지방세부담액/지역사회의 1인당 소득
	지방세의 소득탄력성	지방세수 증가율/GNP 또는 GRP의 증가율
	담세노력계수	(실제지방세수입/지방세에 대한 잠재세입한도)× 100
	총수입에 대한 이전수입비율	(지방교부세＋보조금)/자치단체의 총수입 ×100
지출에 관한 지표	사업구조간 예산비율	
	경상비의 대투자비 비율	경상비: 투자비
	지방채와 투자비의 평준	(1인당 투자적 경비－1인당 지방채부담액)/1인당 투자적 경비

자료: 유훈(1995: 96).

분하여 세분하기도 하지만(Groves and Valente, 1986), [표 5-1]과 같이 재정규모, 재정력 일반, 재정수입과 지출에 관한 지표로 구분하기도 한다.

대부분의 지표들이 재정분석지표와 유사하여 재정력 일반에 관한 지표를 중심으로 파악하면, 일본에서 주로 사용하는 재정력지수는 3개년 동안의 기준재정수요액을 기준재정수입액이 충당하는 비율을 평균한 것으로 우리나라에서는 지방교부세 산정에 반영하고 있다. 건전성 지수는 자주재원인 지방세수입과 세입수입에다 일반재원인 지방교부세를 합쳐 이 규모가 세출총액에서 차지하는 비중을 파악한 것으로 일종에 비도가 정해지지 않은 자치단체의 자율적인 세출충당지수가 된다.[6] 이를 당해연도와 3개년의 평균값으로 구분하여 측정하고자 하였으며, 책임재정지수는 자주재원으로 경상적 경비를 얼마나 충당할 수 있는지를 측정하는 경상경비 충당지수가 된다.

특히 우리나라는 자치단체장의 민선 이후 지방재정의 건전한 운영을 위해 1994년 12월 지방재정법을 개정하여 지방재정분석제도를 도입하였는데, 1996년에는 기본적인 8개 항목을 내부적으로 분석하였고, 1997년에는 재정능력, 재정운용, 재정노력 등을 추가한 3개 분야 총 18개 지표로 확대하였다. 이어 1998년에는 지방재정분석·진단심의실시규정(행정안전훈령)을 제정하여, 10개 단위지표를 마련하여 분석하고 그 결과를 매년 공표하였다. 1999년에는 한국지방행정연구원에서 개발한 4개 영역 10개 단위지표를 이용하여 종합분석을 실시하고, 인센티브와 페널티 제도를 적용하였다(이재원, 2004). 2005년에는 지방재정의 예·결산, 회계, 통계를 비롯하여 지방재정의 산출물(output) 뿐만 아니라 성과(outcome)와 관련된 정보를 이용하여 단년도 분석과 다년도 추세분석 등을 함께 적용하여 분석할 수 있도록 확대·개편하였다(행정자치부, 2005).[7]

2004년까지 적용한 측정지표는 [표 5-2]와 같이 건전성과 효율성 부문

6) 이와 유사한 재정자주도란 것이 있는데, 이는 행정안전부에서 사용하는 개념으로 자주재원과 보통교부세가 일반회계 세입에서 차지하는 비중으로 나타내고 있다.

7) 2005년에 지방재정법을 개정하여 지방재정전문가로 구성되는 '재정분석진단위원회'를 설치하여 분석의 객관성과 공정성을 확보하도록 하였으며, 실제 2005년말 250개 전 지방자치단체에 대해 재정분석을 실시하고 그 결과를 공표하기도 하였다.

으로 구분하고, 건전성 부문은 다시 자주성과 안정성, 그리고 효율성 부문은 생산성과 노력성으로 구분하고 있다. 자주성 지표는 재정자립도와 재정력지수, 안정성 지표는 경상수지비율, 세입세출충당비율 및 지방채상환비율, 생산성 지표로는 재정계획 운영비율, 세입예산 반영비율, 투자비비율이 적용되고, 노력성 지표는 자체세입 증감율과 경상경비 증감율을 사용하였다.

[표 5-2] 지방재정분석지표

분석부문	건 전 성		효 율 성	
분석영역	자 주 성	안 정 성	생 산 성	노 력 성
분석단위 (단위지표)	① 재정자립도 ② 재정력지수	③ 경상수지비율 ④ 세입세출충당비율 ⑤ 지방채상환비율	⑥ 재정계획운영비율 ⑦ 세입예산반영비율 ⑧ 투자비비율	⑨ 자체수입증감률 ⑩ 경상경비증감률
성 격	· 재정상태분석 · 자치단체재정력 측정	· 재정구조분석 · 재무구조, 수지의 탄력성 측정	· 재정관리분석 · 재정운영의계획성, 재원배분의 합리성 측정	· 재정노력분석 · 세입징수, 예산절감 노력 측정
활 용	· 중앙의 의존재원지원 기준	· 재정진단 대상단체 선정기준	· 재정인센티브 및 우수기관 시상기준	

자료: 행정자치부(2004: 3).

이러한 재정분석진단제도가 갖는 문제는 우선 개별지표는 문제가 없더라도, 종합하였을 경우 나타나는 통계적 한계와 예산회계제도 및 재정통계기반의 특성에 따른 한계 등 구조적인 문제를 내포하고 있다는 것이다(임성일 외, 2004).

그러나 원래 재정분석은 지방자치단체의 재정상태를 정확하게 진단하고 합리적인 재정운영의 기틀을 마련하며, 재정운용의 성과를 평가하기 위한 것으로 각 자치단체의 ① 재정상태, ② 재정운영, ③ 재정성과를 대상으로 한다. 이처럼 지방재정분석 내용과 분석기준을 체계화하고 이에 의거한 지표를 예시하면 다음 [표 5-3]과 같다.

[표 5-3] 재정분석 지표체계(예시)

<table>
<tr><th rowspan="2">부 문</th><th colspan="3">분석·평가 내용의 기준</th><th rowspan="2">사용 가능 지표</th></tr>
<tr><th>목표 기준
(1차 기준)</th><th>분석 내용
(2차 기준)</th><th>지표개발 가능 기준
(3차 기준)</th></tr>
<tr><td rowspan="4">재정
상태
부문</td><td rowspan="2">재정규모의
적절성</td><td>재원 충당
능력(세입)</td><td>기본적 행정수요에 대한 자율적 해결의 잠재력, 재정적 자립 수준 및 경제 능력 실제 세부담 능력 분석</td><td>재정력지수, 자주재원비율, 1인당 지방세 부담액</td></tr>
<tr><td>행정서비스
공급 능력
(세출)</td><td>행정 서비스의 총량적 공급 능력, 지역주민과 직접 관련된 행정수요의 적극적 대처 능력 분석</td><td>주민 1인당 세출규모
주민 1인당 투자비</td></tr>
<tr><td rowspan="2">재정구조의
건실성</td><td>총재원 및
용도별
재원구조</td><td>독자적 시책 추진 여력 재원 정도, 매년도 일정하게 보장되는 세입재원 정도, 의무적·경상적 경비의 자체 수입충당 재원 정도 분석</td><td>일반재원비율, 경상일반재원 비율, 인건비 자체충당 능력, 경상적 경비 자체 충당 능력</td></tr>
<tr><td>채무구조</td><td>차입 금액의 누적 정도, 채무로 인한 주민 부담 가중 및 재정 압박 정도 분석</td><td>지방채 잔액 지수, 주민 1인당 채무액</td></tr>
</table>

재정 운영 부문	재정운영의 안정성	수지균형 유지 정도	총재정 운영상 감축 곤란한 경비, 운영상의 수지균형 운영 정도 분석	실질수지 비율, 경상수지 비율
		재원 확충의 부채성 정도	재원 확충의 부채성 정도 분석	지방채 수입 비율
		예산 편성, 사업추진, 계획적 진행 여부	미실행 예산 운영분석	사고이월 사고비 비율
	재정운영의 노력성	재원 확보 노력	자주재원 확보 노력 및 형평성 유지, 여유자금 효율적 관리 여부 분석	세수증가율, 지방세징수율, 경상적 세외수입증가율, 체납세액 정리율, 이자수입비율
		효과적 재원 지출 능력	효과적 재정지출 여부 분석	투자적 경비 비율
		예산 절감 능력	경상경비의 예산절감 정도 분석	경상예산 절감률
	재정운영의 탄력성	행정수요의 대응 정도	행정수요에 적극적 대응 수준의 분석	재정 압박 지수
	예산편성의 적절성	재원 사용의 경직화 정도	재원 사용의 경직성 정도 분석	인건비 비율, 의무적 경비 비율, 지방채 부담 비율
		경상경비 운영의 객관성, 합리성 여부	각종 불요불급한 경상경비 팽창의 상황 분석	각종 경상경비 비율, 비목별 1인당 경비
재정 성과 부문	공공시설 확보 및 행정수준향상	주민생활과 양적·질적으로 관련된 공공시설 및 기타 행정 서비스의 확보 및 향상 정도 분석		각종 공공시설 충족도-전국적, 단체 계층별로 동일한 기준으로 측정

자료: 권형신 외(1998: 476).

재정상태에 대한 측정지표는 현재 자치단체가 처해 있는 상태(status quo)에 대한 분석을 위한 것으로 재정규모와 구조에 대한 측정지표로 구성되고, 재정운영에 대한 측정지표는 자치단체의 노력과 행태 등 주로 행태적 측면에 초점이 되며, 재정성과 부문은 각종 시설과 행정서비스에 대한 주민들의 만족도 등이 포함될 수 있다.

또한 최근 분권화 논의와 함께 지방정부의 재정 역량을 평가하기 위해서 재정분권화지표를 이용하기도 하는데, 왜냐하면 Clark(1985)은 분권화를 중앙-지방 간 관계에서 구체적인 수권 없이 지방정부가 의도적이고 목표지향적으로 행사할 수 있는 주도적 권력(initiative power)과 중앙정부의 통제나 감독에 대한 두려움 없이 지방정부가 행사할 수 있는 소극적 권력(immunity power)으로 구분하기 때문이다.

따라서 홍준현 외의 연구(2005)에서는 재정분권화를 재정에 있어서 '자기결정성'과 '자기책임성'으로 규정하고, 자기결정성은 재정권한의 배분정도로 이해하여 국가재정규모에서 지방자치단체의 지출과 세입이 차지하는 비중으로 파악하고, 자기책임성은 상급기관에 의한 관여정도로 인식하여, 지방재정운영의 재량성으로 파악하고자 하였다.

결국 평가지표로는 지출부문에 대한 분권화는 (i) GDP 중 지방지출 비율과 (ii) 정부지출 중 지방지출 비율로 파악하고, 세입부문의 분권화 평가지표는 (i) 지방세 비율, (ii) 지방자치단체 세입비율 등으로 파악하며, 지방재정운영의 재량성은 (i) 조례로서 설치할 수 있는 지방세목의 비율, (ii) 국고보조금 비율, (iii) 지방비부담액 비율, (iv) 보조금 보조율(기준보조율의 준수정도), (v) 법령에 의한 보조금 사업비율, (vi) 보조금의 통폐합 노력도 (vii) 중앙정부의 승인 없이 발행가능한 지방채 규모 등을 제시하고 있다(홍준현 외, 2005).

2) 재정 역량의 측정지표 구성

앞에서의 각종 재정력 측정지표와 재정 역량 측정지표 그리고 재정분권화 지표 등이 서로 유사하고 중복되어 있다는 것을 알 수 있다. 왜냐하면 지방재정의 운용실태와 양상이 워낙 다양하게 나타나기 때문에 몇몇 지표를 통해 지방재정의 모습을 정확하게 포착한다는 것은 거의 장님들이 코끼리를 만지는 것과 다를 것이 없다. 또한 어렵사리 대표적인 측정지표를 선정하였다고 해도 유일한 대표 지표 하나를 선정하지 않는 한, 지표 값의 환산이나 측정방법을 통해 재정 역량을 상대적으로 비교하거나 절대적으로 서열화하는데 있어서는 더 많은 주의가 요구된다고 하겠다. 그러나 그럼에도 불구하고 재정 역량의 개념과 수준에 따라, 이용 가능한 측정지표들을 구성해 보면 다음과 같다.

(1) 총체적인 재정 역량 측정지표

이는 중앙정부에 대비되는 지방재정의 총량적인 개념으로서의 재정 역량을 측정하고자 할 때 적용할 수 있는 지표로서, 우선 총재정규모에서 차지하는 지방재정의 비중으로 표시되는 세입과 세출규모의 비율이 되겠다. 왜냐하면 재정규모에서 차지하는 비중이 증가한다면 그만큼 지방재정의 역할과 기능이 증대되었다고 할 수 있기 때문이다.

두 번째로는 재정구조와 관련하여 세입부문의 자주재원비율 또는 재정자립도를 사용할 수 있다. 물론 자치단체 평균 재정자립도 지표를 적용할 경우 이와 관련하여 많은 문제점이 있다는 점을 감안하더라도,[8] 지방재정과 관련하여 가장 보편적이고 대중들에게 인지도가 가장 높은 지표라고 생각되며, 문제가 되는 측면은 보완하여 사용하면 된다고 본다. 또한 세출부문과 관련해서는 지방세수입과 세외수입 등 자주재원과 보통교부세가 지방세출 총액을 충당하는 비율을 산출하여 측정할 수 있다. 이는 앞의 재정력 측정지표의 건전성 지수와 동일하다.

세 번째는 총 조세에서 차지하는 지방세의 비중과 국세에 대한 지방세의 비중 등을 적용하고자 한다. 물론 이에 대해서는 조세수입규모보다는 조세지출규모를 사용해야 한다는 논의가 있을 수 있지만, 조세에 관한 징수결

8) 재정자립도가 세출측면을 반영하지 못하고, 현제 행정안전부가 사용하듯이 일반회계 총계예산규모에서 지방세수입과 세외수입이 차지하는 비중으로 사용하기보다는 일반회계 세입순계결산규모에서 지방세수입과 세외수입이 차지하는 비중을 사용하도록 하고, 예산규모에서는 제한적으로 현 행정부가 사용하는 지표를 사용하도록 하는 등 대안을 마련하면 적절할 것으로 판단된다.

정권이 없는 지출권한은 자칫 지방자치단체를 중앙정부의 대리인으로 전락시키거나 중앙정부의 관심사업에 대해 무임승차(free-riding)를 하게 하는 등 문제를 초래할 수 있다.[9] 따라서 조세수입규모에서의 지방세 비중 등을 적용해야 한다.

(2) 개별 자치단체의 재정 역량 측정지표

먼저 개별 자치단체의 재정 역량을 파악하는 데 있어서, 250개 전 자치단체를 동일선상에 놓고 측정할 것인지 아니면, 광역과 기초로 구분하여 평가할 것인지를 결정해야 하는데, 우리나라의 경우는 구분하여 측정하는 것이 바람직하다고 생각된다. 물론 그렇다고 해서 측정지표를 광역과 기초자치단체 간에 구분하여 적용할 필요까지는 없다고 판단되며, 평가결과를 여하히 활용할 것인가와 관련하여 광역과 기초 간의 측정결과에 대한 판단기준을 달리 적용하는 것이 바람직할 것이다. 또한 동일한 비교기준을 적용하기 위해 인구수로 나누는 주민 1인당 지표 등을 구성할 수 있다.

첫 번째는 역시 재정자립도의 적용이다. 앞에서 논의한 바와 같이 각 자치단체의 비교와 측정에도 동일한 재정자립도를 사용할 수 있기 때문이다. 두 번째는 자주재원의 경상경비 충당지수이다. 즉 지방세수입과 세외수입 등으로 경상적 경비를 어느 정도 충당하고 있는지에 관한 지표이다. 이와 관련하여 지방세수입으로 인건비 충당비율 등도 함께 파악하면 도움이 된다. 세 번째는 재정력 지수의 적용이다. 이미 지방교부세의 보정율을 구하기 위해 매년 작업을 하고 있기 때문에, 각 지방자치단체의 재정력 지수를 통해 자치단체의 재정 역량을 비교할 수 있다. 네 번째는 지방세수입을 인구수로 나눈 주민 1인당 지방세부담액이다. 이는 실질적인 주민들의 재정부담(fiscal burden)을 파악하기 위해 적용한다. 실제 적용해 보면 인구밀도에 의해 많은 차이가 발생하는 것을 알 수 있다. 다섯 번째는 세출총액을 인구수로 나눈 주민 1인당 세출액이다. 이는 실질적인 주민들의 재정편익(fiscal benefit)을 파악하기 위해 적용하는 것이다.

---

9) 조세지출구조와 관련해서는 지방교육재정 지출을 중앙정부로 볼 것인지, 아니면 지방정부의 몫으로 볼 것인가에 대해서도 논란이 있다.

이외에도 재정운영능력과 관련된 재정 역량을 측정하기 위해서는 경상경비 감축률, 자치단체 각종 시설물에 대한 민간위탁률, 참여예산제도의 활용정도, 적정 지방채 부담률[10] 등이 고려될 수 있으며, 측정방법과 통계자료의 활용 등을 고려하여 점진적으로 확대해 나가야 할 것이다.

이러한 재정 역량 측정지표를 요약하면 다음 [표 5-4]와 같다.

[표 5-4] 재정 역량 측정지표 구성(안)

측정수준	부 문 별	측 정 지 표
총체적인 재정 역량	재정규모	정부 총 세출규모에서의 지방세출 비중, 정부 총 세입규모에서의 지방세입 비중
	재정구조	총 세입에서의 자주재원 비율, 평균 재정자립도, (지방세수입 + 세외수입 + 보통교부세) ÷ 세출총액
	조세구조	총 조세에서의 지방세 비중, 국세 대 지방세 비중
단체별 재정 역량	재정구조	재정자립도
	재정운영의 자율성	자주재원의 경상경비 충당지수, 인건비의 지방세 충당률
	재 정 력	재정력 지수, 당해년도 재정력 지수
	재정부담	주민 1인당 지방세 부담액
	재정편익	주민 1인당 세출액
	노 력 도	경상경비 감축률, 시설물에 대한 민간위탁률, 참여예산제도의 활용도, 적정 지방채활용률 등

3. 지방 재정 역량의 실태분석

1) 지방 재성 역량의 변화추이

(1) 총체적인 지방 재정 역량

지방자치제가 재도입된 1991년부터 자료 확보가 가능한 2003년까지 총

10) 지난 1997년의 IMF 사태와 자치단체 합동평가 및 언론에서의 관심 등으로 인해 지방채를 지나치게 활용하지 않고 있는 실정이다. 앞으로는 적정한 규모로는 기채를 통한 투자재원의 조달방안도 함께 논의되어야 한다.

[표 5-5] 지방재정규모의 변화

(단위: 10억원, %)

구 분		1991	1993	1995	1997	1999	2001	2003
경상GNP[1)] (A)		214,239	265,517	377,349	453,276	482,744	622,122	721,345
중앙 재정 규모[2)]	소계(B)	39,366	51,187	72,915	92,464	114,548	137,480	158,647
	(B/A)	18.4	19.3	19.3	20.4	23.7	22.1	22.0
	일반회계	31,283	37,268	51,498	63,962	73,226	98,668	117,222
	특별회계	8,033	13,919	21,416	28,502	41,322	38,812	41,425
지방 재정 규모[3)]	소계(C)	21,850	28,874	36,664	50,958	53,979	67,504	82,186
	(C/A)	10.2	10.9	9.7	13.4	11.2	10.9	11.4
	(C/B)	55.5	56.4	50.3	55.1	46.3	48.4	50.5
	일반회계	13,852	16,969	24,815	37,407	39,758	51,542	65,026
	특별회계	7,998	11,905	11,849	13,551	14,221	15,962	17,159

주: 1) 1995년부터는 GDP 적용
2) 세출순계규모이며, 일반회계는 총계이고, 특별회계는 단순 차감액, 2003년은 예산임.
3) 지방재정은 세출결산 순계기준.

자료: 통계청홈페이지(www.kosis.nso.go.kr). 기획예산처홈페이지(www.mpb.go.kr), 행정자치부, 각 연도.

체적인 지방 재정 역량의 변화를 파악하면 다음 [표 5-5]와 같다.

국내총생산은 1991년 214조 2,390억원이던 것이 2003년에는 721조 3,450억원으로 3.37배 증가하였으나, 1997년 IMF의 영향으로 1999년에는 증가세가 급격히 둔화되었다. 중앙재정세출규모는 1991년 39조 3,660억원이던 것이 2003년에는 158조 6,470억원으로 4.03배 증가하여 국내총생산의 증가율을 훨씬 상회하고 있다. 이에 반해 지방세출규모는 1991년 21조 8,500억원이던 것이 2003년 82조 1,860억원으로 3.76배 증가하여 국내총생산의 증가율보다는 상회하고 있으나 중앙재정지출규모의 증가율에는 못 미치고 있다.

중앙재정과 지방재정이 국내총생산에서 차지하는 비중은 중앙재정규모가 1991년 18.4%이던 것이 1999년 23.7%로 가장 높았다가 최근 들어 다소 감소하여 21.6%를 나타내고 있다. 반면 지방재정의 비중은 1991년 10.2%이던 것이 1995년 9.7%로 가장 낮은 수준을 보이다가 1997년에는 13.4%로 급격히 증가하였으나 최근 들어서는 11% 내외로 안정추세를 나타내고 있다.

또한 지방재정규모를 중앙재정과 비교하면 1991년 55.5%이던 것이 2003년 51.8%로 오히려 감소하였다. 물론 1993년 56.4%까지 그 비중이 증가하기도 하였으나 1997년 이후 급속히 감소하여 1999년에는 47.1%에 불과했다.

이러한 지표를 통해서 보면, 지방 재정 역량이 1991년에 비해 강화되었다고 주장하는 데에는 다소의 무리가 있다.

또한 지방재정자립도를 이용하여 파악하면 다음 [표 5-6]과 같다. 즉 1991년 평균 64.8%이던 것이 1993년에는 68.0%로 증가하였으나, 감소하기 시작하여 2002년 54.6%로 최저점을 나타냈다가 최근 들어서서는 56%대로 안정세를 보이고 있다. 결국 1991년과 비교하여 재정 역량이 크게 향상되었다고 할 수는 없겠다.

[표 5-6] 지방재정자립도 추이

연 도	1991	1993	1995	1997	1999	2001	2002	2003	2004	2005
자립도 (%)	64.8	68.0	63.5	63.0	59.6	57.6	54.6	56.2	56.3	56.2

주: 일반회계 당초예산 기준(순계)
자료: 행정자치부(2005).

조세총액에서의 지방세 비중을 일본과 비교하여 파악하면 다음 [표 5-7]과 같다.

즉, 1970년 겨우 9%이던 것이 1990년에는 19.2%로 증가하였고 1995년에는 21.2%로 20%대에 진입하였으나, 2003년 24.0%를 정점으로 계속 감소하고 있는 추세이다. 반면 일본은 2000년 41.9%로 40%대에 진입하여 지속적으로 증가하고 있어 대조를 보이고 있다.

[표 5-7] 총 조세에서 지방세의 비중

(단위: %)

구 분	1970	1975	1980	1985	1990	1995	2000	2001	2002	2003	2004
한 국	9.0	10.2	11.7	12.2	19.2	21.2	18.0	21.8	23.3	24.0	23.1
일 본	33.3	36.5	36.6	37.3	34.8	38.0	41.9	41.2	42.3	43.5	43.6

자료: 재정경제부,「조세개요」, 각 연도, 日本 總務省,「地方財政白書」, 각 연도.
국중호(2002: 50)에서 재인용 및 행정자치부(2005).

(2) 개별적인 지방 재정 역량

이러한 총체적인 측면에서의 재정 역량 측정과 달리 개별 자치단체에 대한 재정 역량 비교는 워낙 내용이 방대하여 재정자립도와 지방세를 통한 인건비 충당지수를 제외하고는 생략하고자 한다. 우선 2006년의 재정자립도를 단체별로 비교하면 다음 [표 5-8]과 같다.

[표 5-8] 단체별 재정자립도 현황(2006년)

(단위: %)

구 분	전국	특별시	광역시	도	시	군	자치구
평 균	54.4	93.3	66.7	36.1	39.4	16.1	40.5
최 고 (단체명)	–	93.3 (서울)	71.0 (대전)	68.8 (경기)	72.4 (경기성남)	50.5 (울산울주)	90.4 (서울서초)
최 저 (단체명)	–	–	54.1 (광주)	13.6 (전남)	11.3 (전북남원)	7.8 (전남강진)	15.6 (대전동구)

주: 전국 및 시·도별 재정자립도 평균은 순계규모를 사용하고, 개별단체는 총계예산규모 적용

특별시와 광역시의 경우 최고인 서울시의 93.3%와 최저인 광주시의 54.1%는 확실히 재정 역량에서 차이가 있다고 해야 할 것이다. 도는 평균 36.1%이며, 시는 39.4%인데, 성남시는 72.4%인 반면, 남원시는 11.3%에 불과하여 격차가 매우 심하다. 또한 군의 경우 평균이 16.1%에 불과하여 여타 자치단체에 비해 역량이 매우 부족하다고 평가할 수밖에 없다.

또한 개별 단체별로 인건비의 지방세로의 충당률을 계산해야 되지만, 아예 미해결단체가 워낙 많아 간단히 비교하면, 지방세로 인건비를 해결하지 못하는 단체의 비율이 1995년 56.0%이던 것이 2000년에는 58.1%, 2005년에는 56.4%로 큰 변화가 없었으나, 2006년에는 60%로 다시 증가하였다.

[표 5-9] 지방세수입으로의 인건비 미해결단체 현황

(단위: 단체수, %)

구 분	합 계	시·도	시	군	구
계	250	16	77	88	69
해 결	99(40%)	16(100%)	57(74%)	16(18%)	10(14%)
미해결	151(60%)	–	20(26%)	72(82%)	59(86%)

자료: 행정자치부(2006).

[표 5-9]에서 보는 바와 같이, 시 · 도의 경우 16개 단체 모두가 인건비를 해결하고 있으나, 77개 시 중에서는 20개시가 지방세수입으로 인건비를 충당하지 못하고 있으며, 군 단위는 무려 72개 군이 해결하지 못해 82%에 달한다. 자치구의 경우는 사태가 더욱 심각하여 59개 자치구가 인건비를 해결하지 못해 그 비율은 86%에 달한다. 이 경우 자치단체별로 재정 역량의 차이는 매우 크다고 할 수 있다.

그나마 다행스러운 것은 자체수입으로 인건비를 미해결하는 단체의 비중은 1995년 24.9%에서 2000년 11.3%로, 2005년에는 16.4%로 감소하였다(진명기, 2005). 이러한 비교 등을 통해 단체별 재정 역량을 제한적이지만 파악할 수 있다.

또한 재정부담을 나타내는 주민 1인당 지방세부담액과 재정편익을 나타내는 주민 1인당 일반회계 순계 총 세출액을 2004년말을 기준으로 파악하면 다음 [표 5-10]과 같다.

[표 5-10] 지역별 주민 1인당 지방세부담액과 세출액(2004. 12. 31 기준)

구 분	인구 수 (천명)	지방세 (백만원)	1인당 부담액 (원)	세출액 (백만원)	1인당 세출액 (원)
합 계	48,583	34,159,391	703,114	71,794,574	1,477,771
서 울	10,173	9,726,335	956,093(1)	11,075,941	1,088,748(12)
부 산	3,666	2,196,824	599,242(8)	3,714,056	1,013,108(13)
대 구	2,524	1,401,591	555,305(11)	2,112,535	836,979(16)
인 천	2,578	1,565,749	607,350(6)	2,559,623	992,871(14)
광 주	1,401	699,005	498,932(14)	1,533,294	1,094,428(11)
대 전	1,443	873,172	605,108(7)	1,283,785	889,663(15)
울 산	1,081	793,603	734,137(3)	1,197,340	1,107,622(10)
경 기	10,462	8,544,628	816,729(2)	13,051,188	1,247,484(9)
강 원	1,521	852,108	560,228(10)	4,975,224	3,271,021(1)
충 북	1,488	817,383	549,316(12)	2,931,428	1,970,045(7)
충 남	1,963	1,415,892	721,289(5)	4,053,022	2,064,708(6)
전 북	1,906	796,940	418,121(16)	3,665,227	1,922,994(8)
전 남	1,986	844,079	425,014(15)	5,213,835	2,625,294(2)
경 북	2,695	1,384,874	513,867(13)	6,097,230	2,262,423(4)
경 남	3,143	1,841,483	585,899(9)	6,947,591	2,210,496(5)
제 주	555	405,723	731,032(4)	1,383,256	2,492,353(3)

자료: 행정자치부(2005).

우선 주민 1인당 지방세부담액을 보면, 2004년 현재 평균 703,114원으로 나타났는데, 단체별로는 서울시가 956,053원으로 가장 많고, 전북이 418,121원으로 가장 낮게 나타났으며, 두 단체간 차액은 537,932원에 달한다. 도 단위에서는 단연 경기도가 816,729원으로 가장 높게 나타났으며, 광역시 중에서는 광주가 가장 낮은 498,932원으로 나타났다.

각 자치단체별 일반회계 순계 결산액을 인구수로 나눈 주민 1인당 세출액을 파악하면 평균 1,477,771원으로 주민 1인당 지방세부담액의 약 2배에

달하고 있다. 가장 큰 세출규모를 나타내고 있는 단체는 강원도로 3,271,021원으로 단연 돋보이며, 그 다음은 전남으로 2,625,294원이다. 대부분의 도가 높은 순위를 차지하는 반면, 서울시와 광역시는 모두 낮은 순위를 나타내고 있다. 서울시는 12위로 1,088,748원으로 지방세부담액과 큰 차이를 보이지 않고 있다. 경기도 역시 도 단위에서는 가장 낮은 9위로 1,247,484원이며, 가장 낮은 순위를 보이는 단체는 대구로 836,979원으로 1위인 강원도와의 차액은 2,434,042원에 달하고 있다.

이러한 결과를 보면 대부분의 도가 주민들의 자체부담보다는 중앙정부나 국세로부터의 지원에 의해 재정을 운용하고 있음을 알 수 있다. 물론 지방의 지역주민들이 지방세만을 부담하는 것이 아니기는 하지만, 주민 1인당 지방세부담액과 세출총액 간의 차이를 통해 각 자치단체의 재정 역량을 짐작하게 한다.

이 외에도 1999년부터 복식부기제도의 도입을 위한 연구용역을 실시하고, 2001년부터 시범운영하고 있는 서울 강남구와 경기도의 부천시는 타 단체와 비교하여 재정 역량이 더 강하다고 할 수 있으며, 주민참여예산제도의 시범도입을 하고 있는 울산시의 북구와 동구 및 광주시 북구 등은 다른 자치단체에 비해 재정운영의 역량이 상대적으로 더 높다고 판단된다. 이와 같이 재정운영과 관련된 각종 개혁사례 등을 성공적으로 적용하고 있는 단체들의 재정 역량은 상대적으로 더 높게 평가할 수 있다.

2) 지방 재정 역량 변화추이에 대한 평가

일반적으로는 지방자치제의 재도입 이후 지방재정의 상황이 많이 나아졌고, 역량도 강화되었을 것이라는 예측과는 달리 위에서 보았듯이 구체적인 지표를 통해서는 크게 나아지지 않았다고 보아야 할 것이다. 이러한 결과와 관련하여 몇몇 연구자들의 평가를 인용하면 다음과 같다.

우선 서정섭(2005)은 자치제 도입 이후 지방재정 변화의 특징을 첫째, 지방재정규모가 지방자치제의 실시와 동시에 급증하였다. 이는 경제성장에 다른 세수증가와 새로운 세목의 도입에 의해 야기되었으며, 둘째, 세외수입부문의 확대가 뚜렷하다. 셋째, 중앙 대 지방 간의 비율은 크게 변화하지 않았다. 넷째, 의존재원의 확대로 자주재원의 비중이 축소되고, 의존재원은 주로 특정재원의 비중이 증가하였다. 다섯째, 지방세의 기간세목이 변화하였다. 담배소비세의 비중이 감소하고 주민세의 비중이 증가하였고, 재산과세 중심은 지속되고 있다고 요약하였다.

또한 임성일(2005) 역시 재정규모의 증가는 뚜렷하나, 지방세제도가 본질적인 구조변화를 초래하지 못했고, 보조금 중심체제로 운영되었다고 평가하고 있다.

손희준(2005a)도 지난 10년 동안 세입측면에서는 보조금의 증가율이 가장 높고, 지방채는 급격히 감소하였으며, 세출측면에서는 사회개발비의 증가율이 가장 높게 나타난 반면, 경제개발비의 비중이 감소하고 있고, 이전경비의 증가율이 매우 높고, 내부거래 역시 비정상적으로 급증하고 있어, 세출의 효과성 측면에서는 문제가 있다고 지적하고 있다.

이처럼 지방 재정 역량은 자치제의 도입 이후 양적 팽창과 확대는 어느 정도 인정할 수 있으나, 기실 내용측면에서 자율성과 재량권, 건전성과 책임성 등의 본질적인 측면에서는 많은 문제점을 안고 있다고 할 수 있다.

그러나 이러한 정량적 평가로는 측정할 수 없는 운영적 측면에서는 복식부기 회계제도의 도입, 성과주의 예산제도의 도입, 참여예산제도의 시범운영 등 긍정적인 측면 또한 많아 기대를 하게 된다.

4. 지방 재정 역량의 강화 방안

일반적으로 역량강화(capacity building)는 3가지 수준의 관여를 포함한다. 첫째는 시스템 수준, 둘째, 기관적 또는 조직수준, 셋째는 개인수준이다(최영출, 2003: 40). 따라서 재정 역량의 강화 역시 중앙정부 차원과 자치단체 수준, 그리고 행정공무원과 지역주민 등 개인적 수준으로 구분할 수 있으나, 개인 수준은 생략하고자 한다.

1) 중앙정부 수준

자치단체의 재정 역량 강화에 중앙정부가 무슨 관계가 있느냐고 할 수 있지만, 기실 지방재정은 대부분의 재원을 중앙정부에게 의존하고 있으며, 재정운영과 관련해서 많은 재정통제(fiscal control) 수단이 존재하고 있다. 따라서 자치단체의 재정 역량을 강화하기 위해서는 중앙정부의 전향적인 자세와 지원이 없으면 불가능할 정도이다.

그 중에서도 가장 중요한 것은 지방자치단체의 과세자주권을 강화하기 위한 조치이다. 왜냐하면 지방이 자기결정권을 가지려면 과세권을 중앙정부에 의존하지 않고, 가능한 한 자치단체가 스스로 자기책임(local responsibility)을 가질 수 있어야 하기 때문이다(이재은, 2006). 이를 위해서는 현행 헌법 제59조의 조세법률주의 조항을 "조세의 종목과 세율은 법률과 법률에 의한 조례로 정한다"라고 일본헌법의 내용과 유사하게 개정하여, 조례에 의해서도 자치단체가 지방세를 부과·징수할 수 있는 법적 토대를 제공해야 한다(손희준, 2005b). 동시에 단순히 국세와 지방세의 종목만을 나열하고 있어, 관련법 개정에 장애가 되고 있는 현행「국세와지방세등의조정에관한법률」역시 폐지하는 것이 바람직하다.[11]

또한 세원배분과 관련하여 재정분권화 조치로 논의되었던 '지방소비세'와 '지방소득세'의 도입방안을 긍정적으로 검토하여 현 정권하에서 실현시켜야 할 것이다.

1991년 지방자치제의 재도입 이후 중앙정부가 지방에 대해 해 온 것은 마지못해 겨우 의존재원을 통해 재원보전을 해 왔다고 해도 과언이 아니다. 이것은 그동안 지방교부세의 충당률만을 보아도 알 수 있다.[12] 앞으로 특정재원인 보조금의 규모는 축소하고, 일반재원인 지방교부세의 상대적인 비중

11) 이재은 교수 역시 이러한 주장을 하고 있다. 한국지방재정학회 2006 동계 학술대회 토론내용 참조.

12) 보통교부세로 기준재정수요액의 재정부족액을 충당해 주는 비율을 보면, 1998년 84.7%이던 것이 2000년에는 92.5%까지 증가하였다가 2003년에는 76.4%로 그 이후에는 77%대에 머무르고 있다.

은 확대해야 할 것이다. 동시에 보조사업에 대한 지방비 부담액의 결정은 지방자치단체가 참여하는 위원회나 조직을 통해 결정되어야 할 것이다.

그나마 참여정부에서 재정분권화를 위하여 개별사업에 대한 기채승인제도, 지방예산편성지침서 시달, 재정평가제도 등 많은 사전적 통제장치를 폐지하고, 완화하였지만 아직도 보이지 않는 통제수단이 상존하고 있는데 이에 대한 개선이 지속적으로 요구된다고 하겠다.

2) 지방정부 차원

지방정부 차원에서의 재정 역량 강화방안은 기본적으로 재정운영의 '자기결정권'으로 대표되는 '자율성'과 이에 따른 '자기책임성'이라고 할 수 있다. 이는 재정분권화의 목표이기도 하다. 따라서 자치단체가 재정 역량을 충분히 발휘하기 위해서는 자기 관할권역 내의 재정수요를 충분히 충족시킬 정도의 재원가용 능력을 가지고 있어야 하며, 이는 곧 '과세자주권'으로 표현될 수 있다. 물론 현행 법률체계 하에서는 지방의회가 매우 제한적인 자치입법권을 가지고 있기 때문에, 현재로서는 중앙정부의 수권에 의한 조례로서 지방세에 대한 탄력세율의 적용이 가장 중요한 수단이 되고 있다.[13] 따라서 일부 세목에 국한되어 있는 탄력세율의 적용을 확대할 필요가 있다.[14]

동시에 자주재원의 일종인 세외수입의 확대를 위한 자체노력을 경주해야 한다. 지금까지는 세외수입의 확대가 이월금 등 임시적 세외수입의 불규칙한 증가에 크게 의존하였는데, 앞으로는 사용료와 수수료 등 수익자부담원칙에 입각한 세외수입의 증대방안을 강구해야 할 것이다. 결국 이러한 노력을 통해 자주재원의 비중을 높이는 것이 가장 급선무이다. 타성적으로 의존하고 있는 지방교부세에 대한 의존도를 점진적으로 축소하려는 자립적인

---

13) 최근 서울의 강남구와 서초구 등 일부 자치구에서 탄력세율제도를 이용하여 재산세율을 인하하는 행태를 보인 것은 세수의 감소라는 측면도 있지만, 자치단체 스스로 세율을 결정하였다는 측면도 있다.

14) 이와 관련하여 조세수출(tax export)이나 Tiebout의 가설인 "발에 의한 투표(voting with your feet)"가 실제 어떠한 영향을 줄 것인지는 사전에 면밀히 검토되어야 한다.

노력도 요구된다.

또한 현재 지나치게 경원시되고 있는 지방채의 활용을 적정수준까지 확대하여, 재원부담의 세대간 형평성 문제도 심각하게 고려해야 할 것이다.

세출측면과 관련해서는 불필요한 행사성 사업은 가급적 자제하여, 재정수요를 축소하는 노력을 기울여야 하며, 세출의 효과성을 확보하기 위한 세출영향분석을 정기적으로 실시하거나, 주민들의 만족도 조사를 병행하는 것도 한 방법이다. 동시에 보다 '작고 견실한 지방정부'를 지향하기 위해서는 현재 지방정부가 담당하고 있는 사무와 기능 중에서 과감히 민영화(privatization)할 수 있으면 민영화하고, 그렇지 않으면 지방공기업의 사업 확대를 통해 비용을 절감하는 방안을 고려하여야 한다.

동시에 자치단체의 책임성을 확보하기 위해서는, 예산과 회계의 투명성을 확보하여야 하기 때문에 복식부기제도의 확대와 주민참여예산제도의 도입 및 재정정보의 공시제도 등을 지속적으로 확대해야 할 것이다.

결국 지방 재정 역량의 강화는 지방자치단체가 주도적으로 모색하여야 할 영역임을 잊지 말아야 할 것이다.

일반적으로 지방 재정 역량과 관련하여 차등분권에 대한 두 가지의 상반된 시각이 존재하고 있다. 첫째는 현재 지방의 재정 역량이 워낙 취약하기 때문에 역량이 좋은 지역에 대해서만 차등적으로 분권이나 혁신을 유도하자는 것이며, 둘째는 현재는 재정 역량이 열악하니까 우선 재정 역량을 확대할 수 있는 방안을 마련한 후, 지방분권과 지역혁신을 차후 단계적으로 가능하게 하자는 것이다. 기본적으로 지방 재정 역량이 취약하다는 점에는 동의하지만, 해결방안은 각기 상이하며, 이러한 인식의 저변에는 오래 지속되어 온 재정집권화의 부정적인 측면이 도사리고 있다. 개인적으로는 재정 역량이 우수한 자치단체의 경우에는 혁신과 재정운용을 보다 자율적으로 과감히 시도하도록 재정통제수단을 철폐하여 자율성을 더욱 확대하는 대신에 중앙정부로부터의 의존재원을 폐지하거나 감축하고, 재정 역량이 매우 열악한 단체의 경우는 혁신이나 자율적인 재정운영보다는 우선 자율적인 재정운영이 가능할 때까지는 좀더 많은 재정지원을 통해 자치단체의 역량을 강화하되, 일정부분 중앙정부와 광역자치단체의 감독과 통제를 수용하도록 하는 차등적인 분권방안이 필요하다고 본다.

문제는 과연 분권이나 혁신이 자치단체의 역량에 의해 좌우되는 종속변수인가 하는 점이다. 역으로 지방분권이나 지역혁신을 통해 자치단체의 역량이 강화될 수는 없는 것인지 의문을 제기하면서, 중앙정부는 지방자치단체의 역량부족을 핑계 삼아 분권의 속도를 늦추어서는 아니되며, 지방은 스스로 역량을 강화하기 위해 노력하고 분권과 혁신을 가능하게 할 수 있는 방안을 끊임없이 모색해야 한다는 것이다. 특히 지방자치단체가 중앙이 주는 혜택이나 보려고 혁신의 속도를 늦추고, 분권 역시 직접적으로 편익이 발생하지 않으면 반대하고 저항하려는 근시안적인 태도는 불식시켜야 한다.

우리나라의 경우 아직까지는 자치단체가 재정 역량이 부족하여 파산을 하거나 지방채 등 부채를 상환하지 못하는 사례가 없었기 때문에, 자치단체 스스로도 자체의 재정 역량을 정확히 파악하지 못하고 있다. 왜냐하면 보통교부세에 의해 당연히 부족재원을 충당해 주고 있기 때문이다. 그러나 이러한 재정조정제도가 결국은 자치단체의 재정 역량을 강화하는 데 오히려 장애가 되고 있다는 사실을 중앙정부와 지방정부가 동시에 인식해야만 한다.

이처럼 재정 역량의 강화는 모두 제도적으로만 가능한 것이 아니라는 점을 인식하여, 주민들과 지방공무원이 서로 머리를 맞대고 아이디어를 모으며, 서로 격려하면서 지방을 살찌우고자 하면 가능하다는 자신감과 자긍심의 회복이 가장 중요하다고 하겠다.

Ⅲ. 지방정부의 혁신과 시민사회의 역량강화

1. 지방혁신과 시민사회 강화의 중요성

이 연구는 크게 보아 두 가지 목적이 있다. 그 하나는 지방정부 혁신에 있어 시민사회의 역량이 점하는 중요성을 이론적 측면과(부분적으로) 실천적 측면에서 분석하는 것이고, 다른 하나는 이러한 분석에 기초하여 향후 지방정부 혁신의 과정에 있어 시민사회의 역량을 최대화할 수 있는 제도적 방안을 살피는 것이다. 이 두 가지 목적 중 전자에 보다 많은 중점을 두고 후자의 경우는 결론 부분에서 제도화의 대체적 방향을 제시하는 것으로 그칠 것이다. 이러한 목적을 위하여 먼저 왜 지방정부 혁신에 있어 시민사회의 역할이 중요한 것인가를 살피는 것이 순서이다.

1995년 단체장 선거를 기점으로 친다면 한국의 지방자치는 이제 본격적 출범 이후 12년차에 접어들었다. 1991년 지방의회 선거를 기준으로 친다면 16년째의 경험이 축적된 것이다. 그러나 짧지 않은 제도적 경험에도 불구하고 지방자치의 긍정적 경험 축적에 못지 않은 실망 혹은 무관심의 축적에 대한 우려가 적지 않다. 이러한 우려의 원인에 대한 해석은 다양하다. 사회심리학의 관점에서 보자면 '풀뿌리 민주주의'로 대변되던 지방자치 도입 초창기의 기대감이 오히려 '토호정치'로 총칭되는 지방정치 병리현상에 압도당한 실망감의 누적이 그 원인인 것으로 해석할 수 있을 것이다. 정치학적 관점에서 보자면 중앙집권적 정당정치의 폐해가 중앙-지방 간의 정치적 연계를 통하여 지방자치에 전염된 것으로 해석할 수도 있다. 아니면, 시민사회의 미성숙이 주어진 여건을 제대로 활용하지 못한 때문이기도 하고 혹은 중앙의 지속적인 통제 및 감독 하에서도 관료적 지배가 시장(市長) 중심적 지방통치구도 내에서 온존 및 강화된 연유에 기인하기도 한다.

그러나 어떠한 해석을 따르더라도 한 가지 분명한 사실은 1998년 외환이기 이후 한국 지방자치의 성격이 이전과는 사뭇 다른 구조적 변화를 겪은 것만은 부인하기 힘든 사실이 되었다. 외환위기 이전의 지방자치 실험이 주로 정치적 이해관계와 시민사회의 민주적 심화(democratic deepening)라는 언술(discourse)의 지배를 받았다면 외환위기 이후의 지방자치 실험은 국가경쟁력 강화 명제의 지배를 받고 있다 해도 과언이 아니다. 외환위기라는 형태로 세계화의 직격탄을 맞은 이후 풀뿌리 민주주의 명제는 경쟁력 강화 명제로 치환되었다. 이른바 세계화와 지방화의 접맥이 한국적 상황에서 어떠한 담론의 형태로 관철되고 있는가를 웅변적으로 보여주고 있는 것이다.

이와 같은 지방자치의 환경과 언술체계의 변화는 김영삼, 김대중, 노무현 정부의 분권화 정책에 그대로 투영되고 있다. 반(反)자치적이었던 김영삼 정부 시절은 주로 탈권위주의의 기치 하에 지방적 수준으로의 민주주의의 심화 및 확장이 주요 관심사로 떠 올랐다. 김대중 정부는 외환위기의 타개 와중에서 의도와는 달리 분권 발전에 커다란 족적을 남기지는 못하였다. 오히려 분권화와 자치의 방향에 신자유주의적 요소를 전반적으로 도입하는 물꼬를 터 놓았다. 반면에 노무현 정부는 분권과 균형발전을 국정의 중심축으로 부상시켜 야심찬 분권화 정책을 시도하였다. 특히 전임정부와 달리 분권의 문제를 개혁 및 균형발전의 문제와 연계시킴으로 해서 참여정부의 분권화 정책은 정치, 경제뿐 아니라 공간적 범역까지 아우르는 광범위하고 다차원적인 성격을 지니게 되었다.[15]

그러나 참여정부의 분권화 정책은 개혁의 성과를 제대로 내기도 전에 피로감을 나타내고 있다(강명구, 2005). 논의는 무성한데 피부에 와 닿는 변화를 느끼기 어렵고 행정수도 이전, 종부세 도입, 지방의회 의원의 유급직화와 정당공천제 도입 등 오히려 분권의 이름 하에 사회적 갈등이 확대 재생산되고 있다. 그렇다고 지방정부가 지방 간 경쟁을 통하여 국가 경쟁력 강화에 긍정적인 기여를 하였다고 결론을 내리는 것도 무리이다. 지방 간 선의의 경쟁보다는 오히려 중앙의 재원배분을 둘러싼 PIMFY(Please In My Front Yard) 현상이 지방 간 갈등인 NIMBY(Not In My Back Yard) 현상 못지 않게 현안으로 대두되고 있는 실정이다. 한 마디로 참여정부가 분권화 정책을 통하여 이루려는 개혁의 두 기둥인 정치적 민주주의의 심화와 지방

15) 참여정부가 제시한 분권화 정책의 대강은 〈정부혁신지방분권위원회〉와 〈국가균형발전위원회〉안을 중심으로 살펴볼 수 있다. 〈정부혁신지방분권위원회〉의 경우 분권을 통해 지역시민사회, 중앙/지방정부의 혁신을 이루어내고 이러한 혁신이 국가 재구조화로 연계되어 지방 활력의 증진을 통한 분권형 선진국가를 이루는 것을 목표로 하고 있다. 〈국가균형발전 위원회〉의 경우 대학/산업/지방자치단체가 지역혁신체계를 구축하여 자립형 지방화를 이루고 이는 곧 국민통합과 국가경쟁력 강화로 이어지는 최종 목표를 제시하고 있다. 양 위원회가 공유하고 있는 주된 개념은 "분권"과 "혁신"과 "자립"이다. 양 위원회의 논리는 정치/행정적, 공간적 분권의 발전주의적 해석이라고 하여도 무방할 것이다. 물론 여기서 "발전"이라는 다의적(多義的) 개념은 기존의 모순적 구조와 결별하여 "혁신"적 과정을 통하여 새롭게 창조되는 국가 및 공간의 재구조화(再構造化: restructuring)인 것이다.

의 경쟁력 강화 그 어느 것도 낙관을 불허한다.

여러 요인이 있겠지만 이는 결국 참여정부의 분권화 철학이 굳건하게 '참여'에 기반을 두지 못한 결과로 해석할 수 있을 것이다. 참여 정부의 분권화 정책은 마치 '참여'라는 방향등을 켜고는 관주도의 분권이라는 반대방향으로 완만한 곡선을 그리며 모순된 진전을 하고 있는 것과 비슷한 양상이다. 기실 이러한 결과의 예상은 우리가 택하고 있는 분권의 제도화에 그대로 각인되어 있다. 익히 알려져 있다시피 지방정부를 둘러싼 기존의 구도는 중앙정부 대 지방정부, 지방정부 대 지역 시민사회, 집행부 대 지방의회 등 일련의 대립적 구도 하에서 중앙이 지방을, 지방정부가 지역시민사회를, 그리고 집행부가 지방의회를 압도하는 비대칭성을 기본으로 하였다. 그 결과 상대적으로 세력이 약한 측이 택할 수 있는 선택지는 순응(順應) 아니면 격렬한 저항의 양자택일적 구도였다.[16]

지방정부 개혁의 관점에서 보건대 참여가 부재한 가운데 주어진 양자택일적 분권의 제도화가 불러 온 약점은 특히 지방정부와 지역 시민사회와의 관계에서 두드러진다. 참여정부가 구상하고 있는 분권형 협치(協治)(co-governance)는 지방정부와 지역시민사회[17]의 협동을 통한 시너지 효과 창출에 그 초점이 맞추어져 있는바, 순응 혹은 저항의 이분법적 구도는 결국 지역시민사회가 지방정부에 대하여 무관심 내지 체념을 불러 일으켜 민주적 통제를 어렵게 하거나 아니면 저항을 통해 정책 집행의 효율성을 저하시킬 공산이 크다. 문제는 여기서 그치지 않는다. 이와 같은 상황은 시민들의 자발적 참여를 통해 표출시킬 수 있는 숨겨진 에너지의 활용을 어렵게 만든다. 허쉬만이 명석하게 분석하고 있는 바와 같이(Hirschman, 1971, Chp. 1), 인간사회는 생존 이상의 잉여를 산출할 능력을 갖게 된 결과 항상 '느슨

16) 물론 이론적으로는 Hirschman의 지적과 같이 항의(voice)말고도 이탈(exit) 대안이 있기는 하다(Hirschman, 1971). 그러나 한 행정구역을 떠나 다른 행정구역으로 이주하는 것은 항의에 비하여 쉽게 택할 수 있는 성질의 선택대안은 아니다. 이 점에 있어 노동의 비이동성과 자본의 이동성을 대비시켜 지방정부의 정책한계를 지적한 Peterson의 주장은 매우 유효한 것이다(Peterson, 1981).

17) 여기서 지역시민사회는 당해 지역의 기업군까지 포함하는 광의의 개념이다. 따라서, 이른바 기업 클러스터(cluster) 개념도 이에 포함된다.

함'(slack)이 존재하고 그로 인해 비효율의 존재를 영원히 떨쳐버릴 수 없게 되는 것이다. 그러나 이러한 '느슨함'은 잘만 활용하면 필요할 때 꺼내 쓸 수 있는 숨겨진 에너지와 같은 것이다. 분권형 협치를 통한 개혁이 가능하려면 바로 이와 같은 시민사회에 숨겨진 에너지를 적극적으로 찾아내 활용해야하는바, 양분법적 강요는 바로 이런 점에 있어서 지방혁신의 관점에서 보자면 치명적일 수 있는 것이다.

요약하자면, 참여정부가 상정하고 있는 분권형 협치의 지방혁신을 위하여 지역 시민사회의 역할은 필수불가결의 것으로서 시민사회의 저활용되고 있는 에너지를 생산적으로 발굴해 내면 지방정부에 대한 민주적 통제와 지방정부와의 협치를 통하여 지방의 경쟁력 강화가 가능할 수 있다는 것이다. 분권적 개혁을 위하여 시민사회의 역할이 중요함은 이미 비교적 관점에서도 심도 있게 논의되고 있다. 남미의 분권화 경험을 연구한 다수의 학자들에 의하면, 분권이라는 하나의 돌로 정치적 민주주의의 정착과 경제구조의 개혁을 통한 국가 경쟁력 강화라는 두 마리 토끼를 잡기 위해서는 가장 우선적으로 요구되는 조건이 시민사회의 강화를 통한 역할증대에 있다(Oxhorn, Tulchin, and Selee, 2004; 강명구, 2005). 신자유주의적 세계화가 명(命)하는 국가경쟁력 강화와 국내적 정치 상황이 요구하는 정치적 민주주의의 공고화 및 심화라는 두 가지 상반된 개혁의 요구조건을 동시적으로 만족시키기 위한 첫 단추는 결국 시민사회의 역할 강화에 있음을 이러한 연구는 보여주고 있다.

이상과 같은 문제의식을 바탕으로 하여 여기에서는 다음과 같은 순서로 진행된다. 제 2 절에서는 시민사회와 시민역량 간의 관계를 살펴 시민역량의 조작화(operationalization)를 시도한다. 이는 곧 시민역량의 특성과 발현(發現)조건의 대체적 윤곽을 그림으로써 전체 글의 흐름을 제시하는 분석틀을 제공하려는 의도이다. 이어지는 절(節)들 에서는 앞 절에서 제시한 분석틀에 따라 제 3절에서는 시민역량 발현의 필요조건 (혹은 예비조건)으로서 시민사회가 지방정부에 대하여 가지는 대체적 견해를 전국 여론조사에 근거하여 살펴보고, 제 4절에서는 이와 같은 시민사회의 의도 혹은 견해들이 얼마나 시민사회적 동원의 형태로 나타나고 있는가를 객관적(선거참여 및 시민사회의 조직화 정도) 및 주관적(일상적으로 나타나는 참여의 능동성) 측면에서 분석하고, 제 5 절에서는 시민역량의 집적(集積)장치로서 지방정부의 시민역량 수렴의 제도화 정도를 살펴본다. 마지막으로 제 6절에서는 지방혁신을 위한 시민역량 극대화의 제도적 요건이 무엇인가를 자원봉사의 경우를 예로 들어 결론에 대신한다.

2. 시민사회와 시민역량

1) 시민사회의 두 얼굴

시민사회는 시민역량을 담는 그릇과 같은 존재이다. 마치 언어가 사고를 담는 그릇이듯이 시민사회는 시민역량이 발현될 수 있는 조건 혹은 구조적 틀을 제공한다. 이러한 연유로 지방정부의 혁신을 위해 시민역량의 강화가 필요하다면 그 전제로서 지방(혹은 지역) 시민사회의 성격과 유래에 관한 천착이 요구된다. 특히 지방자치 시대를 맞아 요구되는 지방정부 혁신의 문제를 다루고자 할 때는 이러한 요구조건의 강화가 더욱 절실하다 할 것이다. 지방자치와 (지역)시민사회 간의 관계에 관하여는 대체로 보아 두 가지 대립적 견해가 지배적이다. 하나는 시민사회를 시장적 관점에서 해석하는 것이고, 다른 하나는 공동체적 관점에서 해석하는 것이다. 전자를 소비자 모델(citizen as consumer)로, 후자를 공동체 모델(citizen as community member)로 규정할 수 있을 것이다(Lowndes, 1995).

소비자 모델의 핵심은 지방정부 관료제의 폐해를 극복하기 위하여 시민들에게 선택의 기회를 늘려 시민을 소비자로서 권한 부여(empower)하는 것이다. 이 모델에 따르자면 시민에게 선택의 권한을 부여하면 유일한 독점적 서비스 공급자로서의 지방정부는 공급 및 수요 모든 측면에서 "정신을 차리지 않을 수 없게"된다. 공급측면에서는 서비스 공급의 다양화를 통한 경쟁을 유도하고 수요의 측면에서는 공공서비스 소비자인 시민들에게 다양한 정보를 제공하고 소비자들의 불만을 교정할 수 있는 제도적 장치를 마련한다.

미국의 '정부 재창조'(Reinventing Government)(Osborn and Gaebler, 1993)니 혹은 영국의 '시민헌장'(Citizen's Charter) 등이 대표적 실제 예이다. 이 모델에 관한 비판은 익히 알려져 있다. 두 가지 측면의 비판이 가능하다. 행정관리적인 측면에서 보건대, 무능하고 전횡적인 관료집단을 '길들이는'데 경쟁이 매우 유효한 처방전이기는 하나 상당 수의 공공서비스가 그 속성상 시장적 선택의 대상이 되기 어려움은 이론적으로나 실제적으로나 잘 알려져 있다. 또한 정치적 측면에서도, 지방정부는 서비스 공급뿐 아니라 민주적 시민의 대의체이므로 공공 서비스 공급자 그 이상의 존재라는 것이다. 즉, 시민은 공공 서비스의 소비자이기 전에 민주적 공동체의 일원으로서 시민권(citizenship)의 소유자인 것이다. 특히, 시장적 모델이 간과하고 있는 "누가 결정하는 권한을 가지고 있는가?"의 문제에 관하여는 어떠한 답변도 내놓고 있지 못하다는 비판을 받는다.

공동체 모델은 Mill이나 Tocquiville로 대변되는 전통적 자유주의자들의 주장에 잘 나타나 있다. 이 모델은 굳이 시민사회의 시장적 존재를 부인하는 것은 아니지만 시민은 개인으로서가 아니라 공동체의 일원으로서 사회적 가치를 지니고 있음을 기본으로 한다. 시장적 모델이 '선택'에 방점을 찍는다면 공동체 모델은 '참여'에 중점을 둔다. 익히 알려진 유명한 문구대로 공동체주의자들에게 있어 "시민은 태어나는 것이 아니고 만들어지는 것"이다. 당연한 귀결로 이들에게 있어 지방정부는 시장적 효율성으로 공공서비스를 제공하는 조직 이상의 정치적 공동체이며 시민들이 사회적 교육을 통하여 민주적 시민으로 태어나도록 도와주는 정치적 결사체인 것이다. 시장적 모델이 1980년대 이후 세계화의 바람을 타고 지방정부 혁신의 새로운 전략으로서 강한 추동력을 얻은 것이라면 공동체 모델은 민주주의 정치이념과 관련하여 이른바 '풀뿌리 민주주의'의 기치 하에 오랜 역사적 배경을 가지고 있는 것이다. 최근에는 토크빌의 전통을 이어 받아 사회적 자본(social capital)의 개념 하에 새로운 각도에서 재조명을 받고 있다(Putnam, 1993).

공동체 모델도 시장 모델과 마찬가지로 관료화되어 시민 접근성이 떨어지고 부패 가능성이 상존하는 비효율의 지방정부를 비판하지만 처방책이 이탈(exit)이 아니고 참여와 항의(voice)를 통한 민주적 통제인 것이 큰 차이점이다. 이 모델의 장점은 민주주의적 규범성의 확립과 적용에 있다. 미국의 경우 부패한 지방정치의 전형으로 불리던 machine politics[18]의 청산에 앞장섰던 중소도시의 개혁정치는 그 사상적 근원을 공동체 모델에 두고 있다. 공동체 모델이 특히 지방자치와의 관련 하에서 가지는 사상사적 유관성은 굳이 거론할 필요가 없을 정도이지만(Hill, 1974), 이 모델이 가지는 내부적 모순관계를 감추기는 힘들다. 적어도 두 가지 측면의 모순관계는 간과하기 힘든 성질의 것이다. 그 하나는 machine politics를 거부하며 도시정부 개혁에 매진하였던 미국 중소도시들의 계급배타적 행태에서 잘 드러난다. 대부분의 개혁적 중소도시들이 중산층과 백인위주의 배타적 계층을 공간적으로 형성하여 '그들만의 천국'을 만든 것은 굳이 미국의 경우에 국한되지 않는다.[19] 또 다른 하나는 공동체주의자들이 상정하고 있는 공동체의 동질성(同質性) 가정이다. 기실 지역을 기반으로 하는 공동체는 인종, 계층, 소득이라는 변수에 따라 상당한 정도의 이질성(異質性)을 보여주고 있는 것이 현실이다. 더욱이 이러한 이질성을 논외로 치더라도 시민사회는 내부적으로 다양성이 상존하는 집단이다. 그리고 이러한 내부적 다양성은 여러 조건들과 결부되어 공동체적 동질감을 창출해 내기도 하지만 동시에 내부적 갈등과 분열의 온상이 되기도 하는 것이다. 공동체의 이름으로 자행되는 비민주적 관행은 결코 전통적 촌락에만 존재하지 않는다.[20] 한마디로 개인적 자유가 공동체적 일체감과 어떻게 조화를 이룰 것인가는 공동체 모델의 난제인 것이다.

---

18) Machine Politics의 형성과 발전에 관한 자세한 역사적 기록은 Katznelson의 고전적 서서인 *City Trenches*(Univ. of Chicago Press, 1982)를 참조할 것.

19) 한국의 경우도 서울의 경우 강남과 강북 간의 공간적 계층 격차가 유발하는 사회적 갈등현상은 심각하다. 이는 결국 분권 혹은 지방자치의 비민주적 협애화(狹隘化)에 지나지 않는다.

20) 투기를 통해 주택가격의 동시적 상승을 추구하는 아파트 단지의 주택 호가(呼價) 하한선 설정 강요라든가 재건축을 통해 주택가격의 상승을 추구하는 주민들이 환경을 선호하여 반대하는 여타 주민을 이른바 '왕따'시키는 것은 그 좋은 예이다.

2) 시민역량

정부행위를 연구하는 행정학적인 측면에서 해석하자면 시장모델은 지방정부의 효율성을, 그리고 공동체 모델은 지방정부의 민주성을 담보하는 것으로 유추하기 쉽지만, 시민사회적 관점에서 해석하면 시장모델은 시민사회의 이해관계(interest)를, 그리고 공동체 모델은 시민적 자발성이라는 열정(passion)을 반영하는 것이다(Hirschman, 1977). 즉, 양 모델 모두 시민사회의 속성을 부분적으로 반영하는 것으로 해석이 가능하다. 시민사회는 일견 이기적 개인들이 각자의 이해관계에 따라 보이지 않는 손의 지시를 따르는 동원형태를 보이지만 동시에 시민교육을 통하여 획득한 자발적 시민정신이 자양분이 되어 굳이 이해관계에 얽매이지 않더라도 공공 목적을 위하여 동원되기도 하는 양면성을 지니고 있다. 시민사회의 자발성 측면과 이해관계 측면이 어떻게 시민권(citizenship) 확립을 통한 지방정부의 개혁이라는 공공목적의 동원을 가능케 하는 것인가에 대한 논의는 다양하여 일관된 인과관계를 추적하는 것은 난망(難望)하다. 다만 시민사회의 두 얼굴을 특정 사회적 여건과 역사적으로 주어진 구조적 틀 하에서 해석하여야만 이 두 측면의 시민사회적 에너지가 공공의 목적으로 결합하는 과정을 설명할 수 있을 것이다.

이러한 해석에 따르자면 지방정부 개혁을 위한 **시민역량은 자발성과 이해관계 추구라는 시민사회 자체의 내재적 역량 혹은 에너지와 시민사회를 둘러싼 환경적 요인이라는 외생적 요인의 결합관계 유형에 따라 상이한 형태로 나타난다**고 할 것이다. 이를 좀 더 자세하게 살펴보자. 먼저 순서에 따라 시민사회 내의 자체적 역량을 좀 더 분석적으로 이해할 필요가 있다. 시민사회의 자체적 역량은 다시 잠재적(혹은 의도적) 역량과 실제화(實際化)된 역량으로 나뉠 수 있다. 잠재적 역량이란 시민사회가 지방정부의 개혁에 대하여 지니고 있는 의도와 대체적 방향을 의미한다. 즉, 시민사회가 지방정부의 정책이나 향후 목표에 대하여 어떻게 평가하고 무엇을 바라는가를 나타낸다. 따라서 잠재적 역량은 아직 개혁에 대한 의도 혹은 견해의 수준에 머무르고 있으므로 지방정부의 개혁에 직접적 영향력을 가진다고 할 수는 없다. 그러나 의도나 견해는 결국 조건만 성숙하면 실제적 행동이라는 현재화된 역량으로 치환될 수 있으므로 그 중요성을 선험적으로 평가절하해서는 안 될 것이다. 시민사회가 지방정부에 대하여 갖는 대체적 견해가 향후 지방정부 개혁의 방향과 상당부분 일치한다면 그렇지 않은 경우에 비하여 개혁이 보다 많은 추동력을 얻을 확률이 높다고 가정하는 것은 무리가 아니다. 반면에 지방정부의 개혁방향이 시민사회가 바라는 바와 상당부분 상이하다면 개혁은 추동력을 잃거나 혹은 시민사회를 설득시키기 위하여 지방정부는 설득이라는 지도력을 발휘하거나 혹은 강제라는 비용을 지불해야 할 것이다.

시민사회의 잠재적(혹은 의도적) 역량에 비하여 현재화된 역량은 시민사회가 보여주고 있는 참여의 실체와 조직화 정도를 말한다. 시민사회의 참여 및 조직화는 선거 및 시민단체 구성과 같이 공·사 영역에 있어 제도적으로 구조화된 것도 있지만 공직자에게 전화를 걸어 견해를 표명하거나 혹은 항의를 주도하는 등 비제도적인 경우도 있다. 특히 제도화의 수준이 미약하고 전일적 관료 지배체제로 인하여 제도적으로 객관화된 참여구조가 유명무실할 경우 시민사회가 주관적으로 표출하는 비제도적 참여는 잘만 활용하면 제도화가 수반하는 기본적 맹점인 비탄력성과 획일성을 보완하여 지방정부 개혁의 훌륭한 에너지원으로 작동할 수 있다. 특히 지방자치가 일상성(日常性)의 동원에 근거한 생활정치적인 요소가 많다는 점은 제도로서 일일이 열거하여 규정하기 힘든 잔여 동원 에너지를 시민역량으로 묶어낼 수 있다는 점에 있어서 중요성을 간과해서는 아니 될 것이다. 비제도적 수준의 동원은 또한 생활정치라는 미시적 수준의 에너지 활성화로서뿐 아니라 1980년대 이래 구미 각국에서 보여 준 신도시사회운동(New Urban Social Movement)과 같이 거시적 사회변화의 추동력으로 진화할 가능성도 있다. 이러한 모든 점을 고려하여 시민사회의 현재적 역량은 시민사회가 스스로 어떠한 형태를 조직화되어 있는가와 이와 같은 조직화의 정도 및 성격이 어떠한 실천적 참여의 형태로 나타나고 있는가와 밀접한 연관성을 갖게 될 것이다.

이상의 논의에 있어서와 같이 시민사회는 자신의 내재적 에너지를 개혁을 위한 추동력으로 묶어내는 스스로의 구조와 능력을 지니고 있다. 일반적으로 시민사회의 역량을 논할 때면 자체적 역량의 분석만으로도 충분하다. 그러나 시민사회의 역량이 보여주는 가변성을 고려하면 자체적 역량에 대한 논의만으로는 결코 충분하다 할 수 없을 것이다. 여기서 이야기하는 시민사회 역량의 가변성은 역량의 추출 혹은 집적 메카니즘의 작동 여부에 따라 시민사회의 개혁역량이 상당부분 변할 수 있음을 뜻한다. 기실, 많은 경우에 있어 시민사회의 역량은 미리 선험적으로 주어진 것이라기보다는 창조적으로 만들어 나가는 과정이다. 즉, Hirschman이 적절히 지적하듯 인간사회에는 항상 숨겨져 덜 개발된 잠재적 에너지가 상존한다(Hirschman, 1971, 1장). 인간사에 피치 못하게 상존하는 이 '느슨함'(slack)은 평소에는 자원의 낭비 요소이지만 위기 시에는 인간만이 지니고 있는 '사회적 학습능력'의 계발을 통하여 필요할 때 꺼내어 쓸 수 있는 '위장된 축복'(disguised blessing)이 될 수도 있는 것이다. 문제는 이러한 느슨함의 계발이 시민사회적 자체 집적 메카니즘만으로는 부족한 경우가 적지 않다는 사실이다.

특히 한국과 같이 시민사회 중심적이 아니라 국가 중심적 역사와 전통이 강고한 체제에서는 시민사회적 동원보다 오히려 국가중심적 동원이 더욱 중요할 수도 있다는 점을 주목해야 한다. 적지 않은 찬·반 논란에도 불구하고 박정희 정권이 주도하였던 '새마을 운동'은 그 좋은 전형이다. 그러나 새마을 운동방식의 시민사회 에너지 집적과 동원은 정보화되고, 민주화되었으며, 세계화적 보편성을 담지해야 하는 작금의 실정에서 보면 더 이상 실효성을 담보할 수 없을 것이다. 그럼에도 불구하고 시민사회의 가변적 에너지를 정부 차원에서 집적하는 제도적 장치를 마련하는 것은 어찌 보면 시민사회 자체의 역량 집적 노력에 못지 않은, 아니 오히려 더욱 중요한 제도적 장치일 수 있는 것이다. 다만 그 집적장치의 제도화가 과거 권위주의 시절에는 위로부터의 하향식이며 강압적인 방식이었으나 현재 우리가 추구해야 할 정부 차원의 시민사회 에너지 집적 장치는 동등한 입장에서 파트너쉽(partnership)을 강조하는 측면으로 진전되어야 할 것이다. 최근 들어 각광을 받고 있는 정부-NGO 관계의 유형은(박재창 외, 2003) 이런 의미에 있어 본 연구에 시사하는 바가 적지 않을 것이다.

3) 논의의 요약

이상의 논의를 요약하여 본 연구의 분석틀을 정리하면 다음과 같다. 정부혁신을 위한 시민사회의 역량을 높이는 방안은 무엇보다 시민사회의 자발성과 이해관계라는 두 측면을 고려해야 한다. 이러한 조건하에서 시민사회의 역량은 먼저 자체적 역량으로서 시민사회가 지방정부에 대하여 가지고 있는 의도(혹은 견해)와 의도가 자체적 조직화와 실천적 참여로 행위화한 두 가지가 있다. 아울러 이러한 시민사회의 자체적 역량은 지방정부의 시민사회 역량 집적 제도화와 어떠한 연계관계를 맺고 있는가를 살펴야 할 것이다. 이를 그림으로 나타내면 다음과 같다.[21)]

> 시민역량 = *f*(자체적 역량 + 역량 집적장치)
>
> 1) *f*는 함수 관계
> 2) 자체적 역량 = *f*〔예비적 역량(의도) + 현재화된 역량(행위)〕
> 3) 현재화된 역량 = *f*(조직화 정도 + 참여의 양태)

3. 시민역량의 예비조건: 시민사회의 지방정부에 대한 견해

한국의 시민사회가 지방정부와 지방자치 제도 전반에 대하여 가지는 견해와 의도를 살펴보면 시민사회의 역량이 어느 방향으로 어떻게 행사되어야 하는 것인가에 대한 대체적 향방을 가늠할 수 있다. 동시에 지방정부 개혁을 위하여 시민역량을 동원할 때 사용하여야 할 방법론에 대한 고려점도 시

---

21) 이 도식은 물론 시민역량의 실체를 정확하게 확인하는 데 한계가 적지 않다. 가장 큰 요인은 시민역량이 단순하게 자체적 역량과 역량집적 장치의 산술적 합에 그치지 않을 확률이 높다는 데 있다. 같은 이치로 자체적 역량 또한 의도와 행위의 단순 합계와 동일하지 않을 수 있다. 전술(前述)한 바와 같이 시민역량은 매우 가변적 성격의 역량으로서 동적인 성격을 지니고 있기 때문이다. 따라서 이 도식은 정확한 시민역량의 측정보다는 현상을 이해하고 정책의 방향을 제시하는 데 도움이 되는 자기발견적(自己發見的 heuristic) 성격의 도식으로 봄이 옳다.

사한다. 시민사회가 지방정부의 나아갈 방향과 문제점에 대하여 가지는 견해를 역으로 거슬러 올라가는 방향의 개혁정책을 취한다면 시민사회의 역량을 결집하여 추동력을 얻기 힘들기 때문이다. 물론 모든 시민사회의 견해가 항상 옳은 것도 아니고 시민사회의 이기주의적 성향이 공공재로서의 시민정신을 압도하여 나타나는 것도 아니다. 여론이 가지는 이러한 위험성에도 불구하고 지방정부 정책의 **세세한 정책이 아닌 대체적 정책방향**에 대한 시민사회의 견해는 그 자체로서 개혁을 위한 시민역량의 발현 예비조건으로서 의미를 가진다 할 것이다. 시민사회가 지방정부에 대하여 가지는 견해는 집행부와 의회라는 제도적 실체뿐 아니라 지방정부의 정책 결정에 대하여 영향력을 행사하는 다양한 환경에 대하여 가지는 견해로 보아야 한다. 따라서 이 연구에서는 강명구가 지방정치 분석틀로서 제시한 공식(강명구, 1997)[22]에 따라 지방정부의 환경으로서 중앙-지방관계, 지방정부의 정책분야와 역할에 관한 사안, 지방정부와 시장(市場)의 역할분담, 지역사회 내의 권력구조에 관한 사항으로 나누어 그 견해를 살펴보기로 한다.[23]

먼저, 중앙-지방관계로부터 유추할 수 있는 지방정부의 개혁에 관한 견해를 살펴보자(강명구, 1999). 일반적으로 시민사회가 지방정부의 운용에 관하여 나타내는 가장 두드러진 점은 대체적 무관심이 주류를 이루고 있다는 사실이다. 지역시민사회는 일반적으로 지역정치보다 중앙정치에 더욱 많은 관심을 보이고 있다. 이와 같은 대체적 무관심이 주류를 이루는 가운데서도 지역시민사회는 지방자치 문제점의 진원지로서 지역자체 내의 모순을 중앙의 간섭으로 인하여 발생하는 문제보다 더욱 심각하게 받아들이고 있다. 즉, 중앙정부의 간섭이나 중앙당의 정치적 영향력 행사로 인하여 발생하는 지방

22) 강명구는 도시(지방)정치 분석을 위한 개념 틀로서 UG=f(IGR+S−M−CR)을 제시하였다. 여기서 UG는 Urban Governance, f는 함수관계, IGR은 Inter−Governmental Relation, S−M−CR은 지방적 수준의 정부−시장(市場)−시민사회 관계를 나타낸다. 즉, 지방(도시) 거버넌스는 한편으로는 중앙−지방관계와 다른 한 편으로는 지방 내의 정부−시장−시민사회 관계의 두 조합이 표출하는 세력관계의 함수로 나타낼 수 있다는 주장이다.

23) 여기서 인용하는 시민사회의 평가는 강명구(외)가 1999년 전국의 1000명 서베이를 통하여 얻은 통계에 기초한다.

정부의 문제점보다는 지역 내의 공무원 부패 가능성, 지역주민의 무관심, 그리고 토착세력과 관료들 간의 유착에 더욱 우려를 나타내고 있다. 그러나 지역 자체의 문제점에 대한 비판적 시각에도 불구하고 또 다른 질문항에서는 매우 모순적인 답변을 하고 있다. 즉, 지역이기주의의 문제에 대하여는 매우 비판적으로 답하면서도 막상 지역이기주의가 자신들 지역의 문제로 나타났을 때 그 해결책에 대하여는 공공 여론보다는 지역주민의 여론을 우선적으로 고려해야 한다고 답하고 있다.

이와 같은 모순적 견해는 비단 중앙-지방관계의 역할 정립에서만 나타나는 것은 아니다. 지방정부가 해야 하는 정책적 수준의 역할과 기능에 관하여도 지역시민사회의 주문은 상반된 측면을 나타내고 있다. 지방정부의 정책을 생산위주의 성장정책(경제성장과 사회간접자본 확충), 서비스 위주의 분배정책(공공 서비스 및 환경보호), 형평과 복지를 위주로 하는 재분배정책(사회복지와 경제적 격차 완화)의 세 영역으로 나누어 각각의 우선순위를 질문하였다. 답변의 순위는 경제성장(25.3%), 공공서비스(19.6%), 사회복지(19.2%), 경제적 격차완화(14.6%), 사회 간접자본 확충(10.9%), 환경보호(10.3%) 순이었다.

이러한 결과는 몇 가지 점에 있어서 주의를 요한다. 첫째, 한국의 지역시민사회는 아직 중앙집권적 발전주의 국가 시절 체득한 사회적 학습효과를 지방적 수준에서도 재현하고 있다는 점이다. 경제성장에 가장 우선적 중요성을 부여한 반면 환경보호는 최하위를 기록하고 있다. 그러나 이러한 결과는 소득수준별 계층에 따라 차이가 있다. 연 수입과 학력이 낮을수록 역설적이게도 성장위주의 정책을 높게 그리고 재분배정책을 낮게 평가하고 있다. 즉, 저소득층일수록 복지혜택보다는 일자리 창출을 통한 생계유지에 더욱 많은 관심을 보이고 있는 것이다. 둘째, 성장의 정치에 대한 기대에도 불구하고 동시에 재분배 정책에 대한 기대치가 그리 낮지만은 않다는 점이다. 이와 같은 설문결과는 지방정부에 대한 불만사항을 묻는 문항에서도 거듭 확인되고 있다. 지방자치 이전과 비교하여 지방정부의 현 운영상태에 얼마나 만족하느냐? 하는 질문에 44% 정도가 차이를 못 느낀다고 답변하였으며

36% 정도가 불만족을 나타내었다. 불만족의 3대 요인으로 지역개발 미비, 부패 증가, 주민의사 반영 미흡을 꼽았다. 반면에 사회복지 지출 미흡은 2.5%의 미미한 불만족을 나타내고 있다.

다음으로 지방정부와 시장(市場)의 역할분담에 관한 의견을 보자. 지역시민사회는 성장위주의 개발정책을 바라는데 그 방법론으로서 정부주도냐 시장주도냐의 문제에 있어 매우 모호한 답변을 내 놓고 있다. 먼저 개발의 주체로서는 두 가지 이유로 정부보다는 기업을 선호하였다. 하나는 세금부담의 증가에 대한 우려이고 다른 하나는 기업이 정부보다 효율적이라고 생각하기 때문이다. 그러나 이러한 답변이 꼭 이른바 신자유주의자들이 이야기하는 작은 정부를 뜻하는 것은 아니다. 이어진 설문 항에서 지역 시민사회는 부패 가능성의 문제만 해결된다면 정부주도형의 성장도 크게 문제 삼지 않고 있다. 즉, 부패의 문제만 해결된다면 시장위임과 정부규제의 두 방법을 혼용하여 성장정책의 지속을 원하고 있다.

마지막으로 지역사회 내의 권력구조에 관한 견해를 살펴보자. 가장 강력한 권력을 행사하는 기관으로서 시장(市長)을 꼽았고 동시에 시장의 권력은 강력하게 견제되어야 한다고 믿고 있다. 동시에 지역사회의 비공식적 권력으로 강력하게 인식되고 있는 지역토호(土豪)[24]에 관하여도 매우 부정적인 인식을 하고 있다. 특히 지방자치제의 실시 이후 토호의 세력이 강화되고 있다고 믿고 있으며, 이러한 현상은 지역사회의 건전한 발전에 방해가 되는 것으로 인식하고 있다. 이 문제에 대한 처방책으로는 중앙으로부터의 통제보다는 지역사회 내의 자체적 통제를 선호하는바, 그 적임으로서 시민단체를 들고 있다.

위의 논의로부터 추출할 수 있는 지역시민사회가 바라는 지방정부 상(象)은 3가지로 요약된다. 첫째, 지방정부는 지역개발을 위시한 성장의 문제

24) 지역토호는 학술적 개념이라기보다는 지극히 언론 보도 위주의 용어다. 이 개념은 지역에 존재하는 체계적이지만 동시에 비공식적인 권력으로서 향용, 지역사회에 장기거주하면서 가문, 학연, 사회·경제적 지위를 바탕으로 지역현안에 영향력을 행사하는 지역사회 엘리뜨 집단을 부정적으로 일컫는 말이다. 따라서 지역 비공식적 지배집단 정도가 보다 정확한 용어이나 관행을 따라 그냥 토호로 표현한다.

에 우선순위를 두어야 한다. 둘째, 지방정부는 부패의 문제로부터 자유로워야한다. 셋째, 지방정부는 지역시민사회의 의사를 반영해야 한다. 전반적으로 보아 한국의 지역시민사회가 지방정부에 대하여 가지는 견해의 향방은 영미식의 시장지향적·신자유주의적 모델에 일견 유사해 보이나 자세하게 들여다보면 오히려 민주적으로 통제된 성장지향형(발전주의적) 지방정부라고 봄이 타당할 것이다. 즉, 민주적으로 통제되지만 일정부분 규제적 역할을 방기하지 않는 지방정부, 지역개발을 위주로 하는 성장지향적 시장의 존재, 그리고 참여적 민주주의를 확장해 가는 시민사회의 존재를 원하고 있는 것이다. 이는 곧 시민적 참여를 통해 **민주적으로 통제받는 부패 없는 성장지향형 지방정부**로 요약할 수 있을 것이다.

4. 시민사회의 자체역량: 조직화와 참여의 정도 및 양상

1) 시민사회의 조직화

시민사회의 행위로 나타낼 수 있는 시민사회의 자체적 역량은 시민사회가 얼만큼 또한 어떠한 양상으로 조직화되어 있는가의 질문과 이러한 조직화가 실천적 참여에 어떠한 양상으로 반영되고 있는가를 살펴보면 알 수 있다. 먼저 한국의 시민사회가 어떠한 양상으로 조직화되어 있는가를 살펴보자. 시민사회 조직화의 양상과 정도는 이른바 사회적 자본론의 주요 관심사항이다. 퍼트남에 따르자면(Putnam, 1993) 시민사회의 자체적 조직화는 시민사회 내부의 거래비용(transaction cost)을 줄여 사회적 자본의 창출로 이루어지고 이는 곧 발전된 정치문화의 전범(典範)이 된다.

강명구가 조사한 두 번에 걸친 한국 시민사회의 조직화 양상(강명구, 1996; 1999)은 사회적 자본의 창출이라는 측면에서 볼 때, 희망과 우려가 교차하는 징후를 동시적으로 보이고 있다. 이 조사에 의하면 한국의 시민사회는 원자화된 개인의 집적이기보다는 상당히 치밀한 사회적 연결망(social network)으로 촘촘하게 짜여 있다. 수원시의 경우 63%의 시민들이 한 개 또는 그 이상의 시민 중간조직에 매개되어 있다. 그러나 이와 같이 치밀한 시민사회의 조직을 자세히 들여다 보면 공공적 목적의 시민사회 조직화는 취약한 반면 사적 수준의 조직화는 상당부분 진척된 것을 알 수가 있다. 단체가입의 횟수와 종류를 묻는 질문항에 대하여 취미·친목단체가 58%, 종교관련단체가 36%, 사업상 이익도모 단체가 13.5%, 사회봉사단체 10%, 교육관련단체 10%, 공공 주관단체나 위원회 4%, 정치 관련단체 2% 순이었다.

이러한 응답결과를 직업, 소득수준별, 학력의 변수와 상관시켜 보면 한국 지역시민사회의 조직화 현상이 보다 잘 드러난다. 가장 특징적인 것은 직업, 소득, 성별, 학력의 모든 변수를 고려하건대 한국 지역시민사회를 가장 잘 대표하는 집단이 동창회, 향우회, 조기 축구회 등으로 대변되는 취미·친목단체라는 점이다. 종교 관련단체의 경우도 여성의 비율이 남성에 비하여 높은 것을 제외한다면 유사하게 모든 변수별로 대표성을 나타내고 있다. 사업상 이익도모 단체의 경우는 지역수준의 대표적 이익집단으로서 소득과 학력별 변수에는 큰 영향을 받고 있지는 않지만 직업별 변수를 보면 여타 직종에 비하여 판매 서비스직이 과대 대표되고 있는 것이 특징이다. 교육단체의 경우 큰 차이는 아니지만 수입과 학력이 높을수록 그리고 남성보다 여성이 참여하는 비율이 높았다. 사회봉사단체의 경우 수입과 학력에 큰 영향을 받고 있지는 아니한 것으로 드러났다. 전반적으로 보건대 한국의 시민사회는 친목과 종교단체를 중심으로 긴밀한 사회적 연결망을 구축하고 있으나 이러한 연계가 얼만큼이나 공공적 시민사회의 발전과 연계되어 있는가는 아직 취약하다.

이러한 결과를 지방정부 개혁이라는 주제와 연관시켜 살펴보면 시사점이 적지 않다. 지역 시민사회의 조직화와 지방정부 정책과의 관계를 다룬 연구들에 의하면 상기(上記)한 지역시민사회의 특성은 '강력한(지방)정부 대 약한 시민사회'라는 전반적 지방정치 구도 하에서 후견주의(clientlism) 지방정치 구조로 나타나고 있다(박종민, 2000). 시장이 강력한 권한을 행사하지만 동시에 중앙으로부터의 제약조건이 상존하는 지방정치 구조 하에서 시장은 주로 도시성장과 복지 배분이라는 할당정책을 통해 '나누어 주는' 소비의 정치(politics of consumption)에 치중하게 되고 이는 결국 시장중심의 학연, 혈연, 지연과 연결되는 후견주의적 속성을 드러내는 것이다. 이른바 토호정치의 비민주적 지방권력이 지방정부의 권력구조 및 시민사회 조직화의 경향성과 어떻게 연계를 맺어 그 영향력을 확대해 나가는가를 잘 보여주고 있다.

장원호의 연구결과(1999)도 유사한 측면에서 한국 시민사회 조직화의 문제점을 잘 지적하고 있다. 장원호에 의하면 한국의 지역시민사회는 정부에 비하여 열악한 지위에 머무르는 동시에 시민사회 내부의 민주성도 토호의 영향력으로 인하여 취약한 와중에서 시민사회 자체의 담론구조 형성도 매우 편협함을 지적하고 있다. 장원호가 지적하는 시민사회의 분절화(分節化)는 공공의 이익과 지역의 이익이 충돌할 경우 지역의 이익을 우선시하는 경우, 혹은 지역의 이익과 그 상위 지역의 공적 이익이 상충할 경우 지역 이익을 선호하는 이른바 단기 합리성의 추구에서 극명하게 드러난다. 시민사회 공적 담론 구조의 편협성은 결국 1차적 집단에 귀속하는 시민사회의 조직화와 밀접한 연계가 있다 할 것이다.

그러나 이러한 조사결과가 꼭 한국 시민사회의 긍정적 변화 가능성을 선험적으로 부인하는 증거로 해석해서는 안될 긍정적 조짐도 동시에 나타나고 있는 것이 사실이다. 1999년 전국 서베이를 분석한 결과 편협한 지역적 시민사회 담론 구성에도 불구하고 전반적인 시민문화 성숙 가능성의 징표가 나타나고 있다. 지방정부 정책결정시 가장 우선적으로 의사를 반영해야 할 집단으로서 일반시민과 시민단체라는 답변이 각 각 45.2 %와 24.3%로 나타났다. 물론 이러한 수치 자체가 시민사회 조직화의 긍정적 변화를 담보하는 것은 아니지만 연령대 별로 보자면 나이가 젊을수록 시민사회적 참여에 보다 많은 중요성을 부여하고 있음은 유의미한 변화로 간주해도 좋을 것이다. 장원호는 이러한 변화의 가능성을 이른바 신정치문화(New Political Culture)의 입장에서 더욱 고무적으로 해석하고 있다(장원호, 1999, 118-120). 즉, 교육수준이 높을수록, 젊을수록, 전문가집단일수록 탈물질적이며 정부정책에 적극적이며 도전적으로 참여하려는 경향성이 정보화 시대의 도래와 더불어 높아지고 있다는 신정치문화론(Clark and Hoffman-Martinot, 1998) 가설이 한국의 경우에도 긍정적으로 해석될 가능성이 존재한다는 것이다. 그 근거로서 장원호는 시민사회의 공공성 지향을 사회인구학적으로 분석해 본 결과 연령만이 유일하게 유의미한 상관관계를 가지고 있음을 들고 있다. 더욱이나 이러한 경향성은 정보화의 급속한 추세를 감안하건대 향후 더욱 강화될 것으로 예견하고 있다.

2) 시민사회의 (지방)선거참여

지방선거는 전국수준의 선거에 비하여 여러 모로 중요성을 덜 부여받고 있다. 투표율도 떨어지고 유권자들의 관심도 낮다. 한 마디로 지방정치는 중앙정치의 마이너 리그(minor league)로 취급 받고 있는 것이 현실이다. 이러한 현실은 일정부분 중앙집권적 정치구도의 산물이기도 하지만 동시에 지역 시민사회가 지방자치에 대하여 가지고 있는 견해 수준의 반영인 것 또한 사실이다. 즉, 중앙의 정치는 요란한 구호와는 달리 지방자치를 중앙정치 구도의 종속변수로 자리매김하여 지역 시민사회의 정치적 효능감을 저하시키는 빌미를 제공하였다. 그러나 동시에 지역시민사회 또한 오랜 타성에 젖어 스스로의 문제를 스스로 해결하기보다는 중앙의 '시혜'에 의존하려는 경향성이 높았던 측면도 부인하기 힘들다.

최근 지난 선거인 1998년 6.4 지방선거와 2002년 6.13 지방선거를 투표행태와 기타 정치제도 측면에서 고찰한 연구를 살펴보면 위에 제시한 특징들이 재현됨을 확인하는 동시에 비록 미약하지만 지방정치의 자율적 영역이 점차 자리매김을 받아가고 있음을 알 수 있다. 먼저 투표율을 살펴보자. 1998년과 2002년 투표율은 각 각 53%와 48%로 60%대의 총선 및 70%대의 대선과 비교하여 현저하게 낮다. 물론 이러한 투표율은 1998년의 경우 최초의 야당정부 등장과 IMF 외환위기라는 변수, 2002년의 경우 4.15 총선이 끝난지 얼마 안 되어 유권자의 관심이 저조할 수밖에 없는 상황적 변인이 있기는 하였으나 대체로 일반국민들의 지방선거에 관한 관심은 여타 총선 및 대선에 비하여 현저하게 낮음을 알 수 있다. 이 밖에 1998년 6.4 지방선거에서 나타난 1당 독점적인 지역분할 현상의 전국화, 정당일괄투표는 중앙정치의 영향력의 반영이라고 볼 수 있다(황아란, 1998). 그리고 이와 같은 황아란의 분석은 대구지역의 2002년 지방선거와 2004년 총선을 시계열적으로 분석한 송건섭의 연구에서도 대체로 유사하게 나타나고 있다(송건섭, 2004).

그러나 이러한 투표결과를 약간 다른 각도에서 살펴보면 지방선거의 자율성에 대한 희망적 견해가 나타나기도 한다. 지방선거의 대표적 후보자 선택기준으로서 정당과 현직 여부가 중요하였고, 이 두 가지 요소 중 정당의 요인은 앞서의 지적대로 중앙정치의 연속선상에서 해석이 가능하다. 그러나 현직의 재선율이 높은 것은 굳이 지방정치가 중앙정치의 연장에 있기 때문만은 아니다. 물론 지역이라든가 정당이 매개가 되기는 하였지만 분석결과 현직의 업무수행에 대한 회고적 평가를 반영한 것이기도 하였다. 따라서 황아란은 1998년 지방선거를 완전한 중앙정치의 대리전이 아닌 지방자치에 대한 중간평가적 요소를 포함한 지방의 시각 역시 간과할 수 없음을 강조하고 있다(황아란, 1998). 유사한 맥락에서 송건섭은 대구지역 주민들의 투표행태에 있어 총선과 지방선거 간에 뚜렷한 차별성이 존재함을 주장한다. 선거의 관심도와 중요성 등에서는 지방선거가 열세이나 후보자 인지 및 선택요인의 경우 뚜렷한 차별성을 드러내었다. 총선의 경우 언론매체, 인물됨이 주요 변수였지만 지방선거는 선거공보, 홍보물, 지역발전 기여도 등이 보다 많이 고려되었다. 향후 투표행태에 끼치는 영향요인에 있어서도 지방선거는 정당요인 외에도 이웃과의 대화 등 개인적 접촉이 중요할 것으로 분석하였다.

또 다른 여론조사 결과를 보면 이러한 경향성을 재확인할 수 있다. 중앙정치가 지방자치를 통제하는 주요 통로인 지방선거 후보자의 정당공천제에 대하여 지역 시민사회는 대체적으로 반대 경향이 높다. 이는 지방통치에 중앙정치가 영향력을 발휘하는 것에 대한 부정적 견해표시이다. 유권자로서의 지역 시민사회는 한편으로는 중앙정치가 짜놓은 구도에 함몰되면서도 다른 한편으로는 지방자치의 중앙정치 종속화에 대한 확실한 거부의사를 표시하고 있는 것이다. 이 모든 점을 종합하자면 지역 시민사회는 선거적 참여에 있어 비록 의도와 행위 간에 모순적인 불일치를 나타내면서도 원론적인 수준에 있어서는 지역자치의 중요성을 간과하는 것은 아니라고 해석할 수 있다.

정기적 지방선거를 제외한 지역시민사회의 선거제도로는 주민투표가 있다. 주민투표 제도는 지방자치에 직접 민주주의적 요소를 첨가한 제도로서 매우 중요한 의미가 있다. 그러나 길지 않은 지방자치 역사에 있어 주민투표가 실제로 실시된 것은 (구)제도에 있어 1994년 시·군통합을 위한 행정구역개편 때에 한 번 있었고, 주민투표법이 개정된 2005년 이후에는 방사능폐기물 처리장 부지 선정을 위한 주민투표가 한 차례 있었을 뿐이다. 그러나 두 번의 경험 모두 지역시민사회의 자치 능력을 신장시키는 계기로 작동하지는 못하였다. 투표의 발의와 의제설정 권한 그리고 선거유세 모든 면에 있어 중앙의 지시와 감독 그리고 지방정부의 통제가 뒤따랐던 것이 사실이다. 매우 심대한 가능성에도 불구하고 주민투표는 시민사회의 자치역량을 증가보다는 후퇴시켰다고 해석하는 것이 타당할 것이다.

3) 시민사회의 비선거적 참여

지역 시민사회의 역량을 나타내는 지표로서 선거적 참여가 갖는 중요성을 부인하기는 어렵지만 그렇다고 과대평가할 필요도 없다. 오히려 지역시민사회의 일상적 삶은 지방정부의 정책행위에 지역시민사회가 어떠한 형태로 참여하고 반응하는가에 따라 더 많이 바뀔 수 있기 때문이다. 이른바 생활정치의 일상화는 4년에 한 번씩 행사하는 선거보다 민주주의의 심화라는 측면에 있어 더욱 그 중요성을 인정받을 수 있다. 그러나 비선거적 참여는 그 종류와 양상이 다양하여 선거적 참여와 같이 일목요연하게 형태와 효과를 측정하기 어려운 난점이 있다. 이승종(2003, 11장)의 분류를 따르자면 시민참여는 공무원이나 지방정치인을 만나는 접촉형 참여와 지역문제에 대한 토론, 항의방문, 집회, 가두시위, 투표권유, 언론기고 등 비접촉형 참여로 나뉠 수 있다. 또 다른 분류로는 위원회, 선거, 설문조사, 민원제기 등 제도적 틀 내에서 이루어지는 참여와 집회 및 시위, 언론 기고 등 비제도적 참여로 나눌 수 있다. 사회가 발전함에 따라 제도적 참여와 비제도적 참여 간의 균형감이 증가하는 것을 부인하기는 어렵지만(Huntington, 1968) 후기산업사회의 도래와 더불어 신사회운동(New Social Movement)으로 일컬어지는 비제도적 참여의 힘은 시민참여에 있어 새로운 영역으로 자리매김하고 있는 것 또한 사실이다. 그 밖에 참여비용을 낮추어야만 참여가 증가할 수 있다는 가정에서 출발한다면 고비용인 직접참여와 저비용인 간접참여로 나뉠 수도 있다.

그러나 지방정부 개혁과 시민역량 간의 관계를 분석하는 이 글의 목적에 비추어 보자면 이승종의 분류법이 큰 무리가 없을 것이다. 한국의 경우 정부의 영향력이 전통적으로 시민사회를 압도하였고 지방정부의 개혁도 정부기능의 시장화보다는 정부역할의 재정립 내지는 정부 기능의 효율화에 더 큰 비중을 두고 있으므로 시민적 참여가 지방정부와 어떠한 형식으로 대면하고 의사를 전달하느냐 그리고 이러한 의사전달이 어떠한 창구를 통하여 집적되는가를 연구하는 것의 중요성을 간과하기 힘들기 때문이다. 이러한 분류법에 근거하여 강명구(외)가 1999년 조사한 자료에 따르자면 한국의 지역시민사회가 보여주고 있는 참여의 양상은 대체적으로 다음과 같이 정리될 수 있다.

결론부터 요약하자면 대체적으로 간접적이며 정치적인 참여는 높은 편이었으나 직접적이며 비정치적 참여는 매우 저조한 것으로 나타나고 있지만, 예외적으로 개인의 이해관계가 매개된 경우는 참여율이 매우 높은 것으로 나타나고 있다. 지난 5년간 선거에 참여한 경험을 묻는 질문에 대통령선거(84%), 국회의원선거(75%), 지방선거(67%) 모두 높은 수치를 나타내고 있다. 그러나 관계당사자를 만나거나 지역문제를 위한 직접적 참여는 매우 저조한 실정이다. 지역문제의 해결을 위해 공무원(9.7%), 지방의원(7.4%), 국회의원(2.7%)과 만나는 경험은 저조하였고 다른 사람과 같이 일한 경험(8.8%)도 유사하였다. 반면에 청원서나 진정서에 서명한 경험은 33.9%로 매우 높게 나타나고 있으며, 행정기관에 항의전화·편지·방문한 경험을 가진 응답비율도 15.2 %가 되었다. 그러나 항의집회에 참여(11%)하거나 가두시위에 참여한 경우(8.7%)는 상대적으로 저조하였다. 이러한 참여의 대체적 추세로부터 나타나는 참여 경향성은 개인의 직접적 이해관계가 걸리지 않은 공공의 문제일수록, 그리고 참여의 비용이 높을수록 참여비율이 저조해지는 것으로 판단된다.

참여와 관련된 사안으로서 참여를 어렵게 하는 요인을 질문하였다. 응답결과는 시민사회의 문제도 있지만 상당부분 지방정부가 고쳐야 할 사안에 집중하였다. 참여제도의 미흡 29.3%, 지방행정에 대한 정보부족 24.2% 그리고 시민의 의식부족 26.2%로 각각 유사한 비율로 압도적 요인을 차지하고 있다. 문제는 시민의식 부족도 있지만 제도의 미흡이나 정보공개 부족 등 결국 지방정부가 노력할 사안이 훨씬 높은 것으로 시민사회는 판단하고 있다. 이러한 판단은 다른 설문항의 응답형태에서도 간접적으로 드러나고 있다. "지방정부의 정책결정에 영향을 미칠 수 있는 효과적인 방법이 무엇인가?"라는 질문에 주민투표 25.6%, 지방정부나 지방의회활동 23.7%, 공청회 19.4%, 대중매체 활용 17.6%, 반상회 강화 13%로 나타나고 있다. 이 결과로 보자면 지역시민사회의 직접적 참여에 대한 열망은 매우 높은 것으로 나타나고 있다. 공적이며 사회적인 그리고 직접적 성질의 참여를 높여 사회적 자본의 창출에 기여할 수 있는 방법은 이 설문조사에 따르자면 정보공개와 참여제도 개혁 등을 통하여 참여의 비용을 낮추고 직접 민주주의적인 제도를 확충시키는 것으로 요약된다.

그러나 동시에 시민사회의 지방정부 비판은 참여에 있어 나타나고 있는 스스로의 모순점을 은폐할 수는 없다. 이승종(2003)이 조사한 바에 따르자면, 대체적으로 저조한 시민참여 하에서도 참여를 둘러싼 계층 간 격차의 문제는 심각한 논의를 요하는 수준이다. 물론 모든 참여에 있어서 불평등이 존재하는 것은 아니다. 사회경제적 지위라는 변수를 놓고 볼 때 투표와 같은 선거적 참여에 있어서는 유의미한 차별성이 존재하지 않으나 공직자(공무원, 지방의원, 국회의원 모두 포함)와의 직접 접촉에 있어서는 매우 심각한 차별성을 드러내고 있다. 여타 비접촉적 참여(서명, 항의 방문, 진정서, 선거 권유 등)에서는 직접접촉과 선거적 참여의 중간정도 불평등을 나타내고 있다. 이승종의 이러한 연구가 시민역량과 지방정부 개혁에 주는 함의는 과소

평가할 수 없다. 무엇보다도 무차별적 시민사회의 강화가 가져올 수 있는 역효과 가능성과 이러한 역효과를 해소하기 위한 지방정부의 대응책 강구는 아무리 강조해도 지나치지 않을 것이다. 가장 많은 참여가 요구되는 계층이 가장 저조한 효능감의 제도적 장치에만 힘을 발할 수 있다면 이는 곧 참여제도의 유명무실화에 다름 아니기 때문이다.

5. 지방정부의 시민역량 집적장치

지방정부는 이제 더 이상 '관존민비'(官尊民卑)의 전통 하에 놓여 있지는 않지만 시민생활과 관련 있는 정책결정 영향력의 면에 있어서는 아직도 시민사회를 압도하고 있는 것이 사실이다. 물론 이러한 일반적 경향성을 거스르는 새로운 변화의 움직임이 있기는 하다. 단체장의 주민직선으로 본격적인 지방자치제가 실시된 이후 선거를 의식하여 지방정부는 지역시민의 목소리에 귀를 기울이지 않을 수 없게 되었고, 아직 충분하지는 않지만 시민단체의 점증적 조직화와 활동으로 일방적으로 지방자치 실시 이전과 달리 시민사회의 존재를 무시할 처지가 못되었다. 그러나 일반화의 위험성을 무릅쓰고 지방자치 실시 이후 지방정부와 지역시민사회의 관계를 정리하자면 '마지못한 동반자'(reluctant partner)(Farrington et al., 1993) 관계로서 지방정부는 지역시민사회와 불가근 불가원(不可近 不可遠)의 관계 하에서 선택적이고 차별적으로 지방정부의 주도 하에 시민사회와 관계 맺기를 바라고 있다. 이는 결국 지방정부 개혁을 위해 시민사회의 숨겨진 에너지를 발굴하여 적극 활용해야 한다는 적극적이고 긍정적 자세에 비하여는 매우 부정적이고 소극적 접근이라 할 것이다. 이러한 현상을 두 가지 차원에서 찾아볼 수 있다. 하나는 지방정부가 제 스스로 지역 시민사회의 의견을 수렴하려는 의지, 즉, 시민사회의 역량을 어떠한 형식으로 제도화하여 집적하고 있으며, 이러한 제도들이 어떻게 운용되고 있는가를 살피는 차원이고, 다른 하나는 지방정부와 조직화된 지역시민사회의 형태인 NGO가 어떠한 관계를 유지하고 있는가를 살피는 작업이다. 먼저 지방정부의 자체적 노력을 살펴보자.

하혜수와 양기용의 연구에 따르자면(1998) 한국 지방정부가 제공하고 있는 시민사회의 참여수단은 민원 해결형(예를 들면, 민원 모니터 제도, 이동 시장실, 민원전화, 민원 기동처리반 등), 행정 주도형(자문위원회, 공청회, 간담회, 시민 의견조사 등), 공동 노력형(자원봉사제도, 마을 자치회 등), 시민주도형(시민감사 청구제, 시민 제안제도, 옴부즈만 제도 등)으로 나눌 수 있다. 두 연구자의 조사와 분석에 따르자면 지방자치제 실시 이후 지역사회 수준에서 지방정부가 주도하는 참여에 있어 드러나고 있는 특징들은 다음과 같이 요약할 수 있다. 상기(上記)한 네 유형 중에서 가장 활발하게 이용되고 있는 참여촉진제도는 역시 민원 해결형 방식이고 아울러 행정 주도형의 시민참여 활성화도 민원 해결형에 버금가는 중요성을 부여받고 있다. 반면에 시민 주도형이나 공동 노력형의 시민참여는 행정 주도형이나 민원 해결형의 현저한 증가에 비하여 성장의 정도가 매우 느리거나 정체되어 있다. 시민 주도형의 참여장치는 지방정부에 대한 감시와 견제의 역할을 하는 반면, 공동 노력형의 참여 장치는 실생활을 중심으로 하는 지방정부-시민사회의 공동 생산(co-production)적 노력의 일환으로 해석할 수 있다면 이러한 연구 결과는 지방정부가 시민사회의 제대로 된 통제도 받지 않으면서 동시에 시민사회의 에너지를 적극 활용하고 있지도 못함을 간접적으로 반영하는 결과로 해석해도 무방할 것이다.

또 다른 문제점은 지방정부가 제공하는 참여촉진 제도들이 지역적 특수성을 고려하지 않고 천편일률적으로 차별성 없이 획일적으로 실시되고 있으며 또한 기존의 제도에 대한 미비점을 개선하려는 노력을 쉽게 발견할 수 없다는 것이다. 즉, 도시나 농촌이나, 집단주거지역이나 산개(散開) 주거지역이나, 신도시나 전통적 지역이나의 구분이 없이 민원 해결형 전시 위주의 참여제도를 시행하고 있는 점을 발견할 수 있다. 아울러 익히 언론을 통하여 알려진 바와 같이, 군사정권 시절부터 잔존하여 오던 관변조직이나 지방정부 정책의 사후적 합리화나 사전적 합법성 획득을 위해 설치된 유명무실한 각종 위원회 제도도 정비되지 않았다. 이러한 제도들은 문제를 해결하는 것이 아니라 문제를 회피하거나 지연시키는 역할만을 담당하고 있어 참여적 관점에서 보자면 제도의 과다(過多)가 야기하는 제도의 피로감을 일으키고 있을 뿐이다.

위와 같은 지방정부의 시민참여 수렴 노력을 좀 더 자세하게 평가하기 위하여 지방정부가 시민단체의 활동에 대하여 갖고 있는 견해와 영향력을 살펴보자. 실질적으로 지역 수준에서 지방정부와 지역 시민사회를 매개하는 기능은 그 무엇보다도 지역 NGO의 역할에 의존하고 있기 때문에 이러한 조사의 의미는 과소평가하기 어렵다. 이승종(2003)은 지방정부의 정책결정자(시장, 지방의회 의장, 부시장)에게 시민사회 참여집단들의 활동에 대한 평가, 영향력에 대한 평가 및 이들 집단에 대한 정부의 반응도를 질문하였다. 즉, 시민단체의 활동에 대한 전반적인 평가를 여타 지역시민사회 집단(주민조직, 노동조합, 지구당, 기업인, 상인, 언론, 종교집단)과 비교하여 평가하는 작업이었다. 먼저, 어느 집단의 활동이 가장 왕성한가를 묻는 질문에 시민단체가 일순위를 그리고 주민조직이 2위를 차지 하였다. 그렇다면 이들 집단 중 지방정부의 정책에 어느 집단이 가장 큰 영향력을 발하는가의 질문에서는 지역언론이 1위를, 그리고 시민단체가 2위를 차지하였다.

마지막으로 이승종은 어느 집단의 활동이 지방정부의 정책에 가장 많이 반영되는가의 질문에 답하기 위하여 집단의 활동과 영향력의 간극을 비교 조사하였다. 그 결과 언론이 가장 높은 반응성을 얻었고 그 다음이 지구당이었다. 놀랍게도 시민단체는 왕성한 활동에도 불구하고 주민조직이나 노동조합 수준의 반응성 밖에 얻지 못하였다(이승종, 2003, 260).

이승종의 이와 같은 연구결과는 표면적 활동의 정도와 심층적 정책결정과정과는 상당 부분 괴리가 존재하는 것을 나타내고 있으며 동시에 지방정치의 민주화에 대한 필요성을 역설할 당위론적 근거가 된다. 그러나 이러한 결과는 상당 부분 이미 앞서의 분석으로부터 유추 가능한 성격의 것이기도 하다. 즉, 시민 주도형이나 공동 노력형 참여보다는 민원 해결형 혹은 행정 주도형 참여를 강조한 지방정부의 행태는 뒤집어 말하자면 지방정부에 있어 시민참여란 도구적 혹은 수사적 합리성을 제공하는 수단적 성격의 우회적 표현인 것이다. 흔히 시민사회는 내부적으로 모순이 많고 이기적 경향성이 있기 때문에 국가(여기서는, 지방정부)가 시민교육의 일환으로서 지방자치를 이용해야 한다는 주장이 제기되고 있지만, 이승종의 연구에 따르자면 지방정부는 시민사회의 민주주의 교육을 책임지기보다는 오히려 시민사회의 민주적 참여로 견제받아야 마땅한 존재인 것이다.

6. 자발성과 이해관계 결합의 난제(難題)

시민사회의 역량증진과 이를 지방정부 개혁의 에너지로 전환시키는 작업은 매우 중요하지만 동시에 중요한 만큼 해결하기 어려운 문제이다. 지방정부와 시민사회 모두는 그 자체 내부적으로 그리고 동시에 양자 간에 서로 상호 보완적인 측면도 있지만 동시에 양립하기 힘든 두 가지 성격을 지니고 있기 때문이다. 즉, 지방정부는 제 스스로 개혁의 원동력이 되어야 하면서도 동시에 상존하는 부패와 무능의 위험성에 노출되어 있고, 시민사회는 시민사회대로 정부의 행태를 감시하고 동시에 정부와 협력하여 지역사회의 공동생산에 참여해야 하지만 내부적 비민주성과 계층적 갈등에 직면하여 있다. 아울러 정부와 시민사회 간의 관계에 있어서도 지방정부는 지역 시민사회를 적극적이고 긍정적으로 받아들여 숨겨진 에너지를 재활용하려하기보다는 정부주도의 정책을 사후적으로 합리화시키는 도구적 수단으로 활용하려는 경향성이 농후하고 지역시민사회는 지역 시민사회대로 지방정부를 위해 자발적으로 협력하기보다는 지방정부의 성장 위주 정책에 편승하려는 경향성이 농후하다.

이 연구의 대체적 흐름을 되짚어 보면 이러한 어려움이 잘 드러나고 있다. 먼저 시민사회가 바라는 지방정부상(像)은 민주적으로 통제되었지만 동시에 지역경제 활성화를 위해 성장전략을 추구하는 지방정부이다. 바꾸어 말하면 시민사회의 통제를 받지만 동시에 시민사회에 앞장서서 지도적으로 지역개발을 이끌어 주기를 바라는 상반적인 견해를 드러내고 있다. 정부에 대한 이와 같은 시민사회의 바람에 비하여 조직화와 참여라는 창문을 통해서 바라본 제 스스로의 자체역량은 대체적으로 보아 희망적 징후와 부정적 현실이 혼재된 가운데서도 공공 목적의 동원을 위해서는 적지 않은 어려움이 존재하는 것으로 드러났다. 즉, 선거적 참여는 주로 중앙정치의 연장선상에서 이루어지고 있으며 비선거적 참여는 간접적이거나 혹은 개인적 이해관계가 매개 될 경우에 보다 높은 동원이 가능하였다. 이러한 어려움 속에서 지방정부는 지방정부대로 시민사회의 숨겨진 에너지를 적극적으로 발굴하려기보다는 오히려 지역시민사회를 도구적이고 수단적으로 활용하려는 경향성이 농후하였다.

이와 같은 분석에 따르자면 시민역량의 축적을 통한 지방정부 개혁의 가능성은 결코 높지 않다. 그러나 가능성이 보이지 않는 것은 아니다. 시민사회는 비록 왕성한 수준은 아니지만 공공의 목적을 위한 동원의 움직임이 감지되고 있고 원론적 수준에서는 지방정부 개혁의 당위성과 필요성에 대하여 큰 틀에서 공감하고 있다. 아울러 지방정부도 시대의 변화와 흐름에 순응하여 시민사회의 영향력을 인정하고 시민사회의 적극적 도움 없이는 지역의 발전이 쉽지 않음을 인식하게 되었다. 한마디로 말하여 한국의 지방정부와 지역 시민사회는 개혁에 대한 원론적 공감대는 형성되어 있지만 지방정부와 시민사회 모두 원론적 공감대의 구체적 실현을 위한 준비작업은 미숙한 상태에 있다. 이는 곧 지방정부개혁을 위한 거시적 에너지의 충만함과 미시적이며 구체적 활용의 부족함이라는 두 가지 밑그림으로 요약할 수 있다. 그렇다면 결국 우리에게 주어진 문제는 어떻게 해야 충만한 거시적 에너지를 사용가능한 미시적 에너지의 배분과 공급으로 변환시킬 수 있는가의 문제에 다름아니다. 이 문제는 마치 거대한 에너지원인 빗물을 댐이라는 구조물에 가두고 모아서 전력을 생산하는 것에 비유할 수 있는 것이다.

이 연구에 따르자면 지방정부와 시민사회의 접점, 즉 공통적 이해관계가 만나는 지점은 지역경제의 활성화, 즉, 지방정부의 성장정책 추진이다. 단, 차이가 있다면 시민사회는 지방정부가 부패 없이 민주적으로 통제를 받아 이 과업을 완수해 주길 바라는 반면 지방정부는 불편하고 거추장스러운 시민사회로부터의 통제보다는 정부가 주도하고 시민사회는 정부의 주도 하에 조력자로서 활동해 줄 것을 바라고 있다. 기존의 방식이 개혁적 탈바꿈

없이 그대로 지속된다면 아마도 지방정부 주도의 성장정책이 시민사회의 미약한 견제 하에서 진행될 것이다. 물론 이러한 과정에는 지방정부의 민주적 통제 결여로 인한 부패가능성과 시민사회의 내부적 분열(수혜를 받는 계층과 그렇지 못한 계층)이라는 비용을 지불해야 할 것이다. 해결방법은 없는 것일까? 간단하고 쉬운 해결은 없다. 하지만 시민사회의 자발성과 이해관계의 추구라는 양 날을 가진 칼을 잘만 사용하면 견제와 균형의 묘미를 살리면서도 완급이 조절된 성장정책을 추진할 수 있을 것이다.

기존의 시민사회 연구는 지나치게 자발성의 측면을 강조하여 공동체론적 입장에서 민주교육과 시민정신의 고양이라는 명제에 집착하였다. 이것은 매우 고상하고 또한 필요한 지고의 가치임은 부인하기 어렵다. 그리고 여러 설문조사에서 드러나고 있듯이 한국의 지역시민사회는 이러한 속성을 원론적이고 거시적 수준에서 견지하고 있음 또한 사실이다. 하지만 또 하나의 엄연한 사실은 현실의 지역 시민사회는 공동체적 명제가 바라는 바와 같은 방식으로는 쉽사리 공공적 목적을 위하여 동원되기 어렵다는 점이다. 즉, 공동체적 자발성보다는 지역개발을 통한 개인적 이해관계의 추구가 훨씬 더 강력한 동원의 유인체계로 작동하고 있는 것이다. 결국 문제는 "자발성과 이해관계의 결합을 어떻게 공공 목적의 시민사회적 동원으로 엮어낼 수 있는가?"이다. 이 커다란 질문은 또 다른 연구 주제에 해당하므로 상세한 논의는 차후로 미루고 단지 예시적 수준에서 자원봉사제의 활성화 경우를 들어 우회적으로 답하여 결론에 대신하기로 하자.

자원봉사제는 시민사회의 자발성을 통한 공동체적 시민권의 확립에 긴요할 뿐 아니라 동시에 잘만 운용하면 정부와 시민사회 간의 파트너쉽을 특정 정책분야(특히, 복지정책의 경우)에서 구체화시켜 서로 간의 이해관계를 매개하는 아주 훌륭한 예이다. 즉, 거시적이며 원론적인 수준의 지방정부-지역시민사회 공생산(共生産) 개념을 미시적이고 구체적인 수준에서 구현하는 좋은 예인 것이다. 그러나 익히 알려져 있는 바와 같이 한국의 자원봉사제도는 정부와 시민사회 간의 목표 불일치로 인하여(즉, 정부는 자원봉사를 정부 기능의 시민사회적 대행으로 여기는 반면, 시민사회는 자원봉사를 자발적 참여를 통한 민주 사회적 학습 기능에 주안점을 두고 있다.) 동상이몽(同床異夢)의 어려움에 처하여 있다(강명구, 2005). 더욱이나 시민사회의 미성숙은 자발성에만 근거한 자원봉사 동원에 어려움을 겪고 있는 실정이다. 송파구를 위시한 몇 몇 지방정부에서 실시하고 있는 자원봉사은행 제도는 이러한 난점을 어떻게 해결해야 하는가에 대한 좋은 지침이다.

이들 지방정부에서는 자발성에 근거한 자원봉사제도를 자원봉사자의 이해관계에 매개시킴으로써 보다 지속적인 자원봉사가 가능한 방안을 구상하였다. 즉, 자원봉사자들이 자발성에 근거하여 자원봉사를 할 경우 이 봉사시간 전부를(혹은 일정부분을) 금융기관에 저축으로 예치하고 필요시 인출하듯이 봉사통장에 예치시켜 봉사자가 필요시 제 3의 봉사자로부터 필요한 서비스를 제공받게 한 것이다. 물론 이 자원봉사자는 예치 봉사시간을 무상으로 제 3자나 기관에 양도할 수도 있는 것이다. 이는 곧 무형의 자산인 사회적 자본의 축적에 다름 아니다. 물론 자원봉사은행제도가 지역시민사회와 지방정부 개혁 간의 자발성과 이해관계 매개를 가장 적절하게 대변하는가의 문제가 존재하지만 적어도 시민사회의 자발성과 이해관계의 매개가 어떻게 긍정적으로 연계될 수 있는가를 보여주는 좋은 예시임을 부인하기는 어렵다.

참고문헌

1. 국내문헌

21세기 정책개발연구소, 1997, 「한국과 외국의 지방자치 행정환경 차이점 비교 분석」.

B. 로스·M. 스테드만, 1995, 「도시와 지방자치」. 서울: 나남출판.

강동식, 2000, 「지방자치의 이해」, 제주: 제주대학교 출판부.

강명구, 1996, "지방자치와 시민사회의 열림," 「도시연구」 2. 서울: 한국도시연구소.

고영선·이계식, 1997, 「지방정부 개혁의 전략과 실천방안」, 한국개발연구원.

권오철, 1999, 지방정부와 지식경영, 「지방자치리포트」 제50호. 한국지방자치학회.

권태준, 1995, "세계화에 대응하는 지방화: 지역공동체 형성의 중요성을 중심으로," 공보처. 4월.

권해수, 1997, "한국 지방자치단체의 경영화에 대한 비판적 고찰," 「한국사회와 행정연구」 제 8 권 제 1 호, 관악행정학회.

김광주, 1997, 한국행정조직에서 기업경영기법의 적용가능성에 대한 이론적 소고, 「한국행정논집」, 대구경북행정학회.

김남수, 1998, "지방화 시대에서 시민사회단체의 활성화 방안" 「중앙행정논집」 12. 서울: 중앙대국가정책연구소.

김만기, 1998, 「2000년에 대비한 정부조직의 혁신」, 서울: 대영문화사.

김번웅, 1999, "21세기를 대비한 행정서비스의 과제와 전망," 「한국행정연구」. 8(2): 5-23. 한국행정연구원.

김병준, 1995, "지방행정개혁의 기본방향에 관한 소고," 국회 지방자치제도 연구회. 제 1 회 연구논집.

김수영, 1996, 「행정개혁론」. 서울: 법률계.

김신복, 1996, “인력관리의 효율성 제고방안,” 한국행정연구원, 「한국행정연구」 제 5 권. 제 2 호.

김웅기, 2001, 「미국의 지방자치」, 서울: 대영문화사.

김장권, 1995, 정당정치, 지방자치의 발전과 시민사회(한국의 국가와 시민사회). 서울: 한국사회학회.

김진현, 1999, “지방자치단체 간 재정공동사업(광역폐기물 매립장 사업)의 비용배분방안,” 「한국행정학보」 33(1)., 한국행정학회.

김판석 · 권경득, 1999, “지방자치단체의 인사제도개혁,” 「한국행정학보」, 33(1). 한국행정학회.

김호정, 1994, “지방자치제 실시 후 지방공무원의 의식변화,” 「한국행정학보」, 28(3).

대림정보통신 지식경영위원회, 1998, 「이것이 지식경영의 핵심이다」. 서울: 도서출판 창해.

박경국, 1994, 도정의 경영화 추진전략: 새롭게 변화하고 있는 충북도정. 한국행정학회. 하계지역학술대회 발표논문집(지방정부의 경쟁력과 지방정부의 쇄신).

박경원, 1999, 「도시행정관리체계의 혁신에 관한 연구」. 한국행정연구원.

박대식 외, 2003, 「지역사회 권력구조」, 한국정치학회 연말학술대회.

박동서, 1982, 새 시대 행정문화의 창조와 공무원의 행태, 중앙공무원교육원.

박세일, 1994, “세계화시대의 지방자치,” 지방자치실무연구소 총회기념 발제논문, 3월.

박세정, 1998, “지방자치단체의 TQM도입 실태. 문제점. 그리고 향후 방향,” 「한국행정학보」 32(4): 157-172. 한국행정학회.

박용치, 1983, “혁신의 확산과정-다수확신품종 확산과정의 분석,” 서울대대학원 박사학위논문.

박재욱, 1992, “시민사회. 지방자치 그리고 지역운동의 새로운 전망,” 연세대 「사회과학연구」 3.

박종민 외, 2000/2001, 「지방정치의 민주화1, 2」, 한국학술진흥재단 연구보고서.

박통희, 1996, "지방자치단체 민원행정의 고객지향적 혁신과 문제점,"「지방행정연구」. 11(2): 93-121. 지방행정연구원.

박홍식, 1992,「지방자치시대의 도시행정-중앙정부와 지방정부 간의 관계」, 서울: 나남출판사.

박희봉·김상묵, 1998, "외국행정개혁과 김대중 정부의 행정개혁 비교연구,"「한국행정학보」 32(4): 19~35. 한국행정학회.

삼성경제연구소 역, 1996, Martin A. Levin and Mary B. Sanger, 선진행정의 길, 삼성경제연구소.

서상목·최일섭·김상균, 1988, 사회복지전달체계의 개선과 전문인력 활성화방안. 한국개발연구원.

서원우, 1987, "현대국가와 지방자치," 현대사회연구소,「현대사회」 25호, 서울: 동연구소.

세동경영회계법인·앤더슨컨설팅, 1999,「통계청 경영진단보고서」, 기획예산처.

소순창, 1996, "지방정부의 정책결정요인에 관한 실증적 연구: 일본복지정책을 중심으로,"「한국행정학보」 30(3).

송하중, 1999, "현정부의 행정개혁 추진체제평가,"「한국행정연구」, 8(4): 5-30. 한국행정연구원.

심익섭, 1999, "지방화시대의 시민사회와 시민참여,"「사회과학연구」 7, 동국대학교.

안용식·강동식·원구환, 2000,「지방행정론」, 서울: 대영문화사.

안해균, 1986, "행정개혁의 이론화를 위한 시론-개념과 접근방법,"「한국행정논집」, 제24권 제 2 호. 1986.

양기용·김상묵, 1996,「경기도정 평가지표 개발과 적용에 관한 연구」. 경기개발연구원.

유재원, 1996, 민선단체장 출범 이후 지방행정의 변화와 전망, 지방자치연구 8(4).

이규환, 1999, 「한국의 도시행정론」, 서울: 법문사.

이달곤, 2004, 「지방정부론」, 서울: 박영사.

이동기, 2000, "혁신확산의 영향요인에 관한 관한 분석," 「한국행정학보」 34(3): 317~332. 한국행정학회.

이범일, 1996, 「혁신의 늪: 혁신이 실패하는 8가지 이유」. 서울: 삼성경제연구소.

이성복, 1984, 비교행정론(역), 법문사. Ferrel Heady. Public Administration: A Comparative Perspective. New York: Marcel Dekker.

이성복, 1993, 지방정부의 발전방향에 관한 연구, 한국행정학보 27(3).

이순철, 1996, 「신경영기법」. 서울: 매일경제신문사.

이승종, 1995, 자치단체장의 역할과 자질. 한국행정학회 하계학술대회(대구) 발표논문.

이승종 · 김흥식, 1992, "지방자치와 지방정부의 정책정향," 「한국행정학보」 26(2).

이연택, 1997, 「세계의 행정개혁과 21세기 한국정부」, 서울: 고려원.

이종열, 2002, "미국의 문화거버넌스 연구: NEA를 중심으로," 「한국행정학보」, 한국행정학회.

이종열, 2002, 지속가능한 도시형태: 대구시 사례, 「대구경북개발연구」, 대구경북개발연구원.

이종열, 2003, "문화행정조직의 개편과정 분석," 「한국정책과학학회보」, 한국정책과학학회.

이헌수, 1998, "지방자치단체의 혁신에 관한 연구-대민봉사 민원행정 혁신을 중심으로-," 고려대대학원 박사학위논문.

임승빈 외, 2004),「지방분권과 국가균형발전의 논리 적합성에 관한 연구」 서울: 경기개발연구원. 연구보고서: 03-08).

임승빈, 1996, 민선자치단체장의 바람직한 역할정립을 위한 제도개선방안, 한국지방행정연구원.

임승빈, 1997, 일본 지역사회에 있어 전통적 주민조직의 역할. 「지방행정연구」 Vol. 12. No. 1. 서울: 한국지방행정연구원.

임승빈, 1999, 「行政과 NGO 간의 네트워크 構築에 관한 연구」, 한국행정연구원 98-11.

임주영, 1998, 「공공부문 혁신을 위한 연구」, 조세연구원.

장병구, 2000, 「지방자치행정론」, 서울: 형설출판사.

정세욱, 2002, 「지방자치학」, 서울: 법문사.

정인용 · 박용치, 1991) 보건의료 및 사회보장행정조직의 개선에 관한 연구, 「지역복지정책」 1.

주성수, 2001, "지방자치, 자원봉사, 주민자치센터," 한양대 제 3 섹터연구소, NgoZine 11월호 특집.

중앙공무원교육원, 2000, 「품질행정우수사례집」, 중앙공무원교육원.

총무처 직무분석기획단, 1997, 신정부혁신론－OECD국가를 중심으로. 서울: 동명사.

최봉기 · 박성복 · 이종열, 1992, "지방의회와 집행기관 간의 관계에 관한 평가: 포항시의회의 사례연구," 「한국행정학보」 26(3).

최임규, 1996, "정부생산성 제고를 위한 경영기법의 도입-TQM을 중심으로," 한국행정연구 제 5 권 제 2 호. 한국행정연구원.

최진혁 외, 2003, 지역사회 이익단체, 한국정치학회 연말학술대회.

최창현, 1994, 조직구조와 혁신의 관계에 관한 연구: 선형구조관계(LISREL) 모형의 적용 「한국행정학보」, 28권 2호.

최창호, 2002, 「지방자치학」, 서울: 삼영사.

토마스 데이븐 포드/송경근譯, 1994, 「프로세스 이노베이션」. 서울: 21세기북스.

하상훈, 1995, 공공무분에서의 경쟁체제 도입방안. 한국행정연구원, KIPA 연구보고 95-02.

하태권, 2000, "인적자원개발을 위한 행정체제의 역할과 기능," 「한국행정연구」 9권 3호.

하태권, 2000, "지방자치단체 인사관리의 개혁방향. 국민대 지방자치경영연구소 학술대회 발표논문집.
한국경제연구원, 1995, 지방경쟁력 강화를 위한 기업가형 지방경영
한국능률협회·한국지방행정연구원, 1999,「지방정부 경영진단보고서」, 기획예산처.
한국지방자치포럼, 1999,「한국 민선시대인물대전」.
한국지방행정연구원, 1986,「외국의 지방자치제도비교연구」.
한국지방행정연구원, 1997,「외국의 지방자치단체의 행정개혁사례분석」.
한만중, 1995,「전략적 성과측정 시스템연구」. 한국생산성본부.

2. 외국문헌

Aldrich, J. H. & Nelson F. D., 1984, *Linear Probability, Logit, and Probit Models*. Sage Publications.
Bauer, Helfried, 2004, *Public Management in Austrian Government*. Contribution to Exploratory Meeting. OECD
Berman, E., and J. West, 1995, Municipal Commitment to Total Quality Management: A survey of Recent Progress. *Public Administration Review* 55(1): 57-66.
Berry, F. S., and W. D. Berry, 1992, Tax Innovation in the States: Capitalizing on Political Opportunity. *American Journal of Political Science* 36(3): 714-742.
Blank, Rebecca, 1985, The Impact of State Economic Differentials on Household Welfare and Labor Force Behavior, *Journal of Public Economics* 28: 25-58.
Bolman, L. G. & T. E. Deal, 1991, *Reframing Organizations: Artistry, Choice and Leadership*, Jossey-Bass.
Bolton, M. K., 1993, Organizational Innovation and Substandard Performance: When is Necessity the Mother of Innovation, *Organizational*

Science. 4(1): 57-75.

Brooking, A., 1996, *Intellectual Capital, International Thompson Press*/ 김광영 역, 1997, 「지식자본」 사람과 책.

Brudney, J. L. & Selden S. C., 1995, The Adoption of Innovation by Smaller Local Governments: the Case of Computer Technology, *American Review of Public Administration.* 25(1): 71-87.

Cameron, K. S. & R. E. Quinn, 1998, *Diagnosing and Changing Organizational Culture*, Addison-Wesley.

Chapman, Richard A., 1982, Strategies for Reducing Government Activities, Government Activities, in Gerald E. Cadien & Heinrich Siedentopt(eds.), *Strategies for Administrative Reform*, Lexington Book: Heath.

Clark, T. and L. Ferguson, 1983, *City Money.* Beverly Hills, CA: Sage.

Clark, Terry Nichols ed., 1994, *Urban Innovation: Creative Strategies in Turbulent Times.* London: Sage.

Clayton, 1997, *Implementation of Organizational Innovation Studies of Academic and Research Libraries.* SanDiego & London & Boston: Academic Press.

Cleland, David I. and William R. King, 1968, *System Analysis and Project Management.* New York: McGraw Hill.

Clinton, Bill, 1993, Remarks by the President and Vice President at REGO Event, GSA Warehouse, Franconia, VA. *Weekly Compila-tion of Presidential Documents*, vol. 29(October 8).

Cohen, P. The Process is More Important Than the Result, http: //www.hci.com.au/ hcisite/ articles/theprocesshtm.

Collins, P.D. & J. Hage & F.M. Hull, 1988, Organizational and Technological Predictors of Change in Automaticity, *Academy of Management.*

Delbert, C. Miller, 1991, *Handbook of Design and Social Measurement*-fifth edition. London · NewDelhi: Sage Publication)

Dougherty, Deborah & Cynthia Hardy, 1996, Sustained Product Innovation in Large, *Mature Organization: Overcoming Innovation-to-Organization Problems*, 39(5).

Drazin, Robert & Claudia Bird Schoonhoven, 1996, Community, Popula-tion and Organization Effects on Innovation: A Multilevel Perspective, *Academy of Management Journal* 30(5).

Dubnick, M. J., 1994, A Coup Against King Bureaucracy? *In Deregulating the Public Sector: Can Government Be Improved?*, edited by J.J.DiIulio, Jr. Washington DC: The Brooking Institution.

Edvinsson, L. & M. S. Malone, 1997, *Intellectual Capital: Realizing Your Company's true value by finding its hidden brainpower*, Haper-Collins Publisher/ 황진우 역, 1998, 「지적자본」 세종서적.

Ehrenberg, Rudolph H. & Stupak, Ronald J., 1996, Total Quality Management; Its Relationship to Administrative Theory and Organizational Behavior in the Public Sector, *Public Administration Quarterly*.

Elderveld, Samuel J., Lars Stromberg, and Wim Derksen, 1995, *Local Elites in Western Democracies: A comparative analysis of urban political leaders in the U.S.* Sweden, and the Netherlands. San Francisco: Westview Press.

Fainstein, S., 1994, *The City Builders*. Oxford: Blackwell.

Frederickson, George H., 1973, *Neighborhood Control in the 1970s*. New York: Chandler Publishing Co.

Gates, C., 1999, Community Governance. *Futures* 31(2): 519-25.

Gitlin, T., 1987, *The Sixties: Years of Hope Days of Rage*. Toronto and New York: Bantom Books.

Gramlich, Edward and Deborah Laren, 1984, Migration and Income Distribution Responsibilities, *Journal of Human Resources* 9: 489-511.

Gross, Orion White, 1969, The Dialectical Organization: An Alternative to Bureaucracy, *Public Administration Review* 24.

Gross, Orion White, 1980, *New Public Administration.* Alabama: The University of Alabama Press.

Harloff, Martin Eileen, 1987, *The Structure of Local Government in Europe,* Hague: ULA.

Harrison, Michael I., 1987, *Diagnosing Organizations: Methods, Models, and Processes*, Sage.

Hibbs, Douglas, 1987, *The American Political Economy: Macroeconomics and Electoral Politics in the United States.* Cambridge: Harvard University Press.

Hill, Hermann & Helmut Klages, 1996, *Quality, Innovation and Measurement in the Public Sector.* Frankfurt am Main · Berlin · Bern · New York: Peter Lang.

Honey, John C., 1967, A Report: Higher Education for Public Service, *Public Administration Review* 27.

Hood, Christopher, 1991, A Public Management for All Seasons? *Public Administration*, vol. 69, Spring).

Hoskisson, R.E. & M.A. Hitt, 1988, Strategic Control Systems and Relative R&D Investment in Large Multi-product Firms, *Strategic Management Journal*

INLOGOV: Institute of Local Government, 1988, *Local government systems in western countries.* UK: University of Birmingham.

Jang, Wonho, 1997, The New Political Culture, changing Policy Preferences of Mayors, and Changes of Urban Policies in Japan. *Korea Journal of Population and Development* 27(2).

Jang, Wonho, 1998, The New Political Culture and Changing Local Politics in Japan. paper presented at 14th World Congress of Sociology. Montreal, Canada, July 26-August 1st, 1998.

Jang, Wonho, 1999, Three-Nation Comparison on Mayors' Policy Preferences: Korea, Japan and the USA. *International Journal of Urban Studies*, Vol 3(2): 168-178.

Jessup, G., 1991, *Outcomes: NVQs and the Emerging Model of Educational and Training*, Falmer Press.

Johnson, H., 2000, Biting the Bullet: Civil Society, Social Learning and the Transformation of Local Governance. *World Development*, 28(11).

Jreisat. Jamil E., 1988, Administrative Reform in Developing Countries: A Comparative Perspective, *Public Administration and Development*, 8(1).

Kernell, Samuel, 1986, *Going Public*. Washington DC: Congressional Quarterly.

King, Nigel & Neil Anderson, 1995, *Innovation and Change in Organizations*. London and New York: Routledge.

Kretzmann, J. and McKnight, J., 1993, *Building Communities from the Inside out: A Path toward Finding and Mobilizing a Community's Assets*. Chicago: ACTA Publication.

Kuhn, Thomas S., 1977, *The Essential Tension*. Chicago, Ill.: The University of Chicago Press.

Lassey, Peter, 1998, *Developing a Learning Organization*, Kogan Page.

Leach, S. and J. Stewart, 1992, *The Politics of Hung Authorities*. London: Unwin-Hyman.

Lee, Seung-Jong and Wonho Jang, 2002, Factors Influencing Mayoral Leadership in Korea. paper presented at 15th World Congress of

Sociology, Brisbane, Australia, July 7-13.

Levin, Martin A. & Sanger, Mary B., 1994, *Making Government Work: How Entrepreneurial Executive Turn Bright Ideas into Real Result*, Jossey-Bass Publishers.

Light, Paul C., 1998, *Sustaining Innovation-Creating Nonprofit and Government Organizations That Innovate Naturally*. San Francisco: Jossey-Bass Publishers.

Lineberry, R. L., and E. P. Fowler, 1967, Reformism and Public Politics in American Cities. *American Political Science Review:* 701-716.

Lowi, Theodore J., 1979, *The End of Liberalism.* New York: W. W. Norton and Company.

Lundvall, Bengt-Ake, 1992, National System of Innovation. London: Pinter.

Manasco, Britton Corporate knowledge nets and the learning imperative, http: // webcom.com/quantera/empires3.html.

Mangham, 1987, Organization Analysis and Development-*A Social Construction of Organizational Behavior*, edited by Iain L. Mangham. New York: John Willy & Sons.

Marcus, Leonard J., 1988, Processes of New Organizations: A Case Study, *Administration in Social Work*, 12(3).

Marcus, R. D. & D. B. Burner(eds.), 1981, *American Since 1945.* New York: St. Martin Press.

Marini, Frank(ed.), 1971, *Toward a New Public Administration.* San Francisco, CA.: Chandler Publishing Co.

McGuire, R., R. Ohsfeldt., and N. van Cott, 1987, The Determinants of Choice Between Public and Private Production of a Publicly Funded Service. *Public Choice* 54: 211-230

Meadows, Donella H., Dennis L. Meadows, J. Randers, and W. W. Behrens, 1972, *The Limits to Growth, A Report for the Club of*

Romes Project on the Predicament of Mankind. New York: Universe Books.

Meyer, W. U., 1990, 지각된 능력과 성취행동, 김언주·이재승 편역, 「동기 이론: 새로운 시좌」, 양서원.

Michard A. Hitt & Richard A. Johnson & Douglas D. Moesel, 1996, The Market for Corporate Control and Firm Innovation, *Academy of Management Journal*, 39(5).

Mink, Oscar G., Babara P. Mink, Keith Q. Owen & Elizabeth A. Downes, 1994, Open Organization, Jossey-Bass Inc./유영만 역, 1997, 「열린 조직 열린경영」 한국언론자료간행회.

Montjoy, R., and D. Watson., 1995, A Case for Reinterpreted Dichotomy of Politics and Administration as a Professional Standard in Council-Manager Government. *Public Administration Review* 55(3): 231-239.

Morgan, D. R., and S. S. Watson, 1992, Policy Leadership in Council-Manager Cities: Comparing Mayor and Manager. *Public Administration Review* 52: 438-46

Morgan, D. and England, R., 1988, The Two Faces of Privatization. *Public Administration Review*, 48(3).

Morgan, D. R., M. W. Hirlinger, and R. E. England, 1987, The Decision To Contract Out City Services: Further Explanation. *Western Political Quarterly* 41: 363-72.

Morgan, D., and M. Hirlinger, 1991, Intergovernmental Service Contracts: A Multivariate Explanation. *Urban Affairs Quarterly* 27(1): 128-144

Mosher, Frederick C., 1968, *Democracy and the Public Service.* New York & London: Oxford University Press.

Mouritzen, P.-E. (ed), 1992, *Managing Cities in Austerity.* London: Sage.

O'Connor, J., 1973, *The Fiscal Crisis of the State*. New York: St. Martins Press.

Osborne, D., and Gaebler T., 1992, *Reinventing Government: How the Entrepreneurial Spirit is Transforming the Public Sector*. Boston: Addison-Wesley.

OTA, 1994, *Working the Government: The Electronic Delivery of Federal Service*.

Peterson, Paul, 1981, *City Limits*. Chicago: University of Chicago Press.

Pinkerton, James P., 1995, *What Comes Next: The End of Big Government and the New Paradigm Ahead*. New York: Hyperion.

Poister, T., and R. McGowan, 1984, The Use of Management Tools in Municipal Government: A National Survey. *Public Administration Review* May/June: 215-223.

Poister. T., and G. Streib, 1989, Management Tools in Municipal Government: Trends Over the Past Decade. *Public Administration Review* 52: 240-248.

Prahalad, C. K. & G. Hamel, 1990, The Core Competence of the Corporation, *Harvard Business Review*, May/June.

Rich, R. C., 1977, Distribution of Service: studying the products of urban policy making. in D. R. Marshall, ed., *Urban Policy Making*, Beverly Hills: Sage.

Robbins, Stephen P., 1990, *Organization Theory: Structure, Design, and Application*, 3rd, Prentice-Hall.

Robertson, Peter J. & Sonal J. Seneviratne, 1995, Outcomes of Planned Organizational Change in the Public Sector: A Meta-Analytic Comparison to the Private Sector, *PAR*, 10(2).

Rogers, E. M., 1983, *Diffusion of Innovations*(3rd ed.). New York: The Free Press.

Rogers. E.M & F. F. Shoemaker, 1971, *Communication in Organizations.* New York: Free Fress.

Rouke, Francis, 1984, *Bureaucracy, Politics and Public Policy.* 3rd ed., Boston: Little Brown

Rowat, Donald. ed., 1980, *International Handbook on Local Government Reorganization.* Westport, Connecticut: Greenwood Press.

Ruhil, Anirudh V. S., Mark Schneider, Paul Teske and Byung-Moon Ji., 1999, Institutions and Reform: Reinventing Local Government, *Urban Affairs Review,* 34(3).

Salamon, L., 1995, *Partners in Public Service.* Baltimore: Johns Hopkins University Press.

Sassen, S., 1994, *Cities in a World Economy.* Thousand Oaks, CA: Pine Forge Press.

Schmacher, E. F., 1973, *Small is Beautiful.* New York: Harper and Row, Publishers.

Schneider, M., 1989, *The Competitive City: The Political Economy of Suburbia.* Pittsburgh: University of Pittsburgh Press.

Schneider, M., and P. Teske, with M. Mintrom., 1995, *Public Entrepreneurs: Agents for Change in American Government.* Princeton, NJ: Princeton University Press.

Schneider, M., and P. Teske, 1992, Toward a Theory of the Political Entrepreneur: Evidence From Local Government. *American Political Science Review* 86(3): 737-747.

Simonton, Dean Keith, 1985, Individual Creativity and Political Leader-ship, *Innovation in The Public Sector,* edited by R.L. Merritt & A. J. Merritt(Beverly Hills: Sage Publications)

Slappendel, Carol, 1996, Perspectives on Innovation in Organizations, *Organization Studie*

So, Soon Chang & Byong-joon, Kim., 2004, An Assessment of Seoul Metropolitan Government Reform Strategies. *International Review of Public Adminstration.* 8(2): 77-90, Korean Association for Public Administration.

Spence, 1994, *Innovation-The communication of change in ideas, practices and products.* London: Chapman & Hall.

Spencer, Lyle M. & Sign M. Spencer, 1993, *Competence at Work: Models for Superior Performance,* John Wiley & Sons/ 민병모 · 박동건 · 박종구 · 정재창 공역, 1998, 「핵심역량모델의 개발과 활용」 PSI컨설팅.

Sproata, K., 1998, New Paradigms in Local Governance: Australian Local Governance in a Context of Asia and the Pacific. 지방행정연구 13/2.

Sriraman Bhoovaraghavan · Ashok Vasudevan · Rajan Chandran, 1996, Resolving the Process vs. Product Innovation Dilemma: A Consumer Choice Theoretic Approach, *Management Science,* 42(2).

Stever, James A., 1988, *The Fragmented Philosophy and Ideology of Post-Progressive Public Administration. The End of Public Adminisrtation: Problems of the Profession in the Post-Progressive Era.* Dobbs Ferry, NY: Transnational Publishers, Inc.

Stewart, John, 1989, The Changing Organization and Management of Local Authorities, pp. 171-184 in John Stewart and Gerry Stoker, *The Future of Local Government.* London: Macmillan,.

Stone, C., 1993, Urban Regimes and the Capacity to Govern, *Journal of Urban Affairs,* 15(1).

Stonecash, Jeffery, 1995, *American State and Local Politics,* New York: Jarcout Brace College Publishers.

Stupak, Ronald J. & Garrity, Rudolph B., 1993, Change, Challenge, and the Responsibility of Public Administrators for Total Quality

Management in the 1990s, *Public Administration Quarterly,* 16(4).

Svara, J., 1987, *Official Leadership in the City: Patterns of Conflict and Cooperation.* New York: Oxford University Press.

Sveiby, Karl Erik Measuring Intabgible Assets, Http: //www.sveiby.com.au/intangass/measureintangibleassets.html.

Teske, P. and M. Schneider, 1994, The Bureaucratic Entrepreneur: The Case of City Managers. *Public Administration Review* 54(4): 331-340.

Thayer, Frederick C., 1981, *An End to Hierarchy, An End to Competition.* New York: Greenwood Publishing Group.

Thayer, Frederick C., 1983, *An End to Hierarchy! An End to Competition! Organizing the Politics and Economics of Survival.* New York: Greenwood Publishing Group.

Thayer, Frederick C., 1984, *Rebuilding America: The Case for Economic Regulation.* New York: Greenwood Publishing Group.

Thomas M.Jorde & David J. Teece, 1992, *Antitrust, Innovation, and Competitiveness.* New york: Oxford University Press.

Thompson, James D., 1967, *Organization in Action.* New York: McGraw-Hill, Co.

Tushmal, M. & D. Nadler, 1986, Organizing for Innovation, *California Management Review* 26(3).

U. S. Treasury Department, 1988, *Meeting Public Demand: Federal Services in the Year 2000.* Published by the Interagency Project 2000 team(January).

UNDP, 1996, Local Governance: Report of the United Nations Global Forum on Innovative Policies and Practices in Local Governance. http: //magnet.undp.org.

UNDP, 2000, The UNDP Role in Decentralization and Local Governance.

http: //magnet.undp.org.

Van, de Ven and Rogers E. M., 1988, Innovation and Organization: Critical Perspectives, *Communication Research*, No. 15.

Waldo, Dwight, 1971, *Public Administration in a Time of Turbulence.* San Francisco, CA.: Chandler Publishing Co.

Waldo, Dwight, 1972, Developments in Public Administration, *Annals of the American Academy of Political and Social Science*. 404.

Welch, S., and T. Bledsoe, 1988, *Urban Reform and Its Consequences.* Chicago: Chicago University Press.

高寄昇三, 1988,「地方自治の經營: 企業性の導入と市民性の確立」學陽書房.

大森彌·佐藤誠三郎, 1986,『日本の地方政府』, 東京大學出版部.

大森彌, 2001, 改革の時代と日本行政學. 日本行政學會年報,『日本の行政學: 過去, 現在, 未來』. ぎょうせい.

大住莊四郎, 1999,『ニュー·パブリック·マネジメントー理念·ビジョン·戰略ー』, 日本評論社.

小林良彰, 1987,『地方政府の現實』, 學陽書房.

中野實, 1986,『日本型政策決定の変容』, 東洋經濟新報社.

田辺國昭, 1998, 行政と市場メカニズムー: "質をめぐる競爭"の發展と評價. 總務廳長官官房企畵課. 『行政のボーダーレス化と機能的再構築に關する調査硏究報告書(平成8年度).

君村昌, 1998,『現代の行政改革とエージェンシー: 英國におけるエージェンシーの現狀と課題』, 行政管理硏究センター.

小林良彰, 1982,『現代の政治過程』, 學陽書房.

玉村雅敏, 1998, 新公共管理(New Public Management)と公共選擇.『公共選擇の硏究』31.

西村美香, 1997, New Public Management(NPM)と公務員制度改革,『成蹊法學』, 45.

毎熊浩一, 2001a, NPMのパラドックス?, 日本行政學會年報,『日本の行政學:

過去, 現在, 未來』. ぎょうせい.

2001b, 行政統制・責任論からみたNPM: イギリスを題材. 日本行政學會研究會分科會發表論文,『諸外國における行政の最近の動向比較』. ぎょうせい.

八木俊道, 2001, 戰後政治・行政の變遷と行政改革. 日本行政學會年報,『日本の行政學: 過去, 現在, 未來』. ぎょうせい.

森田郎・村上順 編, 2003,「住民投票が拓く自治」東京: 公人社.

張元皓・蘇淳昌・林承彬 外, 1998,「地方自治の實證分析」慶應義塾大學出版會.

足立忠夫, 1990,『行政サービスと責任の基礎理論ー「行政改革を考える・中」ー』, 公職硏.

小林良彰, 1985,『計量政治學』, 成文堂.

稻繼裕昭, 2000, 英國型NPM(ニュー・パブリック・マネジメント)と日本への(非)普及.

『姬路法學』, 29・30合併號.

君村昌, 1999, 英國における"新公共管理"改革(下): エージェンシー化の進展と公務員制度の變容ー.『新時代の公務員制度』公務研究2(1).

行政管理研究センター, 1997,『英國におけるエージェンシー制度の實情: 武藤嘉文總務廳長官英國.

久保木匡介, 2000, イギリスにおけるNPM改革の連續と斷絶: "管理の自由"と"市場の志向"の相克.『早稲田政治公法研究』64.

山崎克明, 1990, サッチャー政權の中央政府改革.宇都宮深志編.『サッチャー改革の理念と實踐』.三嶺書房.

笠京子, 1997, 行政執行活動の効率化: 英國保守党政權の組織改单.『季刊行政管理研究 センター』78.

부 록

[부록 1] 설 문 서

서울대학교
SEOUL NATIONAL UNIVERSITY

설문지(단체장)

안녕하십니까.

본 설문지는 우리나라를 포함하여 미국, 일본, 영국 등 세계 37개국의 350명 이상의 지방자치전문가가 참여하고 있는 대규모 국제협력연구인 "지방행정혁신에 관한 국제 비교연구(Fiscal Austerity and Urban Innovation Project: FAUI)"의 일환으로 작성된 것입니다. 아시아에서는 한국과 일본만이 참여하기 때문에 대단히 중요한 연구입니다. 이 연구는 각국 지방정부의 최고 관리자들을 설문대상으로 하고 있습니다. 우리나라에서는 서울대학교 행정대학원 한국행정연구소가 한국학술진흥재단의 지원을 받아 "지방정부의 혁신역량에 관한 국제비교연구"라는 주제로 수행하고 있습니다.

본 설문조사결과는 국제협력연구이니만큼 현재 다른 나라에서 동시에 수행되고 있는 설문조사결과와 비교·분석될 것인 바, 이에 따라 향후 우리 지방행정의 선진화를 위하여 유용한 정책적 시사를 획득할 수 있음은 물론, 우리 지방자치행정을 세계에 알리는 기회를 갖게 될 것입니다.

아무쪼록 매우 바쁘시겠지만 우리 지방자치행정의 선진화를 돕는 마음으로 설문에 응답하여 주시기를 부탁드립니다. 본 설문결과는 무기명으로 작성되고 통계자료로만 사용될 것임도 밝혀드리는 바입니다.

바쁘신 중에도 협조하여 주신데 대하여 깊은 감사의 말씀을 드립니다.

2005. 10

서울대학교 행정대학원 한국행정연구소(지방정부 혁신역량연구팀)

서울대학교 행정대학원 한국행정연구소
서울특별시 관악구 신림동 산56-1
연구책임자 이승종 교수
PM: 노승용
(02) 880-9264, 8546
(e-mail) syrho@swu.ac.kr

다음 각 설문(1-37번)에 대하여 귀 자치단체의 행위자(단체장 등, 지방의회 의원)와 관련된 여러분의 의견을 해당란에 '✔' 표기를 하여 주시기 바랍니다.

1. 업무 수행에 필요한 전문지식

	① 매우 약함	② 약 함	③ 보 통	④ 강 함	⑤ 매우 강함
단 체 장					
부단체장					
실·국장					
과장급 이하 공무원					
지방의회 의원					

2. 정보통신기술(컴퓨터, 인터넷 등) 활용 능력

	① 매우 약함	② 약 함	③ 보 통	④ 강 함	⑤ 매우 강함
단 체 장					
부단체장					
실·국장					
과장급 이하 공무원					
지방의회 의원					

3. 외국어(영어, 일본어 등) 활용 능력

	① 매우 약함	② 약 함	③ 보 통	④ 강 함	⑤ 매우 강함
단 체 장					
부단체장					
실·국장					
과장급 이하 공무원					
지방의회 의원					

4. 업무와 관련된 상황 및 문제를 이해하는 능력

	① 매우 약함	② 약 함	③ 보 통	④ 강 함	⑤ 매우 강함
단체장					
부단체장					
실·국장					
과장급 이하 공무원					
지방의회 의원					

5. 업무 수행 시 상황 및 문제에 대한 신속한 대응

	① 매우 약함	② 약 함	③ 보 통	④ 강 함	⑤ 매우 강함
단 체 장					
부단체장					
실·국장					
과장급 이하 공무원					
지방의회 의원					

6. 업무 수행 시 상황 및 문제의 해결 능력

	① 매우 약함	② 약 함	③ 보 통	④ 강 함	⑤ 매우 강함
단 체 장					
부단체장					
실·국장					
과장급 이하 공무원					
지방의회 의원					

7. 상대방 의견을 진지하게 청취하는 자세

	① 매우 약함	② 약　함	③ 보　통	④ 강　함	⑤ 매우 강함
단 체 장					
부단체장					
실·국장					
과장급 이하 공무원					
지방의회 의원					

8. 상대방에게 자신의 의도를 명확하게 전달하는 능력

	① 매우 약함	② 약　함	③ 보　통	④ 강　함	⑤ 매우 강함
단 체 장					
부단체장					
실·국장					
과장급 이하 공무원					
지방의회 의원					

9. 다양한 이해관계의 사전 조정을 통해 갈등을 예방하는 능력

	① 매우 약함	② 약　함	③ 보　통	④ 강　함	⑤ 매우 강함
단 체 장					
부단체장					
실·국장					
과장급 이하 공무원					
지방의회 의원					

10. 다양한 이해관계자들을 설득하고 협력을 유도하는 능력

	① 매우 약함	② 약 함	③ 보 통	④ 강 함	⑤ 매우 강함
단 체 장					
부단체장					
실·국장					
과장급 이하 공무원					
지방의회 의원					

11. 다양한 이해관계자의 의견을 조정하여 합의를 이루어 내는 능력

	① 매우 약함	② 약 함	③ 보 통	④ 강 함	⑤ 매우 강함
단 체 장					
부단체장					
실·국장					
과장급 이하 공무원					
지방의회 의원					

12. 다양한 이해관계자가 수용할 수 있는 해결책 제시 능력

	① 매우 약함	② 약함	③ 보 통	④ 강 함	⑤ 매우 강함
단 체 장					
부단체장					
실·국장					
과징급 이하 공무원					
지방의회 의원					

13. 상위 정부와 협조관계 구축 능력

	① 매우 약함	② 약 함	③ 보 통	④ 강 함	⑤ 매우 강함
단 체 장					
부단체장					
실·국장					
과장급 이하 공무원					
지방의회 의원					

14. 다른 동급의 지방정부와 협조관계 구축 능력

	① 매우 약함	② 약 함	③ 보 통	④ 강 함	⑤ 매우 강함
단 체 장					
부단체장					
실·국장					
과장급 이하 공무원					
지방의회 의원					

15. 지역주민과의 협조관계 구축 능력

	① 매우 약함	② 약 함	③ 보 통	④ 강 함	⑤ 매우 강함
단 체 장					
부단체장					
실·국장					
과장급 이하 공무원					
지방의회 의원					

16. 기업과의 협조관계 구축 능력

	① 매우 약함	② 약 함	③ 보 통	④ 강 함	⑤ 매우 강함
단 체 장					
부단체장					
실·국장					
과장급 이하 공무원					
지방의회 의원					

17. 업무수행에 필요한 재원확보 능력

	① 매우 약함	② 약 함	③ 보 통	④ 강 함	⑤ 매우 강함
단 체 장					
부단체장					
실·국장					
과장급 이하 공무원					
지방의회 의원					

18. 업무를 효율적으로 추진하는 능력

	① 매우 약함	② 약 함	③ 보 통	④ 강 함	⑤ 매우 강함
단 체 장					
부단체장					
실·국장					
과장급 이하 공무원					
지방의회 의원					

19. 강력하고 단호하게 업무를 추진하는 능력

	① 매우 약함	② 약 함	③ 보 통	④ 강 함	⑤ 매우 강함
단 체 장					
부단체장					
실·국장					
과장급 이하 공무원					
지방의회 의원					

20. 정책을 홍보하는 능력

	① 매우 약함	② 약 함	③ 보 통	④ 강 함	⑤ 매우 강함
단 체 장					
부단체장					
실·국장					
과장급 이하 공무원					
지방의회 의원					

21. 여론수렴능력

	① 매우 약함	② 약 함	③ 보 통	④ 강 함	⑤ 매우 강함
단 체 장					
부단체장					
실·국장					
과장급 이하 공무원					
지방의회 의원					

22. 미래의 환경변화를 잘 파악하여 이를 기관의 비전에 적절히 반영하는 능력

	① 매우 약함	② 약 함	③ 보 통	④ 강 함	⑤ 매우 강함
단 체 장					
부단체장					
실·국장					
과장급 이하 공무원					
지방의회 의원					

23. 구체적이고 명확한 비전 제시 능력

	① 매우 약함	② 약 함	③ 보 통	④ 강 함	⑤ 매우 강함
단 체 장					
부단체장					
실·국장					
과장급 이하 공무원					
지방의회 의원					

24. 비전을 달성할 수 있는 전략목표 및 추진과제 수행 능력

	① 매우 약함	② 약 함	③ 보 통	④ 강 함	⑤ 매우 강함
단 체 장					
부단체장					
실·국장					
과장급 이하 공무원					
지방의회 의원					

25. 업무처리의 투명성

	①매우 약함	②약 함	③보 통	④강 함	⑤매우 강함
단 체 장					
부단체장					
실·국장					
과장급 이하 공무원					
지방의회 의원					

26. 부패방지를 위한 정책적·제도적 노력

	①매우 약함	②약 함	③보 통	④강 함	⑤매우 강함
단 체 장					
부단체장					
실·국장					
과장급 이하 공무원					
지방의회 의원					

27. 부패발생 시 시정 의지(능력)

	①매우 약함	②약 함	③보 통	④강 함	⑤매우 강함
단 체 장					
부단체장					
실·국장					
과장급 이하 공무원					
지방의회 의원					

28. 부패처리의 엄정성

	① 매우 약함	② 약 함	③ 보 통	④ 강 함	⑤ 매우 강함
단 체 장					
부단체장					
실 · 국장					
과장급 이하 공무원					
지방의회 의원					

29. 업무수행과 관련하여 준법의식 수준

	① 매우 약함	② 약 함	③ 보 통	④ 강 함	⑤ 매우 강함
단 체 장					
부단체장					
실 · 국장					
과장급 이하 공무원					
지방의회 의원					

30. 혁신의지

	① 매우 약함	② 약 함	③ 보 통	④ 강 함	⑤ 매우 강함
단 체 장					
부단체장					
실 · 국장					
과장급 이하 공무원					
지방의회 의원					

31. 실현 가능한 혁신 아이디어의 제시 능력

	① 매우 약함	② 약 함	③ 보 통	④ 강 함	⑤ 매우 강함
단 체 장					
부단체장					
실·국장					
과장급 이하 공무원					
지방의회 의원					

32. 시민의 요구를 파악하는 능력

	① 매우 약함	② 약 함	③ 보 통	④ 강 함	⑤ 매우 강함
단 체 장					
부단체장					
실·국장					
과장급 이하 공무원					
지방의회 의원					

33. 시민의 요구에 신속하게 대응하는 능력

	① 매우 약함	② 약 함	③ 보 통	④ 강 함	⑤ 매우 강함
단 체 장					
부단체장					
실·국장					
과장급 이하 공무원					
지방의회 의원					

34. 적극적으로 시민과의 파트너십을 형성하는 능력

	① 매우 약함	② 약 함	③ 보 통	④ 강 함	⑤ 매우 강함
단 체 장					
부단체장					
실 · 국장					
과장급 이하 공무원					
지방의회 의원					

35. 시민의 요구를 해결할 수 있는 대안 제시 능력

	① 매우 약함	② 약 함	③ 보 통	④ 강 함	⑤ 매우 강함
단 체 장					
부단체장					
실 · 국장					
과장급 이하 공무원					
지방의회 의원					

36. 시민 요구 처리 후 시민 만족에 대한 적극적 파악 능력

	① 매우 약함	② 약 함	③ 보 통	④ 강 함	⑤ 매우 강함
단 체 장					
부단체장					
실 · 국장					
과장급 이하 공무원					
지방의회 의원					

37. 전자정부 구축 및 활성화 의지

	①매우 약함	②약　함	③보　통	④강　함	⑤매우 강함
단 체 장					
부단체장					
실·국장					
과장급 이하 공무원					
지방의회 의원					

38. 전자정부를 통한 시민참여 확대 의지

	①매우 약함	②약　함	③보　통	④강　함	⑤매우 강함
단 체 장					
부단체장					
실·국장					
과장급 이하 공무원					
지방의회 의원					

39. 귀 자치단체의 집행부에서 기안담당자로부터 최종결정권자에게 이르는 결재과정이 얼마나 신속하게 이루어지고 있다고 생각하십니까?

①매우 느림	②느　림	③보　통	④신　속	⑤매우 신속

40. 귀 자치단체의 정책결정시 이해당사자 및 부하직원의 의견을 충분히 수렴하고 반영하고 있다고 생각하십니까?

①매우 불충분	②불충분	③보　통	④충　분	⑤매우 충분

41. 종합적으로 평가할 때 다음 행위자들의 역량이 어느 정도라고 생각하십니까? (10점 만점)

	매우 낮다 ← 보 통 → 매우 높다										
	0	1	2	3	4	5	6	7	8	9	10
단 체 장											
부단체장											
실·국장											
과장 이하 공무원											
지방의회											
시민단체											

42. 귀하는 귀 자치단체의 혁신 성과가 어느 정도라고 생각하십니까? (10점 만점)

매우 실패 ← 보 통 → 매우 성공										
0	1	2	3	4	5	6	7	8	9	10

43. 귀하 지방자치단체 관내의 시민단체에 대하여 각각을 어떻게 생각하십니까?

	① 매우 없음	② 약간 없음	③ 보 통	④ 약간 많음	⑤ 매우 많음
상대 의견을 진지하게 청취하는 자세					
상대에게 명확한 의견 전달하는 능력					
전문성					
홍보 능력					
여론수렴능력					

업무처리의 투명성					
부패방지 및 시정노력					
혁신의지					
시민요구 파악능력					
시민요구를 해결 할 대안 제시 능력					

44. 귀하의 리더십을 스스로 평가하신다면 다음 각각을 어떻게 생각하십니까?

	① 매우 아님	② 약간 아님	③ 보 통	④ 약간 동의	⑤ 매우 동의
카리스마적 리더					
변혁적 리더					
자기 희생적 리더					
부하직원을 이해하고 고려하는 리더					
봉사자적 리더					

45. 귀하의 성별은?

① 남 ② 여

46. 귀하의 나이는?

① 20대 ② 30대 ③ 40대 ④ 50대

⑤ 60대 ⑥ 70대 ⑦ 기타________

47. 귀하의 종교는?

① 불교 ② 개신교 ③ 천주교 ④ 천도교

⑤ 유교 ⑥ 종교 없음 ⑦ 기타________

[부록 2] AHP 설문서

지방정부의 혁신역량 가중치 산출을 위한 전문가 의견조사

안녕하십니까?

우리나라는 지방자치를 실시하고 있지만 지방자치의 수행에 많은 어려움이 있습니다. 이러한 어려움을 극복하고 지방자치를 공고히 하기 위하여 지방정부의 역량을 키워나가야 할 필요성이 있습니다. 하지만 지방정부의 역량은 다양하며 그 함축된 의미 또한 다르게 이해되기도 합니다. 따라서 지방정부의 혁신역량을 강화하기 위해서는 먼저 지방정부의 혁신역량에 대한 지표의 구성과 평가가 이루어져야 하고 이를 바탕으로 지방정부의 혁신역량 강화 방안을 모색할 필요가 있습니다.

본 설문의 목적은 지방정부의 혁신역량을 평가하는 데 있어서 평가지표들에 대한 중요도를 측정하는 데 있습니다.

본 설문에서는 계층적 분석기법(AHP: Analytical Hierarchy Process)을 활용하여, 지방행정 관련 분야의 전문가들이 판단하는 지방정부의 혁신역량들 간의 상대적인 중요도를 비교하여 가중치를 산출하는 데 활용됩니다.

선생님의 의견은 가중치 산정시 기초 자료로서 매우 중요하오니 바쁘시더라도 응답의 일관성이 유지될 수 있도록 신중한 답변을 부탁드리오며, 응답하신 내용은 통계적으로 처리되어 학술 연구 목적으로만 사용할 것임을 약속드립니다.

감사합니다.

서울대학교 한국행정연구소(지방정부 혁신역량연구팀)

연구책임자: 서울대 행정대학원 교수 이 승 종
연 락 처: 서울대 한국행정연구소 선임연구원 이재성(02-880-9264)
서울여자대학교 행정학과 교수 노승용(02-970-5576)

〈설문작성 참고사항 및 요령〉

☞ AHP(Analytical Hierarchy Process)

일반적으로 인간의 단기적 인식능력은 7-9개 정도의 요소에 한정되어 있다고 합니다. 이러한 인간의 인식능력 한계로 인하여 의사결정 환경이 점점 복잡해지는 현대 사회에서 잘못된 의사결정의 가능성이 점점 더 높아지게 됩니다. 이러한 문제점을 극복하고 복잡한 의사결정을 합리적·능률적으로 하기 위한 노력의 일환이 University of Pennsylvania Wharton School의 Thomas Saaty 교수에 의해 고안되고 발전되어 온 수학적 방법(Mathematical Methodology)입니다.

즉 AHP란 분석요소들 간의 상대적 중요도를 측정하고 그 중요도를 반영하여 종합적인 의사결정을 지원하기 위한 기법입니다. 이 기법의 핵심적 내용은 분석요소들을 두 개씩 짝을 지어 상대적 중요도를 분석함으로써 종합적으로 전체 요소들 간의 상대적 중요성을 산출하는 것입니다.

☞ 분석지표의 체계

본 연구에서는 지방정부의 역량을 분석하기 위하여 분석체계를 대분류 → 소분류 → 변수로 구성하였으며, 선생님께서 응답하실 분석요소는 다음 [표 1]에 제시되었습니다.

[표 1] 지방정부 역량의 분석 지표

대분류	소분류	변　수
인적 역량	업무 능력	전문성
		문제해결능력
		의사소통능력
		조정·통합능력
		자원확보능력
		업무추진력
		홍보능력
		리더십
	의지/태도	도덕성
		혁신성향
		시민지향성
물적 역량	재정 능력	건전성
		경제적 효율성
	절차적 능력	의사결정의 신속성
		절차의 민주성
	정보화	전자공공관리
		전자대민서비스
		전자민주주의

☞ 설문응답요령

분석부분 간 비교는 A가 B에 대해 상대적으로 얼마나 중요한가를 분석하는 것입니다.

예 1) 업무수행능력보다 의지 및 태도가 상대적으로 "중요"하다고 생각하시면 다음과 같이 "동등하다(①)"를 기준으로 의지/태도(B) 쪽의 ⑤에 ✔ 표로 기입해 주시면 됩니다.

예 2) 재정 역량이 절차적적 능력보다 상대적으로 "매우 중요"하다고 생각하시면 다음과 같이 "동등하다(①)"를 기준으로 재정 역량(A) 쪽의 ⑦에 ✔표로 기입해 주시면 됩니다.

※ 원 번호가 클수록 중요성이 크다는 것을 나타냅니다.

분석항목 (A)	절대중요		매우중요		중요		약간중요		동등하다		약간중요		중요		매우중요		절대중요	분석항목 (B)
	⑨	⑧	⑦	⑥	⑤	④	③	②	①	②	③	④	⑤	⑥	⑦	⑧	⑨	
업무능력													✔					의지/태도
재정 역량			✔															절차적능력

※ 여기서부터 응답해 주시면 됩니다.

1. 대분류 비교

대분류는 인적 역량(업무능력, 의지 및 태도 등 사람에 관한 것)과 물적 역량(재정능력, 절차적 능력, 정보화) 등 2개의 대상으로 구성되어 있습니다. 분석항목들을 상호 비교하여 더 중요하다고 생각하는 해당란에 표시(✔)해 주십시오.

※ 번호가 클수록 중요성이 크다는 것을 나타냅니다.

분석부분 (A)	절대중요		매우중요		중요		약간중요		동등하다		약간중요		중요		매우중요		절대중요	분석부분 (B)
	⑨	⑧	⑦	⑥	⑤	④	③	②	①	②	③	④	⑤	⑥	⑦	⑧	⑨	
인적 역량																		물적 역량

2. 인적 역량의 소분류 비교

인적 역량은 업무능력(전문성, 문제해결능력, 의사소통능력, 조정·통합능력, 자원확보능력, 업무추진능력, 홍보능력, 리더십 등)과 의지 및 태도(도덕성, 혁신성향, 시민지향성 등) 등 2개의 대상으로 구성되어 있습니다. 분석항목들을 상호 비교하여 더 중요하다고 생각하는 해당란에 표시(✔)해 주십시오.

※ 번호가 클수록 중요성이 크다는 것을 나타냅니다.

분석부분 (A)	절대중요		매우중요		중요		약간중요		동등하다		약간중요		중요		매우중요		절대중요	분석부분 (B)
	⑨	⑧	⑦	⑥	⑤	④	③	②	①	②	③	④	⑤	⑥	⑦	⑧	⑨	
업무능력																		의지/태도

3. 물적 역량의 소분류 비교

물적 역량은 재정능력(지방정부의 재정분야로써 건전성, 경제적 효율성), 절차적 능력(의사결정의 신속성, 절차의 신속성) 및 정보화(전자공공관리, 전자대민서비스, 전자민주주의) 등 3개의 대상으로 구성되어 있습니다. 분석항목들을 상호 비교하여 더 중요하다고 생각하는 해당란에 표시(✔)해 주십시오.

※ 번호가 클수록 중요성이 크다는 것을 나타냅니다.

분석부분 (A)	절대중요		매우중요		중요		약간중요		동등하다		약간중요		중요		매우중요		절대중요	분석부분 (B)
	⑨	⑧	⑦	⑥	⑤	④	③	②	①	②	③	④	⑤	⑥	⑦	⑧	⑨	
재정능력																		절차적능력
재정능력																		정보화
절차적능력																		정보화

4. 인적 역량의 업무능력 변수 비교

업무능력의 변수로는 전문성(학력, 전문지식, 정보통신기술활용, 외국어), 문제해결능력(문제의 이해, 신속한 대응, 문제해결), 의사소통능력(청취기술, 의사전달기술), 조정·통합능력(갈등예방, 설득 및 협력유도, 조정·합의, 해결책 제시), 자원확보능력(협조관계 구축, 재원확보), 업무추진능력(효율적 추진, 단호한 추진), 홍보능력(정책홍보, 여론수렴), 리더십(환경과 비전 연계, 명확한 비전 제시, 비전달성 목표·과제 제시) 등 8개의 변수로 구성되어 있습니다. 분석변수들을 상호 비교하여 더 중요하다고 생각하는 해당란에 표시(✔)해 주십시오.

※ 번호가 클수록 중요성이 크다는 것을 나타냅니다.

분석부분 (A)	절대중요		매우중요		중요		약간중요		동등하다		약간중요		중요		매우중요		절대중요	분석부분 (B)
	⑨	⑧	⑦	⑥	⑤	④	③	②	①	②	③	④	⑤	⑥	⑦	⑧	⑨	
전문성																		문제해결능력
전문성																		의사소통능력
전문성																		조정·통합능력
전문성																		자원확보능력
전문성																		업무추진력
전문성																		홍보능력
전문성																		리더십
문제해결능력																		의사소통능력
문제해결능력																		조정·통합능력
문제해결능력																		자원확보능력
문제해결능력																		업무추진력
문제해결능력																		홍보능력
문제해결능력																		리더십
의사소통능력																		조정·통합능력
의사소통능력																		자원확보능력
의사소통능력																		업무추진력
의사소통능력																		홍보능력
의사소통능력																		리더십

조정·통합능력																		자원확보능력
조정·통합능력																		업무추진력
조정·통합능력																		홍보능력
조정·통합능력																		리더십
자원확보능력																		업무추진력
자원확보능력																		홍보능력
자원확보능력																		리더십
업무추진력																		홍보능력
업무추진력																		리더십
홍보능력																		리더십

5. 인적 역량의 의지 및 태도 비교

의지 및 태도의 변수로는 도덕성(투명한 업무처리, 부패방지제도 수립, 부패시정, 엄정처리, 준법의식), 혁신성향(혁신의지, 혁신아이디어 제시), 시민지향성(시민요구 파악, 신속 대응, 파트너십 형성, 대안제시, 피드백) 등 3개의 변수로 구성되어 있습니다. 분석변수들을 상호 비교하여 더 중요하다고 생각하는 해당란에 표시(✔)해 주십시오.

※ 번호가 클수록 중요성이 크다는 것을 나타냅니다.

분석부분 (A)	절대중요		매우중요		중요		약간중요		동등하다		약간중요		중요		매우중요		절대중요	분석부분 (B)
	⑨	⑧	⑦	⑥	⑤	④	③	②	①	②	③	④	⑤	⑥	⑦	⑧	⑨	
도덕성																		혁신성향
도덕성																		시민지향성
혁신성향																		시민지향성

6. 물적 역량의 재정능력 비교

재정능력의 변수로는 건전성(재정자립도, 경상수지비율, 재정정책의 영향력, 중앙정부와의 의존도, 지방채상환비율 등), 경제적 효율성(재정

지출 선호도, 예산절감노력, 예산제도 개선노력 여부) 등 2개의 변수로 구성되어 있습니다. 분석변수들을 상호 비교하여 더 중요하다고 생각하는 해당란에 표시(✔)해 주십시오.

※ 번호가 클수록 중요성이 크다는 것을 나타냅니다.

분석부분 (A)	절대중요		매우중요		중요		약간중요		동등하다		약간중요		중요		매우중요		절대중요	분석부분 (B)
	⑨	⑧	⑦	⑥	⑤	④	③	②	①	②	③	④	⑤	⑥	⑦	⑧	⑨	
건전성																		경제적 효율성

7. 물적 역량의 절차적 능력 비교

절차적 능력의 변수로는 의사결정의 신속성(결재의 신속성), 절차적 민주성(의견수렴) 등 2개의 변수로 구성되어 있습니다. 분석변수들을 상호 비교하여 더 중요하다고 생각하는 해당란에 표시(✔)해 주십시오.

※ 번호가 클수록 중요성이 크다는 것을 나타냅니다.

분석부분 (A)	절대중요		매우중요		중요		약간중요		동등하다		약간중요		중요		매우중요		절대중요	분석부분 (B)
	⑨	⑧	⑦	⑥	⑤	④	③	②	①	②	③	④	⑤	⑥	⑦	⑧	⑨	
의사결정의 신속성																		절차의 민주성

8. 물적 역량의 정보화 비교

정보화의 변수로는 전자공공관리(전자정부 구축 및 활성화 의지, 전자결재, 사이버 회의, 정보시스템), 전자대민서비스(전자대민서비스 시스템 구축 수준), 전자민주주의(전자민주주의를 통한 시민참여 확대 의지, 전자민주주의 시스템 구축 수준) 등 3개의 변수로 구성되어 있습니다. 분석변수들을 상호 비교하여 더 중요하다고 생각하는 해당란에 표시(✔)해 주십시오.

※ 번호가 클수록 중요성이 크다는 것을 나타냅니다.

분석부분 (A)	절대중요		매우중요		중요		약간중요		동등하다		약간중요		중요		매우중요		절대중요	분석부분 (B)
	⑨	⑧	⑦	⑥	⑤	④	③	②	①	②	③	④	⑤	⑥	⑦	⑧	⑨	
전자공공관리																		전자대민서비스
전자공공관리																		전자민주주의
전자대민서비스																		전자민주주의

※ 지방정부 구성원의 상대적 중요도 비교

지방정부의 구성원으로 단체장, 부단체장, 실국장급 공무원, 과장급 이하 공무원이 있으며, 지방정부를 견제·감독하는 지방의회 의원 등이 있습니다. 지방정부의 혁신역량에 대한 영향력을 발휘하는 데 있어서 이들 구성원들을 상호 비교하여 더 중요하다고 생각하는 해당란에 표시(✔)해 주십시오.

※ 번호가 클수록 중요성이 크다는 것을 나타냅니다.

분석부분 (A)	절대중요		매우중요		중요		약간중요		동등하다		약간중요		중요		매우중요		절대중요	분석부분 (B)
	⑨	⑧	⑦	⑥	⑤	④	③	②	①	②	③	④	⑤	⑥	⑦	⑧	⑨	
단 체 장																		부단체장
단 체 장																		실국장급공무원
단 체 장																		과장급 이하 공무원
단 체 장																		지방의회의원

부단체장																		실국장급공무원
부단체장																		과장급 이하 공무원
부단체장																		지방의회의원
실국장급공무원																		과장급 이하 공무원
실국장급공무원																		지방의회의원
과장급 이하 공무원																		지방의회의원

※ 귀하의 소속을 표시해 주십시오.

1. 교수_________ 2. 연구원_________ 3. 공무원_________

설문에 응답해주셔서 감사합니다.

찾아보기

공저자 약력

이승종
서울대학교 사회교육과
서울대학교 행정대학원 행정학 석사
Northwestern University 정치학 박사
22회 행정고시
현재: 서울대학교 행정대학원 교수

강명구
한국외국어대학교
서강대학교 대학원 석사
The University of Texas at Austin 박사
아주대학교 사회과학대학장
현재: 아주대학교 사회과학대학 행정학 전공 교수

강철구
일본 메이지대학(Meiji University) 학사
일본 메이지대학(Meiji University) 석사
일본 메이지대학(Meiji University) 박사
고려대학교 경제학과 연구교수
현재: 한동대학교 국제어문학부 국제지역학 전임강사

금재덕
한양대학교 행정학과
State University of New York at Albany 행정학 석사
Rutgers, State University of New Jersey 행정학 박사
국회예산정책처 사업평가국 사업평가관
현재: 서울시립대학교 행정학과 조교수

김익식
서울대학교 조경학과(학사)
서울대학교 행정대학원(석사)
미 델라웨어대학 도시정책대학원(박사)
경실련 지방자치위원장
현재: 경기대학교 교수

김혜정
연세대학교 행정학과
서울대학교 행정대학원 석사
서울대학교 행정대학원 박사
한국지방행정연구원 수석연구원
현재: 선문대학교 행정학부 교수

노승용
연세대학교 행정학과
University of Southern California(행정학 석사)
Rutgers, the State University of New Jersey, Newark(행정학 박사)
한국지방자치학회보 편집위원회 부위원장
현재: 서울여자대학교 행정학과 교수

소순창
국민대학교 행정학과
국민대학교 대학원 행정학과 석박사과정 졸업
도쿄대학교 대학원 국제사회과학과 박사과정 수료
경제정의실천시민연합(경실련) 지방자치위원회 위원장
현재: 건국대학교 사회과학대학 행정학과 부교수

소진광
서울대학교 사범대학 문학사
서울대학교 환경대학원 도시계획학 석사
서울대학교 대학원 행정학 박사
사단법인 한국지방자치학회 회장
현재: 경원대학교 사회과학대학 도시행정학과 교수

손희준
성균관대학교 행정학과
성균관대학교 대학원(행정학석사)
성균관대학교 대학원(행정학박사)
정부혁신지방분권위원회 위원
현재: 청주대학교 행정학전공 교수

오승은
연세대학교 행정학과
연세대학교 대학원 행정학과(행정학석사)
연세대학교 대학원 행정학과(행정학박사)
일본 와세다대학 초빙학자
현재: 제주대학교 행정학과 교수

윤두섭
경원대학교 행정학과(행정학사)
경원대학교 대학원(행정학석사)
경원대학교 대학원(행정학박사)
행정자치부 조직진단센터 사무관
현재: 경제·인문사회연구회 기획팀장

이기우
동국대학교 법학과
동국대학교 대학원 법학과(법학석사)
독일 뮌스터(Muenster) 대학교 법학부(법학박사)
지방이양추진위원회 위원
현재: 인하대학교 법과대학 법학부 교수

이재성
명지대학교 행정학과
명지대학교 대학원 행정학과 석사
명지대학교 대학원 행정학과 박사
서울대학교 한국행정연구소 선임연구원

현재: 서울대학교 행정대학원 BK21사업단 계약교수

임석준
고려대학교 정치외교학과
미국 시카고대학교 정치학(석사)
미국 시카고대학교 정치학(박사)
부산국제교류재단 사무처장(2008)
현재: 동아대학교 정치외교학과 부교수

임승빈
한국외국어대학교
일본 동경대학교 석사
일본 동경대학교 학술학 박사
대통령 소속 지방이양추진위원회 실무위원장
현재: 명지대학교 행정학과 교수

임정빈
강남대학교 행정학과
건국대학교 대학원 행정학과 석사
건국대학교 대학원 행정학과 박사
한국행정연구원 초청연구원
현재: 강남대학교 사회과학부 겸임교수

장원호
서울대학교 사회학과
미주리주립대학교 사회학 석사
시카고대학 사회학 박사
한국사회학회 총무이사(전)
현재: 서울시립대학교 도시사회학과 교수

성의창
연세대학교 행정학사
연세대학교 행정학 석사
연세대학교 행정학 박사
연세대학교 도시문제연구소 연구원
현재: 서울여자대학교, 서울산업대학교 강사

최미옥
국민대학교 행정학과
국민대학교 대학원 행정학 석사
국민대학교 대학원 행정학 박사
서울대학교 한국행정연구소 선임연구원
현재: 인천대학교 행정학과 학술연구교수

홍진이
경기대학교 행정학과
메이지 대학교 정치경제학연구과 석사
메이지 대학교 정치경제학연구과 박사
서울대학교 한국행정연구소 선임연구원
현재: 중앙공무원교육원 교수

지방정부의 역량과 정책혁신: 이론과 실제

2008년 8월 20일 初版印刷
2008년 8월 30일 初版發行

共著者 이승종 외
發行人 安 鍾 萬
發行處 (株) 博 英 社
서울特別市 鍾路區 平洞 13－31番地
電話 (733) 6771 FAX (736) 4818
登錄 1959. 3. 11. 제300-1959-1호(倫)

www.pakyoungsa.co.kr e-mail: pys@pakyoungsa.co.kr

定 價 25,000원

ISBN 978-89-7189-866-6
ISBN 978-89-7189-865-9(세트)